# 跨界界

沈国梁／卢嘉 著

# 战略

跨界创新时代的赢局密码

中国出版集团 东方出版中心

**图书在版编目（CIP）数据**

跨界战略：跨界创新时代的赢局密码 / 沈国梁，卢
嘉著. — 上海：东方出版中心，2021.1
ISBN 978-7-5473-1745-7

Ⅰ. ①跨… Ⅱ. ①沈… ②卢… Ⅲ. ①企业战略 – 战
略管理 – 研究 Ⅳ. ①F272.1

中国版本图书馆CIP数据核字(2020)第246636号

**跨界战略：跨界创新时代的赢局密码**

著　　者　　沈国梁　卢　嘉
责任编辑　　朱荣所
装帧设计　　钟　颖

出版发行　东方出版中心
地　　址　上海市仙霞路345号
邮政编码　200336
电　　话　021-62417400
印 刷 者　杭州日报报业集团盛元印务有限公司

开　　本　700mm×1000mm　1/16
印　　张　15.75
字　　数　196千字
版　　次　2021年1月第1版
印　　次　2021年1月第1次印刷
定　　价　68.00元

# 跨界时代的战略巡航精准打击

滕斌圣

（长江商学院副院长，战略学教授，长江跨国公司研究中心主任）

战略不是"争一时之长短"，而是"争一世之雌雄"。我是做企业战略的，考虑问题偏重于企业战略的制订与优化。未来的战略会是什么样的？用一个比喻，我把它叫作巡航导弹式的战略。你有一个远方的战略目标，但不知道怎么走，过程很复杂，巡航导弹是先发射，中间根据导航系统反馈的地形信息进行调整，最后精准地打击到目标。未来，一流公司是这样定战略的。

我曾撰写书籍《从颠覆到重生："互联网＋"时代的企业进阶之路》，其中用一章的篇幅讲解了对跨界创新的关注与思考。如今一些领先企业战略变身，这预示着：跨界竞争的下半场已开始，未来是战略的角逐，而跨界战略作为一种适应现代社会发展的战略体系，正在助力企业获得新突破式成长。那么，当下企业该如何跨界发射自己的战略巡航导弹，以谋得持续性增长？我认为以下三方面是跨界创新时代企业战略制订的关键。

## 战略巡航精准打击，方向是第一位的

战略，是目标、方向；战术，是方法、手段。任何时候，战略方向都是第一位的，而后才是战术推进。那么，在跨界战略制订中，如何确定方向，找到突破口呢？非常关键的一点就是，要依托企业的核心竞争力。它是整个战略构建的基石，是战略规划的指南针。比如风靡全球的戴森，其核心竞争力是领先的马达技术，戴森借此跨界吸尘器、空气净化风扇、吹风机等，实现了年利润超100亿元。企业在为跨界找方向，确定核心竞争力时，应知晓以下两点：

第一点，不是所有的优势都是核心竞争力。企业有些优势不符合核心竞争力的四大条件（价值、稀缺、难复制、难替代）。比如，利用垄断地位、信息不对称的政策等，这只能为企业谋取一时的利益，并不能带来持久竞争力。

第二点，核心竞争力是一种动态能力。企业通过对未来环境的预测，不断改良核心竞争力，保持竞争力的与时俱进，以应对变化。企业需要有不断将旧竞争力与新环境相结合的能力。在此可以循序渐进地利用已有资源，实现新的价值创造，例如，百度从搜索引擎做起，业务逐渐向云计算和大数据延伸。苹果、谷歌、脸书都正在通过一系列多平台绑定战略增强自己的竞争力。

## 战略巡航精准打击的应变和定力

战略是基于对现状的判断，对未来作出的设定。在当今社会，企业面对的环境复杂而又充满了不确定性，在各种因素的影响下，战略规划的确定性大打折扣。跨界战略需要适时微调与优化，以形成一个类似莫比乌斯环的自洽的闭环系统。战略的这种动态性优化调整有两个关键：

其一是以持续的战略，动态地应变创新。经济学家熊彼特认为，创新是企业的生命之源。我认为对于战略来说，同样如此，"你调整不了别人，但你能调整自己"。创新就是从企业自身出发，对产品结构、业务、管理制度等进行优化，并根据战略需要引进新资金、新技术等。

其二是保持战略目标的定力。马云认为："所有的人最缺少的能力是战略的定力。"企业在追求战略目标的过程中，要拥有拒绝其他利益诱惑的自制力，它能为战略执行指明方向、辨正误、防偏差。马云正是凭借强大的战略定力，在内外都不看好的情况下坚持跨界做云计算，这才有今天年收入突破400亿元的阿里云。

## 战略巡航精准打击，关键是落地

战略落地是把企业的内部能力与资源转化为现实的执行力，避免战略与企业运

营系统脱节。有人说,企业最大的黑洞就是没有执行力。跨界战略的落地需要企业更好地完成产业、模式、产品等的跨界创新和市场对接。在企业里,价值观是纽带。想要战略落地,首先需要以价值观对战略进行引导,提高对企业战略价值观的认同度,使企业获得向心力、凝聚力,增强对外经营及对内管理的能力。

此外,传统的组织设计使企业在面对变化时往往存在反应迟缓等问题,而由于组织惯性,自上而下的组织体系执行能力很可能跟不上跨界战略的需求,战略目标也就很难实现。此时就需要变革企业组织,改善和提高组织效能,以适应外部环境变化。比如,海尔通过组织变革,将公司分为 4 000 多个小微企业,实现了平台化转型。

今天,跨界已成为新经济时代的一个特征,在战略变革的新起点上,读到长江商学院校友沈国梁同学《跨界战略》一书,这本书凸显了他在跨界研究方面的长足进步,以上提到的三方面内容,在书中都得到了详细透彻的解读与阐释。

未来已来,跨界如潮,在企业谋求战略转型前,不妨细细品读本书,你一定会对跨与不跨,如何跨出,跨后生根,有不同以往的认知。

# 向"数字"要效率：
# 产业互联网时代企业战略的最优解

丁珂（腾讯副总裁）

2020年9月，腾讯全球数字生态大会首次以线上云端形式召开，这次大会的主题是"未来经济，数字优先"。腾讯主张将"数字优先"作为企业未来战略发展的新起点，即把数字化从局部、备选的位置，放到整体、首选的位置，从数据的生产、流转和价值生成的全流程，重新思考、设计、建设和优化整个社会经济系统，倡导以数字化手段开展生产和消费活动，这也是未来产业互联网发展的主体思路。

对于企业来说，数字化转型就是一种战略跨界，也是产业互联网时代企业发展的最优解。产业互联网的目的在于降本增效，向"数字"要效率，是产业重塑的必然选择。

## 数字新时代，向"数字"要效率

中国数字化进程中，腾讯将作为各行各业数字化转型的助手，成为连接器、工具和生态共建者。

2020年年初，在国内疫情催化下，各种新产品、新服务纷纷上线，大大缩短了数字化产品市场培育的过程。例如，商超便利店通过小程序快速上线本地服务、线下商铺迁移至线上直播卖货、餐饮企业发力外卖和线上线下一体化系统。更值得一提的是腾讯会议，上线两个月日活用户就突破了千万，还衍生出云毕业、云签约、云授课、云发布会等很多新内容。

面对数字化的浪潮，以及新基建背景下的技术变革、应用变革，企业如果能够抓住历史的机遇，就能再上一个新台阶；如果误判、错失机会，就有可能直接被淘汰。

受突如其来的疫情影响，仅仅在 2020 年 1 到 2 月份，就有 13 000 家餐饮企业注销了。剩下的餐饮企业要靠企业家的战略判断力，来找自救的办法。疫情期间，西贝因为现金流紧张，撑不过三个月，上了热搜，但不久之后西贝餐厅又恢复了疫情之前的热闹景象。其实西贝在疫情的巨大压力下，做出了精确的战略判断，旗下 200 多家门店的客户经理通过微信和企业微信互通的功能，连接 9 万多名顾客，还借助微信小程序为顾客提供食材订购和线上点餐服务。在疫情期间，西贝线上营收占到了总营收额的 80% 以上。

还有房产中介行业， 2 月份全部闭店， 3 月份之后复工了，客人不敢到店，好不容易有了客人，可能还没法看房。但是在这个承压最大的行业，企业家的战略选择还是能够发挥出关键作用。 2018 年，左晖创立贝壳找房时，也受到了很多质疑，用线上代替线下，到底能不能成功呢？两年以后我们看到，贝壳用大量的数字化手段改变了传统房产中介行业重成本、低效率的痛点，终于获得了资本市场、行业和客户的一致认可。贝壳和腾讯云一起打造的 VR 看房产品，在 2019 年为客户提供了 4.2 亿次服务。在疫情期间，这个功能发挥了巨大的作用， 2020 年第二季度平均每天 15.9 万次带看，同比增长了 13 倍。

在数字化云时代，"跨界思维"已经成为企业家的必修课。各行各业加速与数字科技跨界融合，产业互联网发展成为必然趋势。我们要以数字化手段组织和开展经营活动，去释放数据要素的最大价值。这种价值的一个核心体现就是"效率"：在企业经营管理中，数字化一方面可以提高生产制造、供需匹配等效率，降低经营成本；另一方面，数字化能提升组织效率，如线上办公、远程客服等，实现灵活经营。

## 信息安全，数字化时代企业经营者的必答题

在互联网时代，产业数字化将成为必然，纯粹传统企业将不复存在；而随着企业上云和数字化跨界融合，信息安全问题成为企业经营者的必答题，成为 CEO 必须关注的一把手工程。

在推行产业上云的同时，我们也要倡导安全先行的思维：如果把新基建比作"路"，把产业互联网比作"智慧汽车"，那么安全应该是这辆汽车的底盘，是保障"智慧汽车"安全、平稳行驶的前提。在消费互联网时代，腾讯将以守护 10 亿级用户安全为己任；在产业互联网迅猛发展之际，腾讯安全将继续携手产业链生态伙伴，开放腾讯级安全能力，推动实现安全普惠。

对于企业经营者来说，安全首先是一个底线的问题。

这几年，因为网络攻击而受到巨大损失的企业太多了，破坏力也从几万美元、几十万美元的规模，跳涨到了几亿、几十亿美元的规模。此前美国的一家大型酒店集团，就因为用户信息泄露遭到了上亿美元的巨额罚款，股价暴跌，损失特别惨重。如果只是底线问题，那其实很好解决，把核心的数据、资料装到"箱子"里上一把锁就行。

其次，安全也将成为制约企业发展的天花板，信息安全不过关，企业经营必将受到牵制。

比如现在如火如荼的自动驾驶和车联网，作为一个全新"物种"，一旦出现信息安全问题，企业声誉将彻底受损。从这个角度，安全已经不只是业务上的问题，它变成了一个跟品牌、用户认知、市场销售都高度相关的问题。传统的车企开发一辆车要 7 年时间，7 年前的安全环境和现在是一样的吗？这辆车下了生产线就已经落伍了。之前我们给特斯拉提交了一个漏洞，确认漏洞用了 8 个小时，修复漏洞用了 48 小时，一个星期之后，受到影响的 30 万台车全部远程修复完毕。特斯拉在安全意识、流程和效率管理方面的优势，也是其市场快速发展和赢得用户的关键要素，将成为其数字化时代的关键竞争力。

毋庸置疑，今天的数字化云时代是一个跨界创新的时代，大到行业龙头企业，

小到初创企业，跨界的需求无处不在，每个企业都要在数字化转型中谋求跨越式增长。作为跨界战略的构建者和引领者，沈国梁先生提出的战略理念体系可以帮助企业从自身的实际出发，立足数字化云时代的大背景，从规划到落地执行，构建起一个更具有效性和实用性的跨界增长战略。

跨界时代，数字优先，以最优解实现跨越增长，我们要踏"云"前行！

# 跨界的战略力量

刘强东曾对京东健康 CEO 说过这样一句话："健康这个领域做好了，能再造一个京东。"

今天，京东健康获准赴港上市的消息已然证明，刘强东的这个跨界战略愿景正在逐步实现。2017 年至 2019 年，京东健康的收入分别为 56 亿元、82 亿元、108 亿元；2020 年上半年，京东健康的收入达到了 88 亿元，同比增长 76%。京东健康成为京东集团在京东数科、京东物流之外的第三个独角兽企业，也是集团在零售、物流、数科之后的第四大业务板块。当前，京东健康核心产品主要包括京东大药房、药京采、京东互联网医院、智慧医院等。其中"京东大药房"已成为全国收入规模最大的线上零售药房。

另一个互联网巨头腾讯也在积极跨界布局大健康产业，除了投资水滴公司、丁香园、微医、妙手医生、医联、企鹅杏仁、碳云智能、好大夫在线、老百姓药房等大健康领域的企业，腾讯自己也做了医学科普产品——腾讯医典，开展跨院治疗的电子健康卡、医保支付等基础设施建设业务，注重医疗 AI 技术的研发与应用等，从服务患者、服务医生与医院、助力政府三个方向进行发力。

2020 年，新冠疫情全球大流行，给全球经济带来了巨大的冲击，也助推了国内在线服务和大健康产业的蓬勃发展。在居民居家隔离的日子里，"宅经济"和无接触服务盛行，厨房小家电和室内健身器材热度攀升，智能、健康产品备受消费者青睐。直播也成为疫情期间一种重要的营销手段，2020年上半年直播场次达847.7万场，累计观看人次达304.1亿人次。各月直播商品数和直播渗透率呈逐步上升的趋势。在新的经济形势和市场潮流下，跨界创新成为一种必然选择。对于今天的企业经营者来说，这种跨界创新思考，不应仅仅是术的层面的跨界，而应该立足于更高的企业战略维度。

## 未来颠覆腾讯的那个企业会是谁？

这是马化腾曾经向美国的一个大胡子老人提出的问题。

大胡子老人的回答是：即将消灭你的那个人，迄今还没有出现在你的敌人名单上。

这位大胡子老人就是凯文·凯利，全球知名科技杂志《连线》（Wired）的创始人之一及前任执行主编，一位互联网领域的"预言家"。他在1994年出版的人类社会预言性经典巨著《失控》，是《黑客帝国》的导演要求演员们在打开剧本之前必须阅读的一本书。

在《失控》中，凯文·凯利提出了"边界最大化"。凯文·凯利认为，传统的机会都存在于核心区，而未来拥有更多机会的地带将是边界，即行业与行业之间的边缘地带。也就是说，未来的创新往往会从行业与行业、板块与板块之间的激烈碰撞中产生。著名财经作家吴晓波在喜马拉雅上向我们推荐《失控》这本书时，也强调了这个观点，也认同"跨界打击"的存在，认同"今天消灭你的那个人不是在你的竞争名单上的那个人"。

同时，在中国这样的新兴市场也出现了越来越多的企业跨界创新实践，这种东西方在战略理念和创新实践上的趋同发展正是我们今天提出"跨界战略"的本源性时代诱因。

## 异元碰撞：一种必然性的战略选择

对于传统行业、传统企业来说，核心资源掌握在市场既得利益者的手

中，比如传统的零售是家乐福、沃尔玛这些传统零售商的天下，传统的手机行业曾经被诺基亚、摩托罗拉等老牌手机巨头垄断。今天随着跨界时代的发展，这些曾经的巨头企业也会面临来自边缘地带的创新企业的巨大挑战，比如说线上电商对传统零售的跨界颠覆，比如说苹果等智能手机在全球的引领性风潮。今天我们熟知的抖音短视频的成功，也可以说是由边缘成为主流的创新典范。

跨界创新在战略上对于传统企业的变革性意义是毋庸置疑的，在这一点上，"从封闭到开放"的微软就是一个很好的例子。微软创意策略分析师卡罗琳娜·米拉内西曾经总结微软的理念："一切都必须在 Windows 上运行，我们绝对不能设计出在另一个平台上也可良好运行的产品。"但微软第三任掌舵者纳德拉掌权后不久，微软就针对 iOS 开发了系列 Office 套件。微软的前任 CEO 鲍尔默曾经极力反对将微软的技术开源，他甚至将微软最重要的开源系统 Linux 比喻为技术产权的"癌症"。纳德拉却促使微软在开源社区 GitHub 上建立账户，并成为 GitHub 的最大贡献者之一。 2019 年 6 月，微软还宣布收购了 GitHub。

微软的战略开放不仅仅是技术研发上的开放，而且是包括企业管理文化、对外合作乃至公司业务模式上的全面性战略边界开放，打破界限封闭，寻求跨界振兴。业界评价，纳德拉让微软从一家与世界为敌的公司变成了一家与世界为友的公司。而跨界开放战略实现了微软的再次复兴，2018 年微软的市值一度超越了苹果，成为全球市值最高的上市公司。

所以说，在跨界时代，跨界创新必须成为企业经营者的一种战略性选择。这种战略的必然性不仅存在于移动互联网领域，在更广泛的传统产业也同样存在。比如说，当下众多的中国医药企业跨界大健康产业，云南白药 16 年运作一支日化牙膏，累计销售突破 500 亿，市场份额达到 20.1%，成为国内牙膏市场单品牌领军者，云南白药市值也在 2020 年突破 1 100 亿（新浪财经最新企业市值数据。新浪财经还报道，据统计，截止到 2019 年 7 月，以人民币计算，市值超过千亿的中国上市公司只有 146 家）；东阿阿胶也不断突破传统阿胶产业，跨界大健康，大力度运作桃花姬阿胶糕，助力集团品牌影响力不断向年轻群体渗透。

马云说："只有敢跨界，我们才能更成功。"这种来自不同行业、不同板块乃至不同维度的异元碰撞、融合和创新颠覆案例，在我们身边有很多。今天，越来越多的跨界型企业已经出现，在他们战略创新和转型的背后，我们可以看到一个跨界创新时代的汹涌浪潮。

## 非传统战略：跨界时代的企业战略理念系统进化

时代是催生商业创新的土壤，这种先决之势包括一个社会发端于技术层面的大变革，你可以看到以智能制造为主导的第四次工业革命"工业4.0"，你也可以感受到互联网社会的深度发展和物联网时代的扑面而来。技术进化是一个时代进化的底层化驱动力和内核性变因，这种技术变革也会推动文化和价值观层面的新进化、新融合，比如说二次元文化、新国粹文化，进而在消费者心智层面出现一种异元碰撞和融合。

因此，我们今天所面对的时代，是一个大家都在跨界，你不跨界就会落伍，你不跨界就会被跨界"打劫"的时代。企业想要在这样一个时代谋求新的发展，就必须具有跨界思维。巴菲特的黄金搭档查理·芒格一直对此推崇备至，盛赞跨界思维是一种当下的"普世智慧"。拥有跨界思维，就拥有了大局观、多角度的视野以及灵活应变的决策基础，通过跨界对旧有的规则进行颠覆，顺应时代的大方向，在更广阔的领域发掘机遇，带领企业走向一个新的发展高地。

在今天的商业环境中，每一个行业都在跨界创新的推动下，进行着整合、交叉、渗透，跨界的广度会越来越宽，那么，我们就必然面临这样一个核心问题：如何保障跨界创新的成功？正是基于对这个命题的实践性思考，我们提出了更适合当下时代、当下企业发展的战略理念——跨界战略。

如果说以往的企业跨界发展和创新尝试，多还是源自一种企业本能，是一种企业战术层面的创新，那我们今天第一次将跨界上升到战略的高度，形

成一种更具体系性、更具包容力、更具实战意义的战略理论，为企业在跨界时代的市场竞争提供更具竞争力的战略支撑。

战略会随时代及市场变化而不断升级、完善和演变，而每一种新出现的战略都是应对变化世界中全新问题的更有效方法。这是《战略简史》一书所提出的战略演变观点。

由于信息技术崛起，人类近 30 年积累的科学知识几乎占了人类有史以来积累的科学知识总量的 90%。面对这种时代的快速变革，基于非互联网时代的传统战略难以满足今天的企业发展需求，企业家们迫切需要一种更具跨界创新力和行业颠覆力的战略理念，跨界战略应势而生。

跨界战略这一"非传统战略"的提出，是战略理论时代进化的结果，也为企业的跨界创新实践找到了系统性的理论依据，帮助企业在跨界变革时代实现新的行业价值和市场引领。

## 守正出奇：跨界战略驱动企业跨越式增长

那么，到底什么是跨界战略？

**跨界战略**，是一种跨界时代的变革性战略，它需要打破传统边界，通过跨界性的战略植入、碰撞融合和创新重构，开创发展的新思维、新路径、新格局，从而实现企业跨越式增长和突破创新。

对于"跨界战略"，要掌握以下三个战略要义：

**一是打破传统边界。**跨界战略创新首先是一个"破"字，要打破旧观念、旧传统、旧界限，破而后立，破是跨界创新的战略起点。

**二是异元碰撞、融合和重构。**这种异元创新不仅源自不同行业、不同板块，还源自不同人群、不同文化、不同思维等，创新者总是在事物的不同之中寻找一条创新的共通和共鸣之道。

**三是实现企业跨越式增长。**这是从战略目标实现的角度来理解的。跨界战略创新不是一种小修小补的微创新，而是一种企业战略层面和市场宏观层面的变革式创新，让企业增长实现跨越式突破。

要成功构建和推行跨界战略，其核心就是四个字——守正出奇。它源自《孙子兵法》："凡战者，以正合，以奇胜。"运用在跨界战略中可以理解为，只有以企业核心能力为企业战略创新原点，才能在市场跨界竞争中出奇制胜。因此，我们将跨界战略的战略要素分解为"核心驱动""关联连接""跨界赋新"，企业要深入理解这三个战略要素对于跨界战略构建的重要意义。

先说第一个战略要素"核心驱动"。"核心驱动"就是企业的核心能力，对跨界战略来说，核心驱动是整个战略构建的基石，是整个战略运转的动力之源。比如说今日头条，其核心动力之一是推荐算法，企业依托这一"核心驱动"跨界短视频领域做出了日活破4亿的抖音。"核心驱动"往往是企业独有的，决定了企业可以进行何种方向的跨界。在本书中，我们将"核心驱动"总结为六大维度，即思想文化、资源整合、产业优势、组织体系、公共关系、商业模式。

第二个战略要素是"关联连接"。关联连接的本质是一种关联度和支撑力，是驱动战略成功的"连动轴"。假如从A跨界到B，两者的关联度越强，其来自核心驱动的跨界创新支撑力也就越强，跨界战略成功的可能性也就越高。云南白药作为一家拥有百年历史的药企，跨界到关联度较高的日化牙膏大健康领域，关联度决定了其跨界战略的巨大成功。格力作为空调行业的老大，想要跨界做手机，这种跨界缺少足够的关联度支撑。

最后就是"跨界赋新"。跨界赋新是一种赋能式创新。这个"能"就来自企业的核心驱动力，来自强关联连接的构建。跨界战略可以帮助企业实现六个不同维度的赋能创新：品牌体系赋新、产品体系赋新、营销体系赋新、传播体系赋新、文化体系赋新、模式体系赋新。这六大赋能式创新，可以帮助各行业的企业去突破传统的运作方式，在复杂多变的市场竞争中，以超越性的竞争优势占据行业领先位置。

在传播体系赋新方面，广告预算不足和大投入高风险的问题一直困扰着企业。长江商学院战略学教授滕斌圣讲到的"和伙人"媒体投资平台案例，

能很好地用跨界创新战略解决上述问题。"和伙人"也是我们凯纳咨询客户的合伙人，可依托的价值千亿的全媒体广告资源包括：机场户外媒体领军者华君传媒，高铁与公交网车身及站台媒体，各大卫视、广播、移动互联网及直播平台媒体等。通过合作一方面盘活媒体闲置资源，另一方面投资并赋能有潜质的企业，打造行业"独角兽"，不花钱打广告（采用股权＋销售分成模式的回报方式），降低企业市场投入风险，助力品牌快速成长，还能让媒体公司获得资本收益，实现共赢。这就是一种对企业媒体传播模式的跨界赋新。

理解和掌握跨界战略的三个战略要素，是跨界战略成功的前提。但是在跨界战略的构建和推进过程中，也有一些我们容易身陷其中的战略雷区，是需要小心规避的，这在本书的下篇部分将作为重点进行探讨。本书下篇还会对跨界战略的战略修炼和战略落地进行分享。一个卓越的战略领导者需要终生的战略修炼，一个好的跨界战略也需要强效的战略落地保障，所以这两部分内容也是本书探讨的重点。

美国作家马克·吐温说："黄金时代在我们面前而不在我们背后。"

美国著名未来学家阿尔文·托夫勒有一句名言："唯一可以确定的是，明天会使我们所有人大吃一惊。"

新时代、新商业、新战略，这是一个充满跨界竞争的新世界，那些仍抱有传统思维的人，必须让自己跟上时代的发展，必须以更大的跨界智慧和战略勇气，打破了，走出去，才能不被淘汰，真正开创一个属于自己的"黄金时代"。

沈国梁

凯纳营销咨询集团创始人、董事长

2020 年 11 月

# 目　录

中篇  打破企业发展边界的战略思想

# 下篇　跨界战略的成功运行法则

上篇

领航者跨界了！

# 第一章　跨界挡不住
## ——我消灭你，与你无关

2019 年末的电影市场火爆依旧，曾席卷全球的现象级动画《冰雪奇缘》的续集在 11 月底强势来袭，再次掀起了一股冰雪女王之风。同时，全球性的大 IP 星战系列也推出了《星球大战 9》，吸引了众多星战迷纷纷走进影院。

从市场营销的角度看，商业的成功转化才是判断火爆程度的核心因素，这两个具有强大票房号召力的超级 IP 也成为众多企业跨界合作的对象。比如《星球大战 9》上映后，汽车、厨具、服饰、手机等多个品类的品牌商，都开始借势进行跨界营销。从表面看，这似乎只是一个营销现象。其实，这背后是商业思想的 K 线图——跨界之热。

著名的科幻小说《三体》中的一句话，正在验证着当今商业时代的跨界热潮——"我消灭你，与你无关！"一位商业观察家感叹："一切都在跨界，一切都在颠覆，很多跨界与颠覆，超出了人们的想象。"

目前，跨界已渗透到各个行业，所到之处一如魔法世界的神奇药水，一旦"滴入"，就会呈现出千变万化的戏剧性的变数，重塑和改变着我们的日常生活。

## 一、从宏观趋势看那些在跨界潮中逐渐消逝的事物

我们要如何发现跨界对于生活的改变呢？首先，你可以试着想一想，你的生活

中的那些曾经习以为常而现在正在慢慢地消逝的生活习惯。这种消逝往往是跨界创新驱动社会进化的结果。

### 1. 你已经多久没有吃方便面、喝"国民奶茶"香飘飘了？

从 1958 年日本人安藤百福发明了第一包方便面至今，方便面已有 62 年历史。它曾经辉煌中国市场数十载，在今天却遭遇了整体性的市场"滑铁卢"。

有数据表明，国内方便面行业销售额已经从最高峰 2012 年的 581 亿元降至 2017 年的 498.6 亿元，人均份数也由最高峰的 40 份降为 29 份。这种市场下滑的诱因是什么？除了因方便面被贴上"垃圾食品"的标签外，更多的是由于外卖市场的猛烈冲击。十年前，加班、旅行吃什么——吃泡面；现在，加班叫外卖，旅行买盒饭。"中国超 8 亿网民，6 亿人刷短视频，4 亿人网上点外卖。"这就是现状。现今，曾经辉煌无限的康师傅、统一、今麦郎、白象、日清等速食"五选择"演变为饿了么、美团、大众点评、到家、饿了么星选等外卖"五选择"。截至 2020 年 3 月，我国网上外卖用户规模达 3.98 亿，占网民总量的 44%。仅 2019 年一年，中国外卖行业市场交易额就高达 6 035 亿元。面对如日中天的外卖市场，方便面大咖们已经感受到了极大的生存危机。

另一个被产业性跨界创新逼入危机的案例是香飘飘。"杯装奶茶开创者，连续六年销量领先，一年卖出三亿多杯，杯子连起来可绕地球一圈。"2009 年，香飘飘第一次打出这句广告语，在铺天盖地的广告轰炸下，香飘飘开始爆发式增长。难以预料的是，香飘飘 2018 年年报显示，公司净利润同比下降近 80%，亏损扩大至 5 448.6 万元。虽然在接连推出新品液态奶茶和果汁茶后，2019 年的净利润明显增长，但与曾经单凭奶茶产品，销售额即突破了 24 亿元人民币的巅峰时期相比仍有差距。有 90 后表示，大学时喝过香飘飘杯装的冲泡式奶茶，但现在很少喝，喝奶茶时都会直接点外卖。为什么会这样？表面看是人们对健康的需求日益强烈，冲泡型奶茶已经不能满足人们对于健康的需求。更核心的问题是，五花八门的茶饮店如雨后春笋般地出现，品种多，名字新颖，特别是鲜榨果汁更是直接体现出健康、新

鲜的特点。十年河东，十年河西。截至 2019 年底，我国现制茶饮门店数量为 50 万家左右。街头奶茶店已经成为逛街、休闲娱乐时的首选，数据显示，2019 年一线城市奶茶店日均销量在 100 杯左右，同年中国现制茶饮市场规模则达到了 1 405 亿元。中国奶茶市场已经从粉末时代走向新式茶饮时代，香飘飘的市场正在被街边的茶饮店以跨界方式蚕食。

可见，在跨界竞争的世界里，威胁有时来自其他行业，这种异业性的需求替代，对一个行业乃至行业领导者的挤压式影响，绝对是不可小觑的。

### 2. 你已经多久没有使用相机和发手机短信了？

1975 年，柯达工程师史蒂文·萨森推出了世界上首款数码相机，历经 40 年风雨，虽然技术已经突飞猛进，但还是没有逃脱从辉煌到衰落的命运。

以前，拍照需要相机；现在，手机"咔嚓"一声，微博、微信秒发。专业相机已经是专业场合、专业人士的小众选择。2019 年 3 月份，全球范围内相机的销量同比下滑 25％，销售额下滑接近 27％。目前，手机摄像功能越来越强大，像素也从 500 万、800 万迅速飙升至 2 300 万乃至 4 800 万，再加上手机随身携带的天然便利优势，让曾经辉煌的数码相机走向边缘化。2018 年 1 月，尼康宣布退出巴西市场；2018 年 4 月，卡西欧宣布退出卡片机生产业务；2018 年，奥林巴斯的深圳工厂宣布停止运营……类似的故事在未来还会上演。实际上，尼康等相机巨头不是被同行所打败，而是被智能手机跨行业打败。

QuestMobile 数据显示，今天移动互联网月活用户规模达到 11.64 亿。随着智能手机和移动互联网的普及，这种技术性的跨界变革，对人类生活的影响往往是全方位的，不仅仅是生活中的拍照方式的跨界升级，还有社交通信方式的变化等。

微信是腾讯公司于 2011 年推出的一款手机聊天软件。一出生就是"万人迷"！至 2012 年 9 月，微信注册用户就已经过了 2 亿。

网络上流传一句热语说：世界上最遥远的距离，不是天涯海角，而是我在你身边，你在玩手机。低头党都在忙什么？刷微信！在 2012 年之前，短信业务曾是运

营商的摇钱树，然而高峰过后就开始急速下滑。从 2012 年的全年数据来看，电信运营商短信量比往年下降 20%，彩信量下降 25%，甚至电话业务量也下降了 5%。这是什么原因呢？微信的出现，让我们很少发短信了，甚至电话也逐渐少了。只要发起微信语音聊天，如同打了电话，铃声、接听、挂断、免提、静音等功能一应俱全。甚至不需要知道电话号码，也不需要手机卡，连接了 WiFi，随时都能打。剩下的节日祝福短信，现在也被微信红包狠狠地跨界"打劫"了！《2019 微信年度数据报告》显示，在 2019 年，微信每个月有 11.5 亿用户保持活跃，比上一年同期增长 6%，是中国用户量最大的 App，而早在 2018 年，就已经每天有 450 亿次信息发送出去，每天有 4.1 亿次音视频呼叫成功。现在，移动、电信、联通的共同"敌人"就是跨界者腾讯。

### 3. 你已经多久没去逛电器城、电脑城了？

你现在还专门去电器城买家电，特意去电脑城买数码产品吗？我想，应该很少去，或者根本就不会去了。

在 2000 年左右，随着 PC 产品热销，在北京、上海、广州等大中型城市，大大小小的卖场应运而生，门前几乎都是车水马龙景象。风光几年后，随着苏宁、国美等电器城开始涉足 IT 领域，家电城的日子就越来越难过了。在电器城可以看家电，也可以看 IT 数码产品，还有强大的售后服务保障，同时购物环境好、市场口碑也好，这自然就吃得开。

同样是 2000 年左右，国美、苏宁、大中、永乐等电器连锁店如雨后春笋，遍布全国各大中城市。就在电器城风光的时候，网购的发展也开始如日中天。近年来，电脑城、电器城都已经彻底被打落悬崖，传统渠道的"王者"已黯然失色。目前，京东、天猫、苏宁易购已经成为家电、IT 数码产品的主购买渠道。中国电子信息产业发展研究院发布的《2020 年第一季度中国家电市场报告》显示，2020 年第一季度，家电市场网上零售额占零售总额的比重进一步扩大，达到 55.8%，网络零售首次撑起家电市场的"半边天"。其中，京东、天猫成为位列前两位的家电零售

渠道商，市场占比分别达 29.1％、17.3％，网络零售对家电消费的促进作用进一步提升。

本来电器城和电脑城是截然不同的行业，各走各的路，但在市场利益的作用下，电器城跨界电脑城，电脑城开始走下坡路。进入互联网时代，传统电器城的客流已经越来越少，被网商跨界分流了。这些都是电脑城、电器城领域的巨头们当年难以预料的结果吧。

当然，购物方式的跨界改变还远不止于此。2020 年"618"前夕，百度发布《百度 618 电商搜索大数据报告》，其中提到，在活动前近 90 天，"电商直播"相关内容搜索热度较去年同比攀升 187％，薇娅、李佳琦、罗永浩等头部带货主播的搜索热度较去年同比上涨 275％。其中，在整个"618"活动中，薇娅总共直播 18 场，累计带动网站成交金额（GMV）高达 21.95 亿。这背后是"电商＋直播"的崛起。曾经，我们买东西习惯去线下商超、门店，后来随着互联网的普及与各类电商的崛起，网购成为潮流，在如今的移动互联网时代，"直播经济"成了新风口。iiMedia Research 数据显示，2020 年中国在线直播用户规模预计达 5.26 亿人。消费者不论身处何地，只要有手机就能随时观看直播并在线购买产品。主播、货、消费者三者之间的关系更加密切，主播在平台上推荐产品，从而带动产品的销量，形成完整的产业供应链。

### 4. 你已经多久没有在街边招手打车了？

在数年前，大家都曾有这样的尴尬：在上下班高峰期、雨雪天气中、偏僻路段，出租车难找，我们茫然无助地站在路边等出租车，那时候智能手机还没有涌现，等待的时间漫长无比。现在你还去路边等吗？一般不会了吧，大家都是出发前开始网络约车了。

实际上，更大的变化是，网络可以满足你多样化需求。滴滴、神州专车、首汽约车、曹操专车、美团打车等，选择很多。结果就是，出租车也得抢顾客了。我们也不必在路边等车了，可提前通过手机 App 约车，是出租车还是专车，根据需要约

定，按照既定的时间到指定地点，方便、简单。这个变化，可以说是跨界打击了传统的出租车模式。更为戏剧性的还有，被称作新时代"四大发明"之一的"共享单车"在 2017 年风靡全国。只需要五毛钱、一块钱，随时可以骑走一辆自行车，环保、自由、省钱、不限路况又健康。2019 年，共享单车市场规模达 183.48 亿元，用户规模达到 2.6 亿人。此外，在共享经济的热潮下，"共享汽车"已经率先在北京、上海、广州等大型城市布局，产生了一定的市场反响。

一个 App 平台打败了传统出租行业模式，同时"共享单车""共享汽车"也在冲击传统出租行业，甚至是网络约车模式。未来学大师阿尔文·托夫勒在《第三次浪潮》中提出"去中介化"概念，认为"企业降低成本的压力和电子商务的发展，使得传统意义上的中间商人失去机会，传统的中介将逐渐消亡"。如今这一切正在成为现实。通过跨界创新，传统中介的职能正在被新型互联网交易平台所代替。而共享经济的发展过程也是中介重塑的过程，这一点在共享出行领域非常明显。从去中介化到再中介化，劳动者对商业组织的依附被打破了，互联网共享经济平台的介入让个体服务者虽脱离商业组织，却可更直接、更广泛地接触需求方。

华盛顿经济趋势基金会总裁吉里米·里夫金预言，2050 年共享经济会取代资本主义。今天我们已经能看到共享模式对很多传统商业模式的探索性颠覆，共享出行只是其中之一。

### 5. 你已经多久没有用现金付款和使用收费杀毒软件了？

中国是世界上第一个使用纸币的国家。北宋天圣元年（1023 年），纸币曾作为官方法定的货币流通，当时称作"官交子"。今天，中国成为移动支付交易规模最大的国家。

以前，钱在钱包里；现在，钱在手机里。随着支付宝、微信支付的崛起，出门一部手机全搞定。根据 iResearch 数据，2019 年中国第三方移动支付的交易规模达到 226.2 万亿元。有人甚至开玩笑说，干掉小偷的不是警察，而是支付宝和微信支付。社会开始进入无现金时代，有了手机，到哪里都可以进行支付。2019 年，支付

宝及其本地钱包合作伙伴已经服务全球超 12 亿用户，微信全球活跃用户数也超过 11 亿人。作为蚂蚁金服旗下的子业务，支付宝规模的不断扩张也带动了蚂蚁金服的发展。

从纸币到移动支付，从社会趋势看是消费者生活需求在技术进步下的跨界进化，这是时代发展的必然结果。除了技术的跨界变革，企业商业模式的颠覆性创新也在深度影响着我们的生活，比如说我们电脑常用的杀毒软件。多年之前，电脑杀毒软件都是要掏钱买的，而今天，你已经免费使用电脑杀毒软件多少年了？

在 2000 年左右，国内知名的杀毒软件有江民、瑞星、金山毒霸以及国外的小红伞、卡巴斯基等。瑞星的月销量达到了 10 万套，当时任瑞星董事长的王莘，只靠着自己的个人 PC 防护产品，一年就轻松赚走了 7 个亿。2004 年，周鸿祎还是雅虎中国总裁，全面负责雅虎及 3721 公司的战略制订与执行。当时间指针定格在 2008 年，周鸿祎携 360 气势汹汹地进入了杀毒软件市场，开创了杀毒软件免费的先河，迅速成为杀毒界新老大。随后，腾讯的电脑管家、金山免费版等纷纷以免费模式面世，就连发誓不做免费杀毒的卡巴斯基也不得已推出免费版。1 年后，传统巨头瑞星才宣告个人产品免费，然而大势已去，当时 360 已经占据国内 70％以上的市场份额，用户量超过 3.39 亿，成为中国第三大互联网公司。

就这样，电脑杀毒行业就被一个简单的商业模式颠覆了，免费打败了收费。正是这种模式颠覆，改变了用户们的使用习惯，也为更多互联网服务的"免费"模式提供了一个典范性的跨界参照。

## 二、 从微观案例看那些在跨界潮中开始流行的事物

跨界已然改变生活，要洞察这种改变，除了看那些因跨界而消逝的事物，还要看那些因跨界而变为潮流的事物。

### 1. 为什么很多人喜欢小米的手机、耳机、移动电源、空气净化器……

小米公司成立于 2010 年，是创始人雷军在成功地带领金山上市后发起成立的。

公司从"为发烧而生"的智能手机业务开始，5年后，小米手机登上中国市场份额第一的宝座，成为智能手机出货量最多的品牌。本来没有什么专业品牌的小米，为什么能引发诸多"米粉"疯狂？

从软件转行到手机，再到后来的耳机、移动电源、空气净化器、电视、笔记本、音箱、插线板等，这种不断的跨界"打劫"带来了什么？消费者持续埋单！小米以两个特色实现了创业期的快速崛起：一是高性价比，二是互联网的口碑营销。据小米公司披露的财报，小米 2019 年总收入 2 058 亿元，净利 115 亿元！从无到有，从一到多，跨界宽度确实够广，这已经让很多行业感觉到了寒意。2018 年，小米成功在香港上市，创下了香港股市最大的 IPO 记录，截至 2020 年 7 月 30 日，小米市值高达 3 555.15 亿港元！

按照常规思维，人们都会买最专业的品牌，从手机到耳机、移动电源、空气净化器等，哪一个是小米的专业呢？而"米粉"还是毫不犹豫地选择持续跨界者小米，这就是品牌跨界的产品创新驱动力量。跨界品牌要保持以价值观为核心的品牌形象的统一，只有在跨界产品创新中始终如一地体现品牌价值，才能快速消除产品陌生感，使之为消费者所接受。例如小米跨界推出的产品都遵循了"性价比和小米科技时尚"这个品牌核心价值，这也是它能不断跨界的根本原因。

### 2. 为什么很多人都选择云南白药牙膏？

在 2005 年的时候，你使用的牙膏是什么品牌？高露洁、黑人、中华、佳洁士……而随着 20 多元高价的高端牙膏品牌云南白药牙膏的出现，很多人很快就颠覆了对传统牙膏的认知，开始倾向于具有保密配方和护口功能的云南白药牙膏。

卖药的跨界卖牙膏，还是很贵的高端牙膏，你或者你身边的朋友为什么还接受了呢？16 年来，云南白药牙膏累计销售额已经突破 500 亿元，且截止到 2019 年 5 月，云南白药牙膏市场份额为 20.1%，成为国内牙膏市场单品牌领跑者。从药业跨界到大健康产业，云南白药成功地通过渠道、传播等让消费者产生了这样的联想——云南白药公司有止血愈创的伤科圣药，做护口功能牙膏应该也同样出色。由

此，云南白药牙膏就把自己和普通牙膏区别开来，与牙龈出血、肿痛、口腔黏膜损伤等口腔问题的解决连在了一起。

从市场竞争角度看，云南白药牙膏推出的时候，牙膏市场早就存在竞争丛林，但药企品质的背书，针对口腔问题的专业性等一系列优势，还是促使消费者去购买"跨界"牙膏。

今天，随着新兴技术的快速发展和应用，产业边界日益模糊，跨界融合已经成为新一轮产业升级的大趋势。它由新需求驱动，以新科技和新平台为依托，将现有产业领域和要素，经过相互渗透、融合，整合到一起，实现产业价值链的延伸或突破。

### 3. 为什么很多人都在用平安好医生？

对于大多数人来说，去医院看病绝对是一个令人头痛的问题，各大医院的挂号窗口、缴费窗口、科室门口排长龙的现象，更是看病难、排号慢、医疗资源分布不均等现象的一个缩影。而"互联网＋"与医疗大健康产业的跨界融合，为医疗行业带来了新的变革，其中平安好医生依靠"互联网＋医疗"模式，颠覆了传统诊疗方式，在疫情期间让我们足不出户看病成为可能。

目前，平安已经形成在线医疗、消费型医疗、健康商城、健康管理及互动等重点业务板块。截至 2019 年 12 月 31 日，平安健康医疗科技有限公司的注册用户数达到 3.15 亿人，期中月活跃用户数达 6 690 万人。据了解，平安医疗健康生态网络覆盖超 3 000 家医院、150 家医美机构、430 家中医诊所、2 000 家体检中心、近 1 800 家牙科机构、超 4.8 万家诊所及 9.4 万家合作药店。平安好医生通过自主研发的 AI 辅助诊疗系统协助平安好医生的自有医疗团队，为用户提供 7×24 小时全天候在线咨询、转诊、挂号、在线购药及 1 小时送药等一站式医疗服务，并以自有医疗团队为核心提供多元化的一站式会员服务类产品。

"互联网＋"催生的大数据、云端等技术的运用，已经渗透到各行各业，为不同行业的跨界发展提供了新的可能，同时也展示出了巨大的运用价值。由此，平安

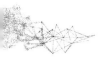

实现了从诊前、诊中到诊后的整个医疗健康管理过程的便捷化和高效化。跨界整合也能促进行业模式的深刻变化，有利于激发行业变革，不断满足大众多层次、多样化的需求，培育新的业态和经济增长点。

### 4. 为什么很多人喜欢去逛优衣库？

这个或者你无法回答，而优衣库知道答案。据不完全统计，仅在中国市场，优衣库的 UT 系列一年就完成了至少 38 次跨界合作！

"UT 系列卖的不是 T 恤，而是文化。"为打破圈层和文化的隔阂，优衣库的 UT 成功将"跨界＋T 恤"打造为一种系统的商业销售模式。在中国市场，优衣库做到了几乎每月都推出新主题的 UT 产品，这样的节奏对于任何时尚品牌而言，可谓绝无仅有。2020 年是日本少女杂志 *RIBON* 成立 65 周年，优衣库推出 6 大联名 T 恤，将经典作品《樱桃小丸子》《近所物语》《圣学院天使》《心跳今夜》《果酱少年》的角色重现。此次联名一经推出，就受到了众多少女漫画粉丝的热捧。通过 UT 系列产品，优衣库给需要个性化的年轻人打造了一个与艺术家、潮流 IP 合作的流量容器，电影、漫画、动画、艺术、音乐都能往里装。也让年轻人可以借助 UT 这个载体，去表达自己喜欢的潮流文化。

因为跨界，所以喜欢。道理简单粗暴！但是有多少企业能够做到？

### 5. 为什么很多人要天天玩抖音？

2016 年被称为"直播元年"，一大波直播平台从天而降，网红就在这一年成为年轻派渴望从事的新职业。流行就是一阵风，而在 2018 年至 2020 年，抖音以绝对性的市场占有率成为短视频新风潮的引领者！数据显示，截至 2020 年 1 月 5 日，抖音日活跃用户数已突破 4 亿。

随着 2017 年短视频开始流行，大部分用户和主播把战地转向了以抖音、快手为首的短视频 App。QuestMobile 数据显示，2020 年上半年短视频快速增长，行业 MAU（月活跃用户人数）已经达到 8.52 亿，6 月份，快手的全网用户渗透率达到

44.7％。实际上，趋势体现的是需求的满足。抖音的爆红之道在于美、萌、潮、搞，无"梗"无"新"不抖音。一位互联网公司的程序员说道："以前我常常花1个小时观看直播，但现在我很少看了。转而看短视频，原因是短视频更加高效，只需要花十几秒或者1分钟就能看到精彩的视频，还支持回看。而直播有时候还需要在线等很久，用户体验不佳。"

在数字时代，跨界竞争随时随地，抖音的火爆就是一个典型案例。

上面的几个案例告诉我们：跨界其实已渗透到各个行业，且正在引领企业变革。毫不夸张地讲，中国商业领域的跨界"打劫"已经白热化，你是死守还是主动出击？面向未来的发展，我们不得不接受这样的现实：我们已经难以预见到谁会争抢你的市场，甚至也无法想到灭掉你的对手将会是谁。因为，这些对手往往不是在身边或者本行业，而是在你猝不及防中冒出来的"新物种"。

实际上，以上种种现象只是我们生活变化中的冰山一角，在下面我们还会找寻更多的企业跨界案例提供给大家借鉴。马云在乌镇互联网大会上就曾说："这是一个摧毁你，却与你无关的时代；这是一个跨界打劫你，你却无力反击的时代；这是一个你醒来太慢，干脆就不用醒来的时代；这是一个不是对手比你强，而是你根本连对手是谁都不知道的时代。"马云已经描述了商业现状，并给出了药方："在这个大跨界的时代，告诫你唯有不断学习，才能立于不败之地！"

在市场瞬息万变的背景下，跨界应该成为我们必学的新课题。《孙子兵法·计篇》中说："夫未战而庙算胜者，得算多也；未战而庙算不胜者，得算少也。多算胜，少算不胜，而况于无算乎！"但由于无法预见商业对手，就出现了诸多悔之晚矣的事情。因此，现在每一个人、每一个企业面临的战略问题都是"要跨界吗?"。拥有跨界思维已经变得尤其重要，已经成为我们规划、决策、设计、创新等都无法绕开的核心问题。我们每一个人都必须掌握这种新时代思维。

我们不仅要学习跨界，还要找到应对跨界的策略。在《左传·襄公十一年》中有一句话："居安思危，思则有备，有备无患。"事实上，我们每一位企业家、管理者，只有拥有了跨界思维，才能在市场竞争中拥有更多胜算，否则只能望之兴叹。

那么，我们要如何做到呢？首先是学习，深入了解跨界的基本规律、方法等。这样，一旦面对跨界，也能够沉着应对，让一切变得不再被动。同时，也可以通过趋势看到跨界者，有效地进行防备和反击。其次是找准时间点，进行自我跨界，以谋求更大的发展空间。在很多时候，我们必须主动出击，才能赢得先机。学习有法，而无定法，贵在得法。本书意在探索跨界的规律、方法、规则等，让每一个需要这一新思维的人能够"得法"。

# 第二章　世界 500 强们争相跨界

温斯顿·丘吉尔曾经说过，"历史总是由胜利者书写的"。市场决战，胜者为王。

福布斯曾评选出 20 世纪最伟大的 10 本管理类图书，第一名是《追求卓越》。该书作者汤姆·皮特斯在美国 3 万多家上市公司中精选了 43 家模范企业进行研究，以此为基础深度论述了杰出公司的 8 个特征。结果在三十年后的 2012 年，这 43 家企业中 70％陷入增长停滞，5 家已经倒闭或者破产重组了。

排名紧随其后的是吉姆·柯林斯的《基业长青》。为了撰写这本书，他筛选并深度调研了世界 500 强企业中的 18 家美国公司，以研究他们如何应对世界发生的急剧变化（革命性的科技、文化动荡等），如何保持基业长青。结果到 2014 年时，有人调研发现，这 18 家企业中已经有 10 家的业绩低于市场平均水平了。

为何曾经卓越的企业，甚至是世界 500 强也会陷入困境呢？因为它们没有及时追赶时代的脚步，顺势进行自我变革。运营企业犹如逆水行舟，如果不能前进就会被赶超，被抛弃，即使是世界 500 强企业也不能幸免。就像埃克森美孚倡导的那样，"战略眼光贵在长远"。作为全球顶尖的企业，世界 500 强们需以战略的眼光发现并持续引领商业趋势。在当今这个时代，跨界是新的主题，跨界的速度决定着企业的生死，这绝对不是骇人听闻的一句话。现在还在快速发展的世界 500 强企业，

正是预见到了这种趋势，才都纷纷加入跨界战局，抢占更有利的位置。通过不断跨界，将核心优势扩展到更多领域，为企业开辟更多的发展路径，实现更长远的盈利。

## 一、巨头们演绎着跨界的"生死时速"

今天，时代的车轮滚滚向前，一些传统产业却乘不上时代发展的快车。更可怕的是，一些企业还以坚守传统为由继续循规蹈矩，停滞不前，结果被超越、消灭。这些前车之鉴，我们必须正视。面对跨界带来的竞争威胁，我们唯有以"变"制"变"，要自己主动跨界，否则总有一天有企业会"替代"你。

在现实商业世界，我们不仅可以看到跨界迟缓者的悲剧，也可以听到跨界迅捷者的欢呼。那么，诸多跨国巨头的跨界争锋有哪些特点呢？

### 1. 趋势引领，跨界铸就领航者

一个企业必须具有忧患意识，根据市场趋势、消费需求不断地进行变革，这样才能成为长寿企业。我们从 IBM、西门子等世界 500 强企业可以看到，一个企业的成长史几乎就是市场趋势的跨界史。而这些跨界的关键时刻，往往也都是市场转向或者升级的关键时刻。企业此时的转变，或者是迎合已经明显的市场大势，或者准备引领即将到来的市场风向，正是准确地踩在了趋势这个点上，企业才趁势完成了战略转型或重塑。

人工智能的浪潮即将到来，各行各业将发生巨大变革。根据艾瑞咨询的数据，2020 年全球人工智能市场规模约 1 190 亿人民币，未来 10 年这将是一个 2 000 亿美元的市场。2019 年，IBM 公司宣布与欧洲汽车行业三大公司：德国大众公司（Volkswagen）、德国 Moovster 公司以及荷兰 Vinturas 公司合作，通过混合云计算和人工智能（AI）技术重新定义汽车行业的未来。这标志着 IBM 数字化转型的进一步落地。毫无疑问，混合云计算和人工智能（AI）技术正是汽车行业的发展趋势，而 IBM 则早早地赶上了这班车，并早早地进行了战略落地。其实，对于有上百

年发展历史的 IBM 来讲，类似的跨界还有很多。

鸡蛋从内向外破壳是新生命的诞生，对企业而言叫作战略转型。实际上，从 1911 年开始，IBM 至少进行了 6 次跨界变革。例如最近的一次就在 2012 年，IBM 开始从一家传统硬件、软件和服务公司转向为客户提供认知解决方案及云平台的公司，进入数字化发展新阶段。

IBM 的每一次跨界发展都是惊天动地的生死抉择，市场拼杀中，比尔·盖茨还曾经放言："IBM 将在几年内倒闭。"然而，IBM 至今还是一头"跳舞的大象"。其实，企业也是一个生命体，也有生命周期性。IBM 公司一次次从危机到重返年轻的历史告诉我们：企业（品牌）老化的可以通过跨界重生，甚至也必须进行跨界重生。而这个跨界节点就是寻找或者引领风向，借助市场趋势，以跨界变革成为新领域的王者，从而"返老还童"。

作为一家已经有 172 年历史的老牌德国企业，西门子同样一直在不停地跨界，其跨界从初期的以做大为目标，逐渐兼顾了趋势与方向，以打造强项。此时，原有的重体量就会成为优点，甚至可以迅速地推动跨界转型，并通过收购等方式护佑企业跨界成功。由此可见，你要想做一家百年企业，没有跨界重生能力，往往很难做大、做强，甚至在趋势的风暴下，连生存都会遭遇危机。

企业若想跨界，就要抓住当下的潮流。例如号称千亿市场的网红经济模式，就催生出了跨界网红店，奔驰选择跨界开餐厅，无印良品则做起了酒店生意。再如，医疗健康产业早已成为全球热点，为了抓住机遇，亚马逊跨界购入美国网上药店 PillPack 推出送药上门服务，苹果宣布建立自己的医疗品牌 AC Wellness Clinic（AC 健康诊所）。

在医疗健康领域中，最被资本看好的方向是：数字化的疾病诊断、疾病监测以及消费者健康信息管理。随着相关监管政策的松动，以及传感器和算法技术的不断进步，如今确已是进入医疗健康领域相当合适的时机，国际巨头自然不会放过这个抢占市场的最佳机会。

能够通过跨界进行趋势引领的企业不仅拥有高度，更拥有速度。所谓高度就是拥有前瞻力，只有将目光放得足够长远，才能拥有预见性，从而不断洞察到跨界的新机遇。乔布斯说过："消费者想要什么就给他们什么，那不是我的方式，我的责任是提前一步弄清楚他们将来想要什么，当人们不知道想要什么时，你要把它摆在他们的面前。"正是因为拥有足够的远见，苹果才能在乔布斯的带领下成为趋势的引领者。

同时，当今世界竞争越来越激烈，就像"生鱼片理论"中提到的那样：渔翁一旦抓到鱼，就要在第一时间内将其以高价出售给一流的豪华餐馆，如果没有脱手的话，就只能在第二天以半价卖给二流餐馆，到了第三天，就只能卖到原来价格的25％，如果还卖不出去，就变成不值钱的"干鱼片"了。速度也在很大程度上决定了谁会是引领者、谁又会成为追随者，毕竟抓住时机才能更快速地成长。

### 2. 资源互补，整合实现大变局

企业家就是战略家，战略家就是选择家，资源的选择与整合很重要。实际上，资源整合是跨界的常用手法。资源整合可以分为两个方面：对外整合与对内整合。一般来讲，跨界更多发生在对外的整合，通过资源的互补形成跨界的张力。其中，通过组合形成裂变的模式有很多种，在此列举几例。

比如**联盟式跨界**，通过"抱团打天下"的形式来引领市场趋势。宝马、福特、通用和雷诺四大汽车厂商合作打造世界上最大的区块链研究联盟。四大车企将这一联盟命名为 MOBI（即移动出行开放区块链倡议），除了作为主干的四巨头，这个联盟还有其他三十多位成员，其中包括汽车零部件制造商博世和采埃孚、咨询公司埃森哲、IBM 和区块链产业集群（ConsenSys 和 HyperLedger）等。MOBI 并不像其他公司一样专注于推出一种特殊类型的分布式账目，它更在乎搭建通用标准和 API 来支持车辆间的支付和数据分享。

比如**产品融合跨界**，通过产品融合形成新竞争力。跨界的精髓在于互相借用对方累积的品牌资产，为自己的品牌调性带来新元素，所以跨界常常是品牌年轻化的一种有效手段。肯德基携手腾讯视频共同打造的肯德基音乐主题餐厅肯德基蓝桥店

在北京三里屯开业，该餐厅旨在打造属于年轻人的音乐社交场景，碰撞出"美食＋音乐"的更多玩法。可播放视频的大屏幕面向用餐区域，触屏式点唱机也出现在餐厅，新近火爆榜单歌曲皆可以随时点播，让顾客自定义餐厅背景音乐，形成更个性化的用餐环境。

比如**渠道联合跨界**，通过"借船出海"完成市场布局。由于渠道不同，每个品牌所能够覆盖的群体也不同，跨界可以让你的品牌借用对方的渠道资源覆盖到更多的目标人群。2019 年，食品大佬正大携 100 款爆品入驻中国石油 50 多家加油站便利店，进行速冻食品的新零售渠道探索。现在，"油王"可以轻松通过线下加油站便利店向进店客户销售肉蛋、粮油、熟食等产品。车辆加油需要一个过程，平日繁忙而此刻可以短暂停下来，可以在便利店挑选所需商品，在加完油之后就可以随车带走。与普通的便利店相比，依托加油站而生的中石油便利店定位于快捷、节时、便利，并拥有庞大的客流量。

通过以上案例，我们可以看出：市场跨界运作中的互补关系，不仅仅是基于产品功能上的互补，还是基于用户体验上的互补。特别是基于用户需求的跨界互补，可以深度发掘、满足用户需求和体验感，这样才能将资源整合发挥到最大，否则就是简单的"1＋1"，没有价值。在未来，这种跨界模式的跨度会更大，行业涉及面也会更宽广。

### 3. 科技领跑，科技催生新驱动

数字经济大潮来袭，伴随 5G、大数据、物联网、人工智能、区块链等新一代信息技术的快速发展，新产品、新服务将不断地加速应用，数字经济发展与新技术演进为跨界提供了全新的支点。

近年来，**区块链技术**在各行业的应用越发普遍。沃尔玛强制要求旗下山姆会员商店和沃尔玛超市的所有生鲜产品供应商必须使用区块链技术，以实现产品可溯源。沃尔玛一直在与 IBM 合作开发食品安全区块链解决方案，实现基于区块链技术的从农场到商店的产品全面跟踪。沃尔玛还计划投资建设由区块链技术控制的自主机器人队伍。

随着 **AR 技术**的不断发展，各行各业也都开始尝试使用 AR 技术，可以说 AR 技术使跨界变得更加吸引眼球，更加有效，可口可乐的 AR 跨界便是明证。

可口可乐与流媒体音乐平台 Spotify 合作，设计了一款使用 AR 技术、能播放音乐的可乐，使可乐瓶变身音乐控制器。消费者使用相应的 App 扫描印有可口可乐或雪碧特殊标签的瓶身时，App 可播放 Spotify 列表上的 189 种音乐，用户还可保存该播放列表。当然，用户还可通过扭转瓶身调整音乐播放顺序，对应歌曲封面也会由 App 显示在瓶身周围。

可口可乐城市罐还和百度 AR 合作，用户只需打开百度 AR，对准可口可乐城市罐扫一扫，便可以开启城市秘境，探寻这座城市的秘密，了解这座城市的知名建筑、习俗、地域风情。可口可乐城市罐上新的消息一经推出便引起了广泛关注，大家纷纷在可口可乐微信后台留言，表达对城市罐的喜爱，掀起了一股热潮。

连锁便利店 7 - 11 推出了一款全新的"死侍 2"商品以及以"死侍 2"为主题的 **AR 体验**。玩家可以看死侍表演、和死侍拍合照，甚至把自己打扮成死侍。通过社交媒体，他们可以把自己的"杰作"或观点分享给所有人。然而，要解锁更多的体验，玩家需要到 7 - 11 商店，其 AR 程序会自动定位。人们还可以将这个 AR 玩法分享给自己的朋友和家人。AR 等技术的应用不仅让我们"大饱眼福"，更让跨界具有了很好的前卫性体验感。

有报告预测了至 2025 年影响经济的 12 项技术。抓住高新科技的发展机遇，企业将会获得更大的发展空间。马化腾曾经表示："当一个产业已经做了很久时，就已经是一片红海，而新技术在两个产业跨界部分往往是最有机会诞生创新的机会，那可能是一片蓝海。腾讯的历史也是这样，当年做通信的没有我懂互联网，做互联网的没有我懂通信，所以我做起了当时的 QQ，包括现在的微信。这就是抓到了一个跨界的点。大疆也是，它是无人机，也是 flying camera，这两者本来是不同的，本来一个是航模，一个是摄影，但是大疆把它们结合在了一起，一下打造了一个市场。"正是通过科技的跨界创新，才有了今天的腾讯和大疆这样的超级独角兽企业。

### 4. 文化渗透，融合激发需求力

全球化趋势下，世界 500 强企业纷纷在全球布局，它们的触角已经渗透到世界各地，而与之同步的是文化性的跨界渗透与输出。比如肯德基、可口可乐在进入中国之初，就传递出了美国文化价值，待逐渐取得中国消费者认可后，在产品创新上还会加强本土文化特性。比如从不辣的劲脆鸡腿堡到新奥尔良烤鸡腿堡，从老北京风味的鸡肉卷再到广东风味的咕噜鸡肉卷等，总能针对国人的口味不断地变换花样。实际上，产品的创新只是其中一个方面，肯德基等跨国品牌还积极进行基于中国文化的跨界营销。

2019 年，肯德基继续延续跨界的方向，和成都杜甫草堂合作推出首家天府锦绣主题餐厅。天府锦绣主题餐厅营造出杜甫诗意氛围，餐厅通过草堂元素装饰及动态影视图像，使消费者们能在店内享受到"吃着炸鸡，品味杜甫诗歌文化"的独特体验。餐厅随处可见杜甫草堂元素，明亮的两层楼落地玻璃上贴着以草堂风貌变化而成的图案。墙上描绘着唐朝人的生活场景图案，桌面、墙壁上处处是杜甫的经典诗歌及相关的书画作品。肯德基更是将杜甫草堂最具代表性的"少陵草堂碑亭""花径红墙""草堂北门"和自家的三款产品薯条、甜筒、汉堡做了结合，推出了一系列有趣的周边。据悉，杜甫草堂的社教项目"草堂一课"也将不定期地在餐厅开展，让孩子们在这里诵读杜诗，动手学习活字印刷术，尝试制作线装书，使他们在博物馆之外也能学习传统文化。

通过杜甫草堂跨界推广，采用互动模式，肯德基具有了文化、科技特性，从而对青少年消费群体进行了深度、有效的文化传播。目前，跨界营销更多的是作为事件营销来进行操作，有很强的快闪性质，这也意味着双方品牌会在短期内集中资源引爆市场，提高用户关注度。

迪士尼作为文化娱乐产业的翘楚，其业务范围涵盖了娱乐节目制作、主题公园、玩具、图书、电子游戏等。而中国作为它最重要的市场之一，在消费品业务上已经是超过五年持续增长。为了保持增长态势，早在 2017 年的启动大会上，迪士尼中国就提出了消费品业务的本土化运作思维。如今，迪士尼中国在本土化运作方面则更进一步，不仅推出了围绕中国四个核心城市京、沪、蜀、粤设计的系列产品，在中国传统节日中秋节还推出了含有更多中国元素的月饼，同时携手藏有诸多历史文物的上海博物馆，跨界推出了融合大克鼎青铜纹饰的米奇，以及雨伞、丝巾、背包等多款跨界产品。

品牌是企业的灵魂，文化则是品牌背后的支撑。文化承载量越大、文化底蕴越深的品牌，越兴旺长久。如今，世界 500 强中的跨国企业在品牌竞争方面，早已进入了品牌经营的更高形态——文化渗透。通过跨界输出品牌价值，进而影响消费者的生活方式和价值观。当然，在这个过程中它们也在努力消除文化隔阂，如通过重视当地的民俗风情、生活习惯、消费方式等文化差异，使品牌与当地文化有机融合，以消除消费者的排斥感，赢得消费者的信赖与推崇。

而除了企业跨界文化，文化也会向外跨界扩张。世界第一时尚杂志 *ELLE* 旗下的 ELLE CAFÉ，将咖啡馆定位为平台，结合自身的属性，以时尚生活概念为主题，意在给当下追求个性与时尚的人士提供一个融社交、美食、IT 和精品购物为一体的咖啡馆。

### 5. 市场通吃，资本打造生态圈

资本以其无所不能的力量，给经济的发展注入了无限活力。目前，无论是打造价值链还是生态圈，都需要资本的力量，通过资本力量，企业家可以快速实现梦想。

亚马逊收购在北美和欧洲拥有 497 家连锁店铺的有机超市 Whole Foods。这一收购被视为亚马逊从互联网 B2B 零售巨头向 O2O 全渠道零售迈出了重要一步。亚马逊以 Whole Foods 为中心，线上线下融合，打通物流节点，从而形成了新生态。实际上，这个生态的建立对于亚马逊发展的促进作用是非常大的，比如自有品牌得以飞速发展。自 2009 年推出首个自有品牌以来，亚马逊已推出 70 多个自有品牌，这些品牌以服装（59 个）为主，同时覆盖鞋包（6 个）、食品杂货（3 个）、卫生保健（3 个）、家居厨房（3 个）、消费电子（1 个）等品类。这些产品一旦盘活，就可以撬动巨大的市场利润空间。据亚马逊官方显示，其自有品牌在全球有

极大的市场潜力，拥有价值 3.7 万亿美元的商业机会，可以占据 16.7％的全球销售份额。

英雄所见略同。马云提出的"新零售"概念也是将线上线下无界融合，以数据和科技为驱动，打破虚拟与现实的界限。现在，阿里巴巴代表着新零售，除了淘宝天猫、盒马鲜生、支付宝口碑这三个主营业务，阿里巴巴还投资了苏宁云商、饿了么、高鑫零售等公司，重金砸向新零售；在教育领域，阿里巴巴与达内、金智教育、知途网合作推出云计算课程与认证考试；在金融板块，蚂蚁金服可谓众所周知；在文化产业上，阿里巴巴更是以 12.2 亿美元收购优酷、土豆 A 股普通股，之后还与华数传媒签署战略合作，推出"天猫魔盒"；在电商物流领域，2015 年对圆通进行投资，2018 年入股中通，2019 年申通宣布了阿里巴巴投资计划。对此，马云甚至解释说："因为互联网是一场技术革命，不应有界，而是要融入各行各业。"实际上，阿里巴巴就是一个在资本推动下成长的超级跨界巨头。

近 20 年来，谷歌至少收购了 270 家公司。在 2010 年左右，谷歌一度以惊人的速度收购公司，甚至平均每 10 天就收购一家。谷歌在 2011 年和 2014 年收购欲望最为强烈，这两年都收购了 34 家公司。通过资本力量，谷歌形成了自己的竞争力，构建了自己的生态圈。

据统计，在世界 500 强企业里，高达 94％的企业都是跨界发展的。三星电子、日立、西门子、东芝、戴尔……我们不难发现，这些耳熟能详的公司多数都是跨界型企业。

资本为人类发展起到了不容忽视的助推作用。跨界实际上是一个整合、融合的过程。将自有资源与其他表面上不相干的资源进行整合，可放大资源的价值，甚至可以融合成为一个独立的个体。马云曾强调："阿里巴巴不是一家拓展技术边界的科技公司，而是一家通过持续推动技术进步，不断拓展商业边界的企业。"同阿里巴巴一样，越来越多的 500 强企业正通过资本，跨界构建更完整、更独立的商业生态圈。在这个过程中，马太效应愈发明显，就像经济学界研究的那样，将会形成富者愈富、赢家通吃的局面。在这样的环境下，世界属于头部企业。

## 二、 不跨界的后果很严重

这是随处都充满不确定性的时代；这是一切都需要重新定义的时代；这是你不跨界，就有人来"打劫"的时代。

号称19年不关一家店的零售行业霸王龙"大润发"易主马云后，创始人黄明瑞在辞任时表示：我战胜了所有的对手，却输给了时代。每一个剧烈变革的时代背后，都会有一个悲情英雄。那些曾经领先行业的巨头，是成功的代表和标杆，有一部分更是从我们年轻时候开始就是家喻户晓的品牌。可是，当时代剧变来临的时候，它们轰然倒下，有些企业的消失竟然是悄无声息的。但是，它们那些被时代封存起来的辉煌，却像猛兽被击倒后发出的阵阵嘶吼，足以振聋发聩。没有在新趋势下进行跨界升级、跨界创新的企业往往死在了曾经辉煌的马拉松跑道上。

这里不得不提两家企业：一个是柯达，一个是诺基亚。这两家企业都是在趋势面前，没有及时自我革命，进行跨界变身，从而成为悲剧英雄。

实际上，打败柯达的不是佳能、尼康等照相机，而是不用胶卷的数码相机。虽然这个技术早已诞生，但可惜柯达没有看到未来的方向。同样的悲剧在诺基亚身上也重新演绎了一遍。

1685年，诺基亚成立之初，造纸才是他们的主业，后来他们的业务逐步向胶鞋、轮胎、电缆等领域拓展，最后才成为手机制造商！由此可见，诺基亚还是有跨界基因的，但是这个传统没有延续下去。

在21世纪的第一个十年中，智能手机技术的进步及移动互联网的成熟，几乎颠覆了我们的生活方式。就在那个时候，诺基亚开始英雄迟暮。2006年，诺基亚手机业务全年销售额高达247.7亿欧元。2007年，第一代iPhone面世，开启了人们对新一代智能手机的畅想，紧接着的一年，Google推出了开源的安卓操作系统。大家都以为App模式是苹果创造的，其实诺基亚在1996年就推出了该技术，当时

Nokia Communicator 已经开始尝试提供应用下载功能，堪称智能机的鼻祖，遗憾的是没有人发现这个技术的价值。

在当时，全球各大手机厂商纷纷终止塞班平台的研发，转向安卓系统。可是行业巨头诺基亚这次却独断专行，依旧坚守塞班，而不愿意采用安卓，最后沦落为"古董"手机。2013 年，诺基亚手机业务作价 37.9 亿欧元，贱卖给了微软，还不及 2006 年巅峰时手机业务全年销售额的零头。

实际上，我们从那些勇于跨界的巨头身上不难发现，这些巨头们擅于捕捉趋势、潮流，不仅要跟进，更是要争取引领。如果像柯达、诺基亚一样故步自封，抗拒新时代和新技术，不肯跨界，不敢创新，无论多大的企业，都终将被时代所遗弃。在市场大势面前，谁也无法阻挡！此外，我们从中也发现，很多企业不是没有发现跨界战略机会，而是不敢自我革命。什么叫自我革命？QQ 在 2012 年之前一直稳坐移动社交应用的霸王宝座，而这时的腾讯居安思危，开发出了"微信"，主动革 QQ 的命。现在看来，腾讯当年如果不主动革掉自己的命，就会被竞争者革命，比如当时小米的米聊早就准备上位。或者换一个角度看，微信不崛起，可能就会是微博的天下了。腾讯正是因为"自我革命"，所以一直到现在都是社交领域的王者。

再次回归原点看，企业必须学会跨界，敢于跨界，擅于跨界。这也是今天的企业需要掌握的最具发展驱动性的战略能力。移动互联网的发展，科技的快速进步，都在不断地加速社会发展进程。从商业领域来看，因为商业环境和用户本身的变化，很多行业准入条件正在发生变化，用户价值也正在被重新定义。这种时候，企业醒来的速度不够快，可能就在睡梦中消亡了。当时代抛弃你的时候，都不会说一声再见。门缝正在裂开，边界正在打开，传统行业都可能被逐一击破。来不及变革的企业，必定遭遇前所未有的变数！因为你不仅要面对同行竞争的压力，还要随时防备跨界而来的"打劫者"。各种行业正在或已经日趋成熟，企业向上攀升阻力重重，跨界或可弯道超车，若不跨界则要做好现有市场被蚕食、瓜分的准备。毕竟，企业原有的壁垒在跨界者面前可能并无多少优势。跨界是趋势，你不跨界，就有人跨界"打劫"你。

# 第三章 国内行业领跑者追求跨界

实际上，每一个企业的护城河都非常脆弱。稍不留神，就会有掠夺者攻城拔寨。美团和滴滴之争就是一个经典案例。

美团是 2010 年成立的团购网站。几番大浪淘沙后，美团撕掉了团购标签，依托资本开始无边界扩张。其中，最受关注的就是 2017 年美团打车在南京上线，通过火力集中策略，发起"局部战争"，向滴滴直接开炮。在经过两年的补贴大战后，两者都发现烧钱模式无法持久，美团开始尝试变身——2019 年 4 月，美团在上海、南京上线了"聚合模式"，接入首汽约车、曹操出行、神州专车等出行服务商，由疯狂的搅局角色变成了"你好我好"的聚合平台。

2019 年 7 月，滴滴也开始试水聚合模式，和曹操出行、秒走打车、斑马快跑等服务商完成谈判，这些第三方出行服务商将陆续登陆滴滴 App。本来比较而言，美团的发展势头似乎好很多，但我们依旧无法判断最终的结局。但无论如何，这场跨界战都将写入中国企业史。在中国复杂的商业竞争格局中，巨头们必须想尽办法去填满所有的缝隙市场，否则别人就会"见缝插针"。

采用同样策略的还有阿里系的高德。在 2018 年，阿里旗下的高德地图突然宣布，高德打车正式入局。高德打车也选择通过聚合模式瓜分出行市场。相比单兵作战，聚合模式更容易"抱团引流"，面对"三国杀"，到底谁跨界了谁已经不重要，

最重要的是谁可以笑到最后。进入 2019 年，腾讯终于从垂涎打车市场的蛋糕到直接切蛋糕，腾讯和广汽等企业合作，推出了一款名为"如祺出行"的约车软件，打车市场再次出现跨界竞争变数。

这场血淋淋的跨界之战再次提醒我们企业家，在资本为王的时代，如果你稍有松懈，就会有人侵犯你多年辛苦打下的领地。不擅于玩跨界，不会阻击跨界竞争者，结果必然很糟糕。正如今日资本的掌门人徐新所说，"只有你什么都做，才能把用户的时间耗光并养成使用习惯，否则没有被满足的市场就会被别人拿走，甚至侵蚀你其他板块的业务"。

## 一、 跨界众生态： 从竞争导向到价值链航母的革命

跨界时代最应提防的就是跨行业竞争。因为你不了解，没有提防，一旦出现危机往往会手忙脚乱。此外，因为不是同行，所以竞争对手的跨界思维往往更为开阔，这将让你更为措手不及。实际上，诸多商业模式的创新都是由跨界产生，而商业的成功跨界基本上都是来自另一个领域。你都不知道对手从哪里蹿出来的，瞬间已经形势大变。

目前，从巨头们的发展趋势看，市场正在从单一的竞争时代走向价值链航母的跨界时代。也就是说，每一个企业都在力争建立自己的价值链、生态圈。这样不仅保护了自己，还可以形成强大的"防护罩"，让自己变得更大、更强。当然，也并不是所有企业都具有这样的战略构筑力。

那么，在诸多跨界案例中，我们能看到哪些特点，或者说有哪些可借鉴的地方？结合近几年的市场案例，我们发现了以下 4 个跨界发展特性。

### 1. 重视文化特性——跨界创新提升软性价值

据说，对于可口可乐，宗庆后曾经吐槽道：搞得这个配方很神秘，仪器一打都知道了！在现在的技术条件下，确实几乎没有秘密可言，可为什么后来者很难复制它的成功。很难相信，没有这个配方的故事，没有来自青春时期受其影响的一代代

消费者，它还能这么难被打败吗？

这是一个由文化主导的经济时代，文化不再是经济的附加品，它已经与经济紧密地融合为一体，甚至已经成为经济发展的核心推动器。我们旅游时要去看历史文化，我们购物时看品牌文化，我们吃饭有餐饮文化，我们喝酒有酒文化……文化已经是所向披靡的营销利器。

实际上，通过艺术、文化进行跨界的最大好处就是能直接给品牌注入艺术与文化的内涵，从而使品牌变得有品位、有价值，让许多看起来毫无关系的混搭也擦出了五彩斑斓的火花。我们从许多成功的产品和品牌可以看到，当一种产品或一个品牌融入某种文化时，或者与某种文化绑定后，其产品生命力和品牌影响力就会如同文化一样变得源远流长、魅力四射，这就是因为品牌注入了文化软实力。20 世纪末，哈佛大学教授约瑟夫·奈首创了"软实力"的概念。文化软实力代表的正是一种文化创造能力，它有助于品牌提升价值。一个品牌的综合发展，需要文化软实力为其提供精神导向和内涵指引，以此提升品牌形象、增加凝聚力、激发文化源源不绝的创新力。时下，在诸多跨界案例中，文化融合已经是一个主流方向，演绎着诸多跨界传奇。

（1）深挖自身文化的跨界

实际上，很多品牌本身就是一个文化代表，在依托文化进行跨界时候就异常容易了。最典型的案例就是故宫。我们知道，故宫是代表着 600 年中华历史的文化符号，拥有众多的皇宫建筑群、文物、古迹，是中国传统文化的一个象征。今天，作为文化领域的超级符号，故宫进行了多个产业的跨界，所"跨"之处喝彩不断。时至今日，故宫不再单单是古老建筑群，也成了大众消费者心中的时尚活宝。

2020 年 4 月 21 日晚上，故宫淘宝店宣布推出首套盲盒，并为新上的这套"祥瑞系列猫盲盒"进行了一场直播，一时间，微博也被这套"萌系"故宫盲盒刷了屏。据了解，系列盲盒一套共有 12 个，包含传统神、神兽和神器元素造型的随机款和两个隐藏款，第一批盲盒目前已经售罄。此外，故宫还通过合作形式，跨界了

点心、水、化妆品等诸多行业。当下，在营销圈的公开秘密就是，无论什么产品，只要打上"故宫制造"的专属印记，都能火上一把。故宫，正以不可阻挡的跨界之势展示着中国传统文化的穿透力。

除了故宫之外，越来越多的博物馆及企业开始深挖自身文化优势。曲阜孔府印阁传承创新"中国印"，一个小小的印章，在售产品品种就达到了 1.6 万种之多；同时，还有根据曲阜文化开发的"保过君"动漫 IP 形象，在短视频平台也收获了百万粉丝。而广东省博物馆则以馆藏海上丝绸之路贸易相关文物为灵感，选用 27 件相关文物，与游戏相结合，开发了相关文创产品。在《新梦想世界》中，玩家可以搜集海上丝绸之路的文物，将其添加至文物收藏册中；而《梦想世界 3D》则将海上丝绸之路文物融入迷宫玩法中，以游戏的方式在普及海上丝绸之路文化的同时，为梦想世界玩家带来不一样的内容体验。

（2）借势已有文化的跨界

实际上，并不是所有品牌都如故宫一样具有优势，其他品牌怎么办？只能借力了。目前，诸多企业正在通过影视、动漫等形式完成文化的衔接或者借势，进行产品、品牌方面的跨界，以此推动产品的销量提升、品牌提升。

• **借势英雄文化。** 美国文化盛产各种超级英雄，超人、蜘蛛侠、蝙蝠侠、钢铁侠、美国队长等都寄托着美国人的英雄梦。当然，中国人也有很多家喻户晓的英雄人物，比如齐天大圣孙悟空。2019 年男装国民品牌海澜之家与上海美术电影制片厂联袂打造"大闹天宫"系列，让时尚与英雄进行文化碰撞，推出"大闹天宫"T恤，产品涵盖亲子装、情侣装等。

• **借势动漫文化。** 近年来，动漫已经成为年轻人表达自我的一种特别方式。新发布的《2020 二次元营销洞察白皮书》显示，已有 65% 的头部广告主选择二次元营销。例如，目前大热的国漫人物"魏无羡"与中国科举博物馆跨界"合作"，成为其首个"国风合伙人"，成功引爆了话题，微博话题阅读量达 1.9 亿，得到了圈内用户的广泛认可。中国科举博物馆的前身是江南贡院，拥有悠久的历史和丰富的文化底蕴。除了发力线上，有消息透露，"魏无羡"与江南贡院线下语音系统合作正在敲定。此次跨界合作中，传统文化和二次元 IP 共同发力，不仅深层挖掘文创市场，而且实现了 IP 价值的多样化开发。

品牌在与动漫文化相关的内容进行跨界时，题材的选择非常重要。既可以选择全民话题性的动漫形象如小猪佩奇、小黄人等，也可以选择时下热门的动漫人物，当然还可以选择经典动漫形象，让品牌借势情怀，引发消费者情感共鸣。而跨界动漫的思路，也能为品牌创意提供更多新元素和新思路。例如，企业在进行年轻化时，也可以尝试打造专属的动漫形象，并赋予其想象力和青春活力，让品牌赋有或逗趣、或可爱、或软萌的人性化特征，使冷冰冰的品牌具有人格魅力。

• **借势 IP 文化。** 时下，大 IP 的市场影响力可谓所向披靡，已发展成为一种新的文化力量。IP 与动漫、游戏、电影、电视剧等结合后，就成为可以表达和寄托情感的具象化载体，从而引爆市场。在儿童节前夕，京东推出了大电影《JOY STORY Ⅲ：重返 618 号》。电影中出现了 80 后、90 后所熟悉的许多动画形象，如葫芦娃、黑猫警长、美猴王等。电影讲述了主人公 JOY 和葫芦娃等在奇幻世界里共同经历的一场冒险之旅，传递了京东所坚持的与年轻人在一起的品牌价值观，同时也拉近了与消费者的距离。此外，京东联合上海美术电影厂，通过一系列 IP 与 Redmi、微软、IQOO、谷粒多、欧诗漫等众多知名品牌进行跨界合作，推出独家联名产品，通过唤起 80 后、90 后的童年记忆，又掀起了一股国潮热。

从上面案例我们可以看到，跨界"无定法"，只有"无定法"才能做到更具有创意性，更吸引眼球；其次，跨界并不是简单的产品定制，而是要真正地深入品牌塑造中去，实现品牌张力，这样的跨界才能跨出品牌价值。

### 2. 重视平台特性——跨界连接创造组合模式

"平台"是最近几年的商业热词。目前，60% 以上的世界知名企业使用的都是平台型商业模式。对此，经济学家理查德·施马伦塞和大卫·S. 埃文斯在其新书《撮合者：多边平台的新经济》中说，这种平台是指那些通过实体或虚拟的系统，将两个或更多参与者连接起来从而产生价值的企业。

（1）房地产行业跨界打造城市平台

实际上，成为平台的公司并不多，要想成为平台，必须具有独特的商业模式。华夏幸福并不太像地产商，但具有独特的平台特性。我们知道，一般房地产公司是造小区的模式，万达是打造商业圈的模式，而华夏幸福是通过造城实现平台价值。华夏幸福一般会选择环一线、环二线城市，首先通过自有资金建设规划馆、观光大道、生态公园、医院、学校等，通过引进企业入驻产业园为地方政府带来增量税收，这些措施也增加了人口流入，形成了产业聚集。对于初始投入，地方政府多从财政收入中支付部分给华夏幸福，后面引进的产业服务增量通过分成结算。最终，华夏幸福把与产业相关的各个要素整合起来，汇集各方优势和资源，形成一个庞大的闭环系统，令所有参与者共同成长。近年来，华夏幸福已经积极开拓长三角城市群、中原城市群、粤港澳大湾区城市群等国家重点城市群，其实这就是跨界的另一种模式。

（2）在线医疗行业跨界打造在线问诊平台

近年来，互联网医疗产业也诞生了一些平台型公司。比如微医，以微医互联网医院平台为核心，通过互联互通的微医分级诊疗平台、互联网全科医生签约平台、微医处方共享平台等多平台集成服务模式，为患者提供在线门诊、远程会诊、双向转诊、健康体检、慢病管理、精准预约等健康医疗服务，从而搭建起互联网医院平台。互联网医疗的好处显而易见，首先是医疗效率的提高，减少了患者等待时间。它改变了传统医疗方式，让医生利用工作、生活中的碎片时间，就能为患者答疑解惑；同时，远程问诊、时时交流也让就医更方便，避免了患者等候时间长、问诊咨询时间短的困扰。其次，互联网医疗促成了个性化服务。通过智能设备，用户可随时随地采集并上传个人健康数据，建立个人健康档案；医生能密切关注用户的病情发展，为治疗做出最佳方案。

其实互联网产业最容易实现跨界，也最容易完成平台搭建。2008 年，饿了么平台在上海交大创立，成立之初主要面向的是校园市场。经过几年的发展，饿了么在校园市场知名度大增，随后就开始进攻白领商务区市场。截至目前，饿了么在线外卖交易平台已覆盖全国 2 000 个城市，加盟餐厅 130 万家，用户量达 2.6 亿，已经成为中国领先的本地生活平台。

在很多时候，平台模式成立的重要条件是拥有海量的用户，背后靠的则是具有黏性的服务。前面我们已经谈到滴滴跨界打败传统出租形态，组建了自己的平台。滴滴为了满足消费者在不同场景下的多样化出行需求，创建了多样化服务。在稳固了打车业务之后，滴滴又细分出了顺风车、快车、出租车、专车、巴士、代驾等服务产品，逐渐从为个人出行提供服务发展到为公共出行提供服务。

（3）传统制造业跨界打造资源共享平台

波士顿大学和杜兰大学的几位学者将公司形态分为线型公司和平台型公司。其中，平台型公司不参与核心价值的创造，但链接核心价值的创造者和用户两端。向平台型公司转型，是很多制造企业的梦想，富士康就已经从线型公司向平台型公司升级。2017 年，富士康科技集团开发了工业互联网平台 BEACON，将数字技术与其 3C 设备、零件、通路等领域的专业优势结合，探索向行业领先的工业互联网公司转型。这样就可以成为资源共享平台，与作为出租类汽车资源共享平台的滴滴相类似，由这个平台承载各种生产订单，实现在平台上构建生态，以此来提升生产服务效率。

作为传统企业，装饰行业龙头企业金螳螂也在谋求弯道超车，从设计端入手嵌入各种智能家居、可穿戴安全设备等，提供与居家养老相关的综合服务。同时，围绕人的需求，介入、布局 VR/AR 等高科技行业，抢占 BIM 等行业制高点，以提升客户体验，形成以提升客户生活品质为目标的综合服务平台。

有人预言，在未来，你要么做平台型企业，要么给平台打工，要么利用好平台。当然，真正的平台型公司不是简单的资源的自由组合，而是一个独立的商业想法可以在其上实现的平台。想要评判一个企业是不是平台型公司，只需看其是否满足以下两个标准：一是企业提供的是不是与产品相关的方案；二是根据平台本身网络关系的特点，提供网络的底层技术和基础。

### 3. 重视生态特性——跨界聚集，实现圈态竞争

在互联网等技术飞速发展的信息化时代，企业需要与外部资源进行全面链接，以做大、做强，成为一个航母型企业。而最常用的策略就是，建立创新生态。世间万物，都有自己赖以生存的一个生态圈。大自然如此，社会也如此，经济亦如此。

一个强大的经济生态圈，不仅可以促进内部各环节之间的联系、循环，还可以促进整个生态圈的健康发展，更可以实现做大、做强的梦想。那么，如何做好自己的生态圈呢？简单而言，企业必然要跨界，通过有目标的跨界完成庞大的生态圈建设。

在中国，做生态圈比较出色的企业有阿里巴巴和腾讯，而这两家公司放到全世界，也都是很有竞争力的巨头。

阿里巴巴构建了三大集团架构，一个是阿里巴巴电子商务集团，我们常使用的淘宝和天猫就在这个集团里；第二个是阿里巴巴小微金融服务集团，蚂蚁金服和网商银行就属于该集团管辖；第三个就是菜鸟网络，主攻物流方面。圈内成员包括淘宝、天猫、聚划算、支付宝、UC、新浪微博、陌陌、菜鸟物流、日日顺、高德地图、美团、钉钉、去啊、阿里影业、阿里云、阿里游戏、阿里妈妈、优酷土豆、华数传媒、银泰商业、墨迹天气、蚂蚁金服、恒大足球等，总数达到上百家，几乎涵盖了半个互联网。信息流、资金流和物流都在这个庞杂的系统里面循环。

除了阿里巴巴这个巨头之外，还有腾讯这个霸主，一个腾讯账号几乎可以畅通互联网世界。你想社交，可以用腾讯账号登录微信、QQ；想听流行歌曲，可以用腾讯账号登录 QQ 音乐；想看电影，腾讯视频可以满足你；想购物，可以上京东，京东的最大股东是腾讯，也可以用腾讯账号登录京东；想点外卖，你可以登录美团点外卖，美团的大股东是腾讯；除了这些，搜狗、滴滴、特斯拉、唯品会等腾讯都有股份。目前，腾讯最强大的杀器就是微信。其实，微信本身就是生态圈，微信不单单是一个社交工具，更是一个开放式的互联网平台，除了社交之外，你还可以用它来支付、购物、买火车票、订酒店，打车、理财等。

与建立在价值链模型上的商业模式不同，基于生态圈的商业模式由于将重心从企业内转向企业外，从经营企业自身能力/资源转向撬动价值平台相关企业的能力/资源，从而具备三个特征：轻、不可模仿以及放大效应。其中的"不可模仿"，就是指生态圈跨界带来的多元化和开放性特征，使其具备超越价值链系统的吸纳能力，可以容纳更多的业务相关联的企业，而随着系统的不断扩大，其竞争力也会相应增强。

目前，除了阿里巴巴、腾讯外，百度和小米也在积极部署自己的生态圈。事实证明，生态圈必然是少数派的生意游戏，数百个企业多元跨界聚合模式不是小公司玩得起的。

### 4. 重视资源特性——跨界整合激发乘数效应

在百度百科上，"资源"是指一国或一定地区内拥有的物力、财力、人力等各种物质要素的总称。实际上，从商业角度看，除了自然资源之外，资本、人才、产业链上下游、竞争对手等都是"资源"。

首先，跨界从本质上看，就是整合与融合。在整合过程中，跨界往往就是把两种不相关的资源整合到一起变成一个新的项目。事实上，跨界最难跨越的不是技能之界，而是观念之界。下面，我们看一下这些案例。

你想过喝一口六神花露水的感觉吗？六神和锐澳鸡尾酒联合出品了一款限量RIO六神鸡尾酒，17 000瓶RIO花露水味鸡尾酒1分钟售罄。"一口驱蚊，两口入魂。"在"体内外驱蚊套装"中，包含1瓶"外用"的六神花露水和2瓶"内用"的RIO特调酒。透明的玻璃樽采用了经典的六神花露水包装设计，打破了国货怀旧与潮流的界限。除了产品组合的跨界，饥饿营销也必不可少——限量预售2 500组，结果17秒就售罄了。

你想品尝源自化妆品且具有复古味道的茶吗？喜茶与百雀羚以"致敬经典"为合作主题，推出了联名款喜雀礼盒、喜茶会员卡，还有线下喜茶门店的特别菜单、茶饮的杯套。跨界产品弥漫着浓浓的民族复古风：老上海元素、穿旗袍的女人、窗花等，非常"百雀羚"。外包装上印有"致敬经典""芝士茶""百雀羚"等词语，

限量联名百雀羚会员卡仅售 500 张。据说，在喜茶的微信小程序"喜茶灵感铺"中上线 10 分钟，会员卡就已经售罄。

你想使用具有奶糖味的润唇膏吗？拥有几十年历史的国货代表美加净遇上大白兔后，奶糖味唇膏隆重上市。唇膏不仅在包装上延续了大白兔奶糖的经典形象，还完美保持了大白兔奶糖的经典味道。这款奶糖味润唇膏主要成分竟然是食品级的植物精华和牛奶精华，经过特别调香，大白兔奶糖的经典味道被完美保持。美加净与大白兔作为国民老品牌，通过跨界创新给年轻消费者带来了十足的惊喜。

上述跨界案例，从资源角度看，就是通过跨行业的资源整合，形成创新性产品个体，出现在人们的消费选项中，从而形成了巨大的舆论热点，促进了品牌影响力的提升。

其次，从推手看，跨界自然离不开资本的力量。阿里这些年收购了诸多企业：美团网、高德地图、苏宁、饿了么、新浪微博、银泰百货、圆通、锤子科技、魅族科技等，哪一个不是依靠资本的跨界聚合力量？现在或者未来，这些收购都会在阿里巴巴打造的各种服务和产品应用场景中发挥效应。实际上，对于商业大佬，现在最常用的手段就是买、买、买。

跨界整合资源不仅能缩短获利时间、提升整体效率，同时它更能带来高回报价值。用数学模型来描述的话，跨界资源整合就像是乘法，当整合平台真的搭建好之后，资源间的互动所产生的能量是"爆炸性"的，其冲击力甚至有可能超出每一个参与者的想象。当站在一个超越企业层面的更宏观的高度来看待资源，我们就会发现在高端资源——资本之上，还有政策资源，在产业链之外，还有人力资源与科技资源等更多资源，这些都可为企业发展带来根本性的驱动力量。

## 二、 破除周期宿命： 跨界求生，不跨界或将死

企业生命周期是企业成长发展的必然轨迹，正如宏观经济周期一样，企业同样会经历萌芽—发展—成熟—衰退四个阶段。没有长盛不衰的企业，也没有永远畅销的产品，做企业一定要有超前的思维。企业可以通过跨界创新延续或者跳出生命周期。

其实，我们去看今天还在市场上活跃的行业巨头，基本都是跨界成功的企业，或者跨界成功项目占优势的企业。美的、TCL、格兰仕等，哪一个不是跨界型企业？他们总是根据市场需要和消费者需求在产品、技术等方面进行跨界，从而延长部分产品以及企业的生命周期。

何享健在 1980 年开始生产电风扇，30 年后他和他的团队打造了一个营业收入超千亿的"美的帝国"。作为一个家电企业，美的为什么能长期保持快速的增长，其快速增长的背后有什么奥秘？从企业发展历史来看，美的经历了三个发展阶段：第一个阶段是制冷行业发展阶段（1968—1993），第二个阶段是多元化发展阶段（1994—2000），第三个阶段是规模化、多元化发展阶段（2000 年至今）。

目前，美的已建立起家用空调、洗衣机、冰箱、厨房和热水、生活电器、微波和清洁等事业部。美的集团在官网这样描述自己：美的是一家消费电器、暖通空调、机器人与自动化系统、智能供应链（物流）的科技集团，提供多元化的产品种类与服务，包括以厨房家电、冰箱、洗衣机及各类小家电为核心的消费电器业务；以家用空调、中央空调、供暖及通风系统为核心的暖通空调业务；以库卡集团、美的机器人公司等为核心的机器人及自动化系统业务；以安得智联为集成解决方案服务平台的智能供应链业务。我们发现，美的是少有的跨界常胜巨头，它以实际行动告诉我们，跨界是可以延长生命周期的。2019 年，美的上市公司实现营业收入达 2 794 亿元。

跨界的意义不仅是发展壮大那么简单，还有打破生命周期的需要。诸多大败局的案例一再说明，企业战略必须与时俱进，必须跨界竞争，由此延续、颠覆企业原本的生命周期，否则其结局必然是"长江后浪推前浪，前浪死在沙滩上"。

从 1987 年至今，娃哈哈已经走过了 30 多个春秋。娃哈哈见证了我们几代人的健康成长。实际上，娃哈哈也是跨界理论的践行者。它的跨界领域涵盖了奶粉、童装等。2019 年，娃哈哈正式进军智能制造业，开始做智能机器人，希望通过跨界这个具有发展潜力的朝阳产业，为娃哈哈带来新的利润增长点。企业只有通过跨界，做大、做强，才有未来。跨界求生，不跨界或将死。正是理解这个道理，宗庆后才

会带领娃哈哈不断上下探索。

着急的不止娃哈哈，诸多传统企业都在跨界探索。比如，王老吉也已经按捺不住。在 2019 年，王老吉推出了线下新式茶饮体验店"1828 王老吉现泡凉茶"，体验店自开业就颇受关注。"1828 王老吉"的每款饮品都有 3—5 种中草药配料，此外菜单上还有奶茶，如"荷叶嘟嘟茶"就被称为"喝不胖奶茶"，在抖音上面也收获了不小的热度。王老吉的跨界似乎也在情理之中——企业要打破生命周期，必须跨界创新。跨界线下开店，既引领了又潮又养生的凉茶文化，填补了养生饮品的市场缺口，也给更注重健康养生的青年们更多的选择。

近几年，回力在天猫上受到不少年轻人的喜欢。2012 年，回力入驻天猫，从 2014 年到 2018 年，4 年间销售额增长超过 65 倍。今天，回力已经围绕智能制造推行定制概念，其中包括"智新科技、智能服务、智捷物流和智慧品牌"四大平台，还有"运动健康、创意设计、技术制造"三大中心，最终在产品、制造、服务、物流上全面实现自动化、智能化、数据化。回力是 1927 年创立的品牌，产品是跨越几代国人的胶鞋，它正在通过技术跨界重回主流群体的消费视野。

《左传》说"居安思危，思则有备，有备无患"。居安思危是企业家的本性，为此诸多企业都在积极跨界，努力开辟新战场。一个优秀的企业家通常都是行业的搅局者，他永远都在求变，所谓基业长青，其实就来自基业常变。虽然并非人人都能像苹果那样通过跨界来引领消费趋势，但企业仍可以通过不断的跨界来迎接一次次的发展。德国哲学家马丁·海德格尔在其存在论名著《存在与时间》中提出了"向死而生"的重大观念，从哲学理性思维的高度，用重"死"的概念来激发我们内在"生"的欲望，以此激发内在的生命活力。这种"倒计时"法的哲学观念，让人们明白企业的生命是可以延长的，这种延长是"内涵性"，它需要通过不断的自我突破来实现。

所以，对于企业来说，生命周期理论是周期循环力量的产物，只有把握好周期循环的规律，因时跨界，激发企业新生机，才能够让企业走得更长远，这也是企业的长寿之道。

# 第四章　数字时代野蛮生长，
## 　　　谁让跨界思维爆表

联合国发布全球数字经济未来发展纲领性报告，作为联合国数字合作高级别小组联合主席，马云说："我相信数字时代是我们面临的最大机遇。我相信这个新时代的最大风险是错失机会的风险。"

当前，以云计算、大数据、物联网和人工智能等新技术为代表的数字经济发展日新月异。据IDC预测，2020年全球数字化转型相关行业的增加值将达到18万亿美元，全球46％的企业将促进数字化业务发展作为未来一年内的首要任务。在中国，这个比例更高，达到了69％。数字时代有以下三个特点：一是所有东西都会不断地迭代升级，二是颠覆往往不是来自内部而是从外部突破，三是多数的创新都是现有事物的重组。这些改变都离不开跨界创新，这也对经营者提出了新要求，在数字化时代首先要掌握跨界思维，要拥有带领企业跨界的能力。

## 一、数字时代的泛边界化崛起

互联网让地球变成一个"村落"，信息不再是各自独立的"孤岛"，而是随着创新"风口"，瞬间就吹遍全球。互联网时代的来临，让竞争变得泛边界化。

因此，企业也必须具有泛边界思维，快速抢占新高地。在消费需求降级的趋势下，拼多多借助大家都在谈的社群思维，把线下砍价模式搬到了线上，正在不断吞

食淘宝的市场空间，从而成为互联网时代的新电商模式传奇。实际上，数字时代看似无界，却依然有一定的规律可循。从目前看，主要有三大泛边界发展趋势。

### 1. 技术泛边界趋势，跨界竞争需要紧跟时代技术潮流

我们已经进入了一个商业未知时代，我们必须面对的现实就是：行业的界限已经模糊，市场的界限变得更宽泛化。归根结底，这场颠覆大战的核心力量还是技术的创新和渗透。

《超限战》中说过，武器革命总是比军事革命先行一步，当革命性的武器到来之后，军事革命的到来就是迟早的事了。战争史在不断提供这样的证明，市场营销更是如此。目前，互联网变革已经进入下半场，互联网发展初期建立的商业模式已经变得小儿科，随之起的是大数据、AI、物联网、智能驾驶、互联网金融等技术创新与革命，这些技术在数字时代已经被融入了全新的商业内涵，而数字技术与传统产业的深度融合将释放出巨大能量，将成为引领经济发展的强劲动力。我们也已经看到，互联网新概念、新技术、新产品正在促进跨界迈向宽泛化时代。

比如，AI（人工智能）被誉为这个时代最具革命性的力量。自 2012 年以来，AI 类公司开始风行世界。脸书、谷歌、亚马逊、百度等技术巨头都在 AI 方面投以重金，期望用极快的速度推动 AI 创新，站上世界潮头。目前，百度不仅自己进行技术研发，还采取收购模式，全资收购美国硅谷 AI 初创公司 xPerception、渡鸦科技、KITT. AI、康夫子健康等公司。凭借大力发展的 AI 板块，百度已经斩获了千亿收入。

近年来，IoT（物联网）也是炙手可热的技术，它可以实现供应链的检测和跟踪，从而更节省时间和成本。目前，消费级 IoT 应用领域主要集中在智能家居自动化方面，亚马逊、苹果、谷歌、LG、三星等巨头都已经在这一市场展开角逐。在国内，华为、腾讯、阿里巴巴、百度等都已经进入战场。根据华为 IoT 的战略规划，在开放优势的基础上，华为正在建立三个圈层的 IoT 入口体系：围绕手机这个原点构建 AI 体验中心；构建用户能接触到的 IoT 8 种入口（比如音箱、手表、耳机），

以之作为交互外延器，组成第二交互圈层；基于家居设备、安全设备、家电设备等泛 IoT 矩阵，围绕 HUAWEI HiLink 的连接能力构筑第三圈层。这其中不缺少"独角兽"企业的身影，商汤科技就是一家专注于计算机视觉和深度学习原创技术的 AI 企业，2019 年市值已经达到了 75 亿美元。

毫无疑问，日新月异的技术改变了一切，让企业的跨界之路更加宽泛化。

### 2. 用户泛边界趋势，变与不变中的用户需求精准洞察

进入数字时代，企业与消费者之间、消费者与消费者之间的边界也变得模糊。

传统时代，消费者只能通过有限的渠道接触企业、了解产品信息。此外，消费者也只能在有限的时间和地点购买企业产品。在互联网时代，边界不断地延伸、扩展，购物时间、购物地点、购物需求也变得差异化、多元化和个性化。通过技术革命，消费者可以通过线下、线上两种方式带来的多元化渠道来了解产品信息、购买和享受相关服务。此外，在互联网技术的加持下，消费者的互动也变得异常简单。此时，用户群开始走向宽泛化，由此诞生了诸多平台型公司、价值链公司、生态圈公司。这些公司可以满足消费者的一揽子需求，实现用户群的泛边界化。

因此，大型企业在扩展用户群的时候，也将变得无边界，可以从各种渠道、模式去增加流量。目的唯一，方法无界。不过，在这种情况下，虽然用户的范围扩大了，但企业还是要始终如一地聚焦用户本身，掌握用户群体的需求趋势。因为需求不是固定的，会出现阶段性的变化，企业需要及时掌握市场动向，把握变化。在此基础上，企业应运用大数据技术还原用户真实画像，洞察用户生活形态，深挖用户的产品和品牌消费价值。

### 3. 模式泛边界趋势，战略性跨界多元业务

现代管理学大师彼得·德鲁克曾经说过：当今企业之间的竞争，不是产品之间的竞争，而是商业模式的竞争。随着互联网时代的到来，还流行一句话：思者无界，行者无疆。互联网领域的跨界充分体现了思维无边界的特征。此时，商业模式变得

五花八门、百花齐放。

在数字化时代，技术的发展拓宽了商业竞争的边界，成就了诸多商业模式。现在，跨界已经成为很多公司跑马圈地的战略选择。此时，我们往往很难单一地定义一家公司的性质。比如，苹果公司属于电子消费品行业，还是归属音乐娱乐行业，或者归结金融支付行业？比如，美图是手机公司还是金融公司，也很难分清了。特别是那些在技术发展浪潮中横空出世的互联网巨头，已经通过资本的力量将商业版图扩张到各行各业的，模式的变更已经变得宽泛，比如阿里巴巴和腾讯分别从电商和社交领域，拓展到资讯、生活服务、零售、社交、支付、云服务等各个领域。正如贝佐斯所说，如果你要创新，你必须愿意长时间被误解。你必须采取一个非共识但正确的观点，才能打败竞争对手。

今天，数字时代正在创造一个由数字与现实相融的新结合体。这是一个数字无处不在、信息能够瞬间通达的新世界，在这里会不断产生连接、跨界与混流，很多企业将从垂直竞争转到生态竞争。此时企业如果主动跨界，攻占其他市场，开展多元化的业务，这样的跨界既是一种进击，也是一种防守。而在模式的泛边界化下，想要跨界成功，需要有一个主导性的战略来引领和管理企业的跨界业务，同时需要将自身的核心能力如专业知识、核心技术等充分运用到各项业务中。唯其如此，企业才能在这个时代更好、更适应地生存下去。

## 二、 跨界创新重绘数字时代的生态图谱

随着"互联网＋"时代的到来，一切似乎都可以颠覆，都可以重新塑造，而以数字技术为基石的互联网行业，更是成为一片催生跨界奇迹的创新热土。

基于互联网、高科技的产业机会全部聚集在这片创新热土上，电子商务、大数据、网络游戏、社交社区、共享经济、电子支付、区块链、人工智能等热门领域汇聚形成了一个数字时代的企业生态图谱。

**在这个生态图谱中，洋溢着政策之"阳光"。**

数字互联网产业是国家重点扶植之地，企业可以享受很多优惠政策。实际上，

只要你有真创新，就能赢得政府的大力支持。为推动互联网产业持续健康发展，国家已经出台一系列政策措施，以不断完善互联网行业政策监管体系，从而促进互联网产业快速增长。只要是数字"英雄"，舞台绝对大。

**在这个生态图谱中，充满着资本之"雨露"。**

数字化的风尚吸引了资本圈大佬们扎堆，资本源源不断地进入，为这些创新企业提供了生存力量。有关数据统计，在互联网细分领域中，电子商务行业吸金力强劲，融资数量及融资规模位居第一。2020年第一季度，在新冠疫情影响下，密集型消费受到限制，电子商务趁势布局下沉市场，生鲜农贸等民生类电商脱颖而出，受到资本青睐。

**在这个生态图谱中，激荡着技术创新之"风潮"。**

在首届数字中国建设峰会上，马云认为："真正的企业不是看市值有多大，而是看担当有多大；不是看市场份额有多大，而是看是否掌握了核心和关键技术。"走进互联网行业，你会发现：技术、颠覆等词汇是企业创新者的基本用语。这片本身就基于技术生存的市场热土，到处都弥漫着技术创新的"风潮"。在全球市值排名前十位的互联网公司中，阿里、腾讯、百度、京东四家中国公司在列。目前，中国在机器学习、虚拟个人助理、智能机器人、商业无人机、自动驾驶汽车、算法分发等智能技术领域都有不断突破，人工智能企业数量已经位居世界第二位，仅次于美国。百度阿波罗开放计划广泛集聚全球产业资源，倾力打造的自动驾驶技术开放生态系统已经处于世界领先地位，其智能语音交互平台的技术实力更是处于全球领先水平。

**在这个生态图谱中，存在着肥沃的发展"土壤"。**

2019年中国互联网企业100强榜单中，前十位的互联网企业分别是：阿里巴巴集团、深圳市腾讯计算机系统有限公司、百度公司、京东集团、浙江蚂蚁小微金融服务集团股份有限公司、网易集团、美团点评集团、北京字节跳动科技有限公司、三六零科技有限公司、新浪公司。在腾讯、阿里巴巴、百度等数字"英雄"开疆拓土的过程中，这些成长的企业有了目标，也有了可以联盟的机会，其生存土壤非常

肥沃。2020 年上半年，腾讯对外公开了近 60 个投资案例，平均每 3 天投资 1 家公司。年初，腾讯总裁刘炽平更是透露了一组数据：腾讯已经默默投资了 800 多家企业，其中独角兽企业超过 160 家，上市公司超过 70 家。

纵观互联网数字产业，跨界潮流大致表现出三个特点。

### 1. 科技大革命——互联网企业的数字化科技赋能

"能够生存下来的物种，并不是那些最强壮的，也不是那些最聪明的，而是那些对变化作出快速反应的。"一切正如达尔文所言。科技创新正在成为互联网类企业跨界的核心趋势。

万物互联，一切都值得期待。

多年前，苹果联合创始人史蒂夫·沃兹尼亚克（Steve Wozniak）就曾表示："智能语音交互将成为计算领域下一个重要的平台。"阿里云开发的智能语音交互技术，适用于多个应用场景，包括智能问答、智能质检、法庭庭审实时记录、实时演讲字幕、访谈录音转写等。腾讯旗下的微信 AI 团队则打造了智能对话解决方案"腾讯小微"，接入它的硬件设备可通过智能语音对话，使用听音乐、看新闻和视频通话等功能。用户可以通过小程序来与小微对话，并通过 VoIP 技术在不同终端进行人机交互，同时可连接智能家居，让小微成为家里的 AI 管家。

随着语音识别交互技术渐趋成熟，人与人之间的交互方式或将改变，IoT（物联网）布局成为互联网公司不可或缺的一项任务，作为新流量入口的智能音箱成为互联网公司竞相争夺的高地。

这只是冰山一角，当前全球都在进行科技竞技。美国国家科学发展基金自 2010 年起，每年有 69 亿美元的财政预算用于高新技术产业发展；而中国近年在科技投入方面增速较大，规模居世界第二位。全球性的新一轮科技革命为世界经济与产业变革提供了有力的支撑，为我国产业高质量发展与技术创新应用提供了划时代的历史机遇。科技革命不仅带领互联网企业打破了传统行业之间的森严壁垒，它还正在对人类社会和日常生活产生难以估量的作用和深刻的影响。

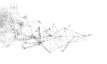

2019 年，华米科技与小鹏汽车达成合作意向，双方将共同探索智能可穿戴设备与智能汽车的多场景联动，为用户的智能化生活带来更多便利。在合作初期，华米科技旗下 Amazfit 品牌的智能可穿戴新品将可以作为小鹏 P7 的数字车钥匙使用，基于这些产品内置的 NFC 功能，实现 P7 车门的解锁、闭锁及车辆启动。这一创新设计既扩展了智能可穿戴设备的应用场景，又能为智能汽车车主带来更自然、更便利的交互体验。

从 2018 年开始，互联网头部企业如 BAT 等就开始把集团的战略重心向 ToB 转移，并将产业数字化作为自身未来战略发展的方向。它们早已预见到产业数字化转变的大趋势。因此它们不仅注重自身的数字化升级，同时开始着手以科技赋能，助力传统产业实现数字化升级，而这也将为它们带来新的利润增长点。

从 AI 到云计算，从大数据到区块链技术，从腾讯进场到阿里"升级"，从美团大变阵到网易"逆水寒"后的奋起直追，数字科技发展正在成为新时代的主旋律。如今的数字科技，已经渗透到社会几乎所有领域，包括经济、文化、医疗预防、金融、农业、能源、城市管理等。京东数科明星"养猪"项目、众安养鸡等数字农牧业项目成为数字科技较为典型的落地场景之一。腾讯通过数据的收集整理，利用 AI 手段，有效治疗疾病。滴滴等一众网约车平台对城市通行、拥堵、车辆数据、上下班时间、红绿灯技术等综合数据的分析，能够组合出最佳通行方式以及设计出红绿灯最佳时间，辅助了智慧城市的构建……

在各项互联网数字科技的加持下，行业固有的边界和壁垒被逐步打破。


### 2. 平台大竞赛——互联网企业的平台化模式之战

目前，互联网领域还处在群雄逐鹿的时代，各方力量纷纷赤膊上阵、刺刀见红，大家都削尖脑袋跑马圈地，进行平台搭建。

QuestMobile 数据显示，2020 年春节前后，今日头条 DAU（日活跃用户数量）高达 1.4 亿，远高于腾讯新闻等同类 App。今日头条虽然已经成为"独角兽"，但一直居安思危，引领性的跨界创新从未停息。今日头条最大的优势就是流量，那么

它都借助流量进行过哪些"圈地运动"呢？我们下面试看几例。

2020 年，今日头条母公司字节跳动创办 8 周年时，创始人张一鸣给全球员工写了一封公开信。在信里，张一鸣重点提到三件事情，其一便是教育。迄今为止，今日头条不仅布局了 ToC 产品"gogokid""清北网校"等，还涉足了 ToB 产品"一起作业"、锤子硬件等。3 月份，今日头条上线了新板块"在家玩"专区，里面涵盖在家做菜、在家手工、在家健身、在家求职、在家上课、在家听、外卖上门、送药上门、送菜上门、口罩专区 10 个分区。新板块从信息领域横跨到本地生活服务领域，今日头条想要以之抢占更多用户时间，从信息链接到服务。而在未来，今日头条必将会持续跨界多个行业，让流量渗透诸多异业领域。

同样，具有流量源的美图秀秀也不断"圈地"。截至 2019 年 12 月底，美图月活跃用户总数为 2.825 亿，其海外拓展也亮点不断，近期更是在泰国拿下 iOS 总榜第一、安卓总榜第六的好成绩。在拥有海量用户的前提下，已经具有跨界能量的美图在业务探索方面也是动作不断，不仅逐步加大了品牌广告的引入，而且推出了美图借钱服务，以满足用户不断增强的金融需求。此外，美图还凭借自身优势跨界医美行业。

其实，自 2012 年以来，美图业务从单一聚焦于图片处理，逐步扩展到短视频、电商、智能硬件等领域。

在 2019 中国品牌论坛上，清华大学公共管理学院院长、教授江小涓说："最有价值的中国品牌 50 强中，我们把陆金所排除之外的话，新上榜的企业全部是数字化的平台企业。所以数字时代，迅速上升的企业都是一些数字化程度非常高的企业。"

哪里可以构建自己的平台、生态，哪里必然有跨界争夺战。无论是传统产业，还是互联网产业，跨界正在成为一种基本创新路径，成为平台战、生态圈竞争的核心模式。

在一次罗汉堂数字经济年会上，阿里巴巴集团董事局主席张勇进行了以"数字时代的平台"为主题的谈话，他在谈话中强调，平台中各个角色都是平等的，"所有的参与者共同构建了平台，平台是属于大家的"。

同时，他还分享了关于"平台"的3个观点：（1）平台不是新生事物。平台经济从头就有，今天会被提到，是因为互联网没有边界、全覆盖。（2）所有的参与者都是平台，都是网状关系中的一分子，平台是属于大家的。（3）整个经济都在演变，在数字经济时代，我们需要创造新的分工角色、新工作、新机会。

### 3. 流量大争夺——互联网企业的线上线下大引流

随着互联网渗透率的逐渐增加，用户红利不断减少，流量成本已经变得越来越高。与此同时，单一模式的变现能力已经非常有限，而买流量的粗糙打法也逐渐失效。对于互联网企业而言，流量就是生命线。没有流量就没有销售，没有流量就无法继续"圈钱"。为此，诸多互联网企业开始通过跨界来实现导流，最终再把流量变成用户、粉丝，进而通过各种服务来提升销售额。

为了增加流量、与粉丝互动，互联网型企业各展其能，既跟互联网行业的企业跨界合作，也跟传统行业的企业跨界合作；既全力搅动线上市场，也谋划搅局线下市场，或者干脆线上线下同时"开战"。

**首先，我们先了解单纯线上为主的A+B型跨界。**

这种跨界既可以是跨界线上流量平台，如锁定当今风头正劲的流量之星短视频平台，通过跨界营销进行引流，也可以是具有流量的互联网企业之间，基于重叠的目标用户进行跨界营销，在增加用户黏性的同时吸引新的粉丝流量。

（1）锁定流量聚集地短视频平台，跨界引流

相对于其他典型泛娱乐消费领域，短视频行业的用户黏性近年来一直表现不俗，已经抢占了用户大量的碎片化时间。QuestMobile报告显示，短视频快速增长，行业月度活跃用户已经达到8.52亿。有分析师认为，随着5G商用的进一步落地，短视频行业将迎来创新竞争阶段。作为其中的佼佼者，截至2020年1月5日，抖音日活跃用户数已经突破4亿。于是，依靠抖音这个大平台，已经是企业跨界的"重度使用"模式。

2020年"618大促"期间，苏宁易购联合抖音玩起了新一轮"直播＋电商"的跨界"联姻"。6月17日，苏宁易购打造的明星天团直接入驻抖音，开设"超级买手"直播间，为消费者带来超低价商品及优质服务，合力打造重磅直播电商IP。最新数据显示，今年"618"期间苏宁易购长达5.5小时超级秀的成交额破50亿元，单日全渠道销售规模增长129%。

2019年抖音宣布与中央电视台合作，成为2019年中央电视台春节联欢晚会的独家社交媒体传播平台。抖音通过设置话题挑战、创意玩法，再结合AR等人工智能技术，带动用户拍摄好玩、有趣、美好的小视频，记录下每一个幸福瞬间，以此传递节日氛围、年俗文化。

短视频火爆的背后是内容表达形式的再升级，技术和用户的碎片化时间结合，促使内容形式又一次变迁。而短视频的兴起，也符合社交软件的变迁规律——更加简单、更加实用、更加好玩。

（2）互联网企业间互利互补，跨界引流

当然，流量性跨界合作不仅局限在视频领域。饿了么就找了8个设计师，并联合淘宝，以"快乐肥宅"为主题进行创作，设计了一系列潮款单品：枕头帽子、汉堡味卫衣、"能吃是福"卫衣……作品混搭各种美食和饿了么品牌的要素，将吃货神态的趣味性都体现出来，使"肥宅"这个词一度成为热门词。

跨界不仅要抓热点，还要抓人们的痛点。豆瓣曾经和携程联手策划了一场活动，用电影和旅行一起圆你一个出去走走的愿望。豆瓣在发布年度电影榜单的时候，与携程共同打造了"寻找旅行栖息地"H5界面，让大家借助电影放飞自我，探寻灵魂的栖息地。很快，这条H5的访问量就突破100万！

跨界的趣味性是永恒的主题。2019年腾讯动漫"漫动画"与美图秀秀正式跨界合作。腾讯动漫为《19天》开辟推荐位，而美图秀秀也上线《19天》素材专区，还专门设置了横幅展示，同时贴纸、相框、气泡统统上架，可以一起耍贱卖萌，逗趣搞怪。由于轻松、好玩，产品一经推出，立即火爆。

互联网企业跨界联合的最终目的，当然是品牌营销的双赢。在这个过程中，可

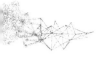

以借助对方累积的品牌资产，为自身品牌调性增加新元素，同时增加曝光度、加深品牌印象，为营销找到新突破口，带来新的活力、新的增长。同时，各个品牌覆盖的群体各有不同，联合跨界可以让双方的渠道资源覆盖到更多的目标人群。

**其次，我们再了解线上、线下的 A + B 型跨界。**

伴随文娱产业的兴起、火爆，文化逐渐形成了多业态融合和联动模式，文学、动漫、影视、音乐、游戏等多元文化娱乐版块融合，形成了泛娱乐生态系统。泛娱乐生态系统的核心是 IP，通过它可以实现多种形式的导流，IP 也由此成为电商们抢占的重要阵地。作为零售业巨头的苏宁就联合 PP 视频，实现了"电商＋综艺直播"的模式。比如打造出了《发烧购物局》和《BOSS 堂》两档电视综艺节目以及"明星闪店"等活动，实现了信息的植入，以及商品信息的精准投放；比如在"双 11"，由苏宁文创打造的《品牌对战》《苏先生寻鲜记》《超级买手》等多档新颖独特的电商综艺节目，借助旗下的 PP 视频、龙珠直播等平台矩阵，为苏宁易购的双 11 大战储备流量。同时，全国多家苏宁影城也在 11 月 11 日的 11 点同步举办"边看边买"的活动，影城的会员观众可以一边看片，一边购物，商品将由快递送货上门，由此实现线下活动与线上购物的同步。

跨界合作不仅可以在线上展开，还可以走向销售的终端用户群。在情人节的营销浪潮中，京东物流与网易云音乐的跨界合作就颇具新意。在此次情人节合作中，京东物流以快递箱作为优质载体，将网易云音乐"石头计划"中优质的歌词 IP 在箱体上进行呈现，改编的《京东小哥情歌》将浪漫的情意通过物流传递给消费者，让大家在这个情人节签收快递的同时，感受到一份甜蜜气氛。最终，不仅两家的用户人群有了精准互补，同时也为消费者提供了更优质的个性化服务和产品体验。

知乎也曾经与饿了么联手在北京三里屯开了一家美食主题快闪店——知食堂。把与"吃"有关的精彩知乎问答化为实体，展示吃的不同面相。在这里，你能买到"可以喝的墨水"，你能买到"切开十万个为什么"的披萨，你能买到"满腹经纶的大肚子"牛肉汉堡等。这些食品带你全面破解关于吃的所有事情。这种有趣问答风格的快闪店，自然引来了大量流量，实现了粉丝互动。

对于互联网公司来说，线下如今是等同于线上的重要场景。但是大多数移动互联网产品，在线下场景的触达上往往会受到限制。因此，企业想要品牌渗透、进入线下，就需要找到"一种独特的、聚焦的内容表达"，使自己的产品更加具象化。在这个过程中，互联网企业可以通过"线上＋线下"的跨界营销抢占用户场景，进一步争夺用户注意力。

互联网公司的跨界创新和合作从用户体验出发，往往可以带来更多、更稳定的流量，更多的流量会带来更多买家，进而就可以促进互联网企业的产品销售或者流量提升。

## 三、 当独角兽企业群爱上跨界创新

截至 2019 年 12 月 31 日，中国地区广义独角兽企业共 166 家，总估值 7 921.3 亿美元。其中，狭义独角兽企业 141 家，总估值 7 052.9 亿美元，分布在 15 个城市 14 个行业。对比国外独角兽企业的特点，中国的独角兽企业有成长周期短、创新能力强、爆发集中等显著特点，而跨界正在成为独角兽企业创新的核心战略。

首先，独角兽企业都在积极探寻跨界创新，因为巨头太可怕，独角兽如果不能自强，永远是单一业务的话，最终就会沦为巨头的门客，饿了么就是一个典型。饿了么虽然在 2017 年收购了百度外卖，确立了江湖地位，但依然没有避开被收购的命运——在 2018 年，阿里联合蚂蚁金服以 95 亿美元全资收购饿了么。从最新榜单中可以看出，大约 50％的企业或多或少与阿里巴巴、百度、腾讯、京东、美团等互联网巨头有关联。而企业估值越高，巨头对其影响力越强。从估值前十的企业来看，与巨头关联程度高达 100％。这种形态也注定了诸多独角兽企业的跨界行为必将受限，或者既然受制于互联网巨头，也就必然要按照巨头们的规划发展了。

总体看，独角兽企业的跨界发展路径具有怎样的特点呢？

实现利润最大化是企业的最终目标，对资本来说，利益最大化更是他们的最终追求。因此，追求市场增量、粉丝流量已经是独角兽企业跨界的主流趋势。

### 1. 独角兽企业以跨界创新带动市场增量

我们不难看出，独角兽企业一直在居安思危中谋求跨界，以此实现市场的快速增量。Trustdata 统计数据显示，截至 2020 年 3 月，美团外卖月活跃用户数为 3 744.57 万人，饿了么月活跃用户数为 7 585.85 万人。除主要品类正餐外，非餐产品同比增长 116%，具体包括超市便利、蔬菜水果、鲜花蛋糕及药品。为了抢占市场、抓住用户，美团点评跨界打造线上线下一体化解决方案——超级店中店。目前，美团点评覆盖了超 200 个细分行业，拥有海量用户打卡、评论、社交及高频消费场景关联数据。"超级店中店"由此可立足品牌产品本身，洞察产品消费情境及与之关联的人群特点，将"人""货""场"潜力重构。

滴滴已经是叫车服务的第一品牌，但是这依然不够强大。2019 年滴滴悄然上线"金融服务"频道，该频道包括点滴求助、点滴医保、车险、理财等板块，基本上涵盖了日常所需的保险类型。如今，随着出行业务越做越大，滴滴对外扩张欲望也越来越大，在入局外卖市场，推出配送模式之后，也对新能源汽车、无人驾驶领域进行市场探索，从而实现多元化的企业业务市场增量。

凯度消费者指数对新品增长连续三年研究发现，有 18% 的新品能够为整个品牌或者企业带来显著的增长，能为品牌带来超过 10% 以上的增量。由此可知，仅是推出新品不一定能实现增量。而通过上面的两个案例我们也可以看到，除推新外，独角兽企业要实现市场增量，既可以是跨界为消费者带来新的生活方式，也可以是线上线下打通，实现跟消费者的互动连接。当然，还可以运用数字化技术，不断完善平台，打造新业务。

### 2. 独角兽企业以跨界创新引爆品牌流量

小红书是一个年轻生活方式分享平台，90 后和 95 后是其中最活跃的用户群体。截至 2019 年 12 月，小红书每天有超过 30 亿次曝光，月活用户超过 1 亿。小红书与华住酒店集团旗下漫心酒店推出了"浪漫宜有光"七夕主题酒店，除此之外，还在上海静安店打造了别出心裁的"床上音乐会"：床上四件套、蓝牙音箱、有光沐浴背

刷、便携樱花磨砂膏、桑蚕丝睡袍等，处处都有小红书的印记。在活动推广时，漫心酒店借助小红书官方账号率先发声，活动相关热搜关键词与横幅也同步上线，紧随而至的是拥有一亿多会员的华住会 App 的持续推广。由此，小红书赢得了更多品牌声量和流量提升。跨界营销需要相似的品牌量级、相似的目标人群，通过相互借势，引爆市场话题，达到突破场景流量的目的。而一次成功的跨界营销，不仅能够实现双方品牌曝光与知名度的提升、粉丝人群的精准互补，同时能够为消费者提供更优质的个性化产品体验，最终形成"1＋1＞2"的营销效果，实现用户和品牌的双赢。

要促进流量增长，跨界联合是最佳策略。当最初的知名度打响之后，饿了么就尝试了一系列的跨界营销模式。例如，众所周知的饿了么与滴滴的合作，就是典型的服务场景延伸式的联合。滴滴服务的对象精准地锁定移动网络用户的核心群——上班族，这些也正是饿了么的用户。再如，饿了么与商业楼宇开发商 SOHO 进行合作，通过商业地产＋互联网订餐的跨界合作进行资源互补，不仅 SOHO 旗下的楼宇享有饿了么提供的专属订餐优惠和服务，SOHO 中国旗下各项目的餐饮商户也将能更便利地进驻饿了么平台。这些跨界合作，为饿了么引来了诸多流量。

### 3. 独角兽企业以跨界创新应对消费升级

现在，消费升级已经成为趋势，我们面对的用户需求不再仅仅限于产品的优质，这就需要企业根据自己用户的不同需求进行调整，而跨界创新正在成为一个主要应对策略。

NIO 蔚来联手 Kindle 在北京 UCCA（尤伦斯当代艺术中心）打造了一个只存在 9 天的"不打烊·心情图书馆"。此次合作，一方面两个品牌所面对的目标群体十分吻合；另一方面阅读本身也是一种生活方式的体现，将蔚来中心的空间与 Kindle 的阅读体验结合，能够给用户带来一种沉浸式体验。

数据显示，至 2019 年在线短租用户规模已增长至 2.28 亿人，而小猪短租正是中国共享住宿业的代表企业。小猪短租与阿里巴巴旗下闲鱼达成战略合作，这是继

agoda、飞猪之后，小猪短租在一年内再次与重量级平台达成战略伙伴关系。小猪全量向闲鱼输出其国内房源，双方还在智能化体系建设、房源及产品运营等方面展开密切合作，推动住宿共享平台的进一步创新。小猪是住房分享经济领域的第一品牌，坚持 C2C 的分享模式，将房东闲置的房屋和有短租需求且追求生活体验的消费者聚集起来，搭建双方的需求对接平台，收取一定比例的佣金。与国外版短租平台Airbnb 不同的是，小猪仅向房东单方面收取佣金。公开数据显示，截至 2019 年 5月，小猪全平台共有 80 多万间房源，分布在全球 700 多座城市及目的地。此次联合跨界，满足了消费升级下用户个性化的新需求。

独角兽企业想要突破巨头围攻，并在市场上健康成长，需要跨界创新的加持。在当下，跨界创新已经成为一种核心的创新形式，堪称创新的加速器。企业既可以进行技术等方面的跨界"硬创新"，也可以进行商业模式、品牌文化等方面的跨界"软创新"，当然也可以将硬创新、软创新相结合，进行多维度跨界，提升企业综合实力。在激烈的商业竞争中，唯创新者进，唯创新者强，唯创新者胜。

# 第五章　企业家、艺术家、科学家、导演……跨界舞台欢乐颂

实际上，跨界已经不是传统企业、互联网企业的"专利"，边界早已经打开，跨界案例正在各个行业中不断涌现。娱乐业、广告业、零售业、酒店业、服务业、医疗卫生等，都可能被逐一击破；企业家、艺术家、科学家、美食家等，各种身份的人群都已经参与其中。

## 一、 跨界风吹进娱乐业、服务业……

传统行业的壁垒在快速发展的科技、复杂多变的环境面前冰消瓦解，行业间的相互渗透使得行业边界越来越模糊，而行业边界和竞争壁垒的消失正变成一种常见态势。不同行业之间，通过跨界可以产生新的活力，给消费者带来更新、更多元的体验。尤其是进入移动互联网时代后，跨界创新模式在各行各业更加普及。

### 1. 游戏跨界，商业、公益两开花

在移动网络迅猛发展的今天，网络游戏已作为一种大众娱乐进入千家万户。《2019 年中国游戏产业报告》显示，2019 年中国游戏市场实际销售收入 2 308.8 亿元，用户规模达到 6.4 亿人。

如今，游戏跨界合作已经得到了市场的认可。在"618"期间，京东联手全民

热爱的"欢乐斗地主"开展 IP 营销合作，用 IP 定制产品加特色游戏赛事的双线模式帮助品牌营销落地。实际上，通过游戏可以从各个领域以多种跨界方式切入玩家生活，完全形成基于用户体验的场景互补。游戏跨界不仅仅是单纯的商业行为，还有对知识的探索、公益的传播。位列 2019 年全球十大最赚钱游戏前三名的《王者荣耀》就进行过诸多跨界。比如携手 CCTV《国家宝藏》节目，让李白书法真迹《上阳台帖》以游戏的形式"活起来"。同时，与敦煌研究所合作出品杨玉环"遇见飞天"皮肤，号召千万玩家参与敦煌文化保护，成为敦煌文化的"数字供养人"，并联合韩红、方文山共同推出敦煌飞天主打歌曲《遇见飞天》。这次跨界实现了新时代下数字文化与传统文化的共生发展，以游戏推广传统文化，助力文化传播。

游戏市场竞争的日益加剧，促使越来越多的游戏厂商开始尝试与不同行业、不同品牌进行跨界合作，以实现用户导流、玩家维护、品牌营销等多重目的。网络游戏从 PC 端转移到移动端，它的主力人群还是年轻人，这一目标群体的特性也决定了游戏跨界合作对象多是具有年轻感和时尚感的品牌。其中，网游跨界综艺是一个方向，毕竟双方在受众上高度重叠，巧妙的游戏植入能够为电视机前的观众增加场景带入感，以便更精准、更高效地把潜在用户转化为自身玩家。网游跨界推出的实体和虚拟产品也较受青睐，毕竟游戏能引发玩家的价值认同和情感共鸣，而产品正好可以作为价值传递的介质。当然，游戏跨界不能盲目追新、追热，还要注意与品牌文化相契合。

### 2. 电影跨界 IP 营销玩法多

除了游戏，中国电影产业的规模也在持续扩大，营销水平也在飞速提升。2019年国内累计电影票房已达 642 亿元。这意味着，若以中国总人口 14 亿计算，平均每个人看电影花费超过了 45 元，平均每个人至少买了一张电影票。正是看到了电影市场的前景，诸多品牌商纷纷选择联合热门电影进行 IP 跨界营销。2019 年暑期档的《哪吒之魔童降世》在票房最终斩获 49.72 亿元的同时，电影衍生品也火了。目前，四家官方授权衍生品众筹项目销售额已经超过 1 800 万元，刷新了中国电影衍

生品众筹数额纪录。而 2019 年国庆期间，电影《我和我的祖国》和《中国机长》备受关注。除了斩获高票房外，两部影片的衍生品也做得风生水起。《我和我的祖国》不仅与 ABC KIDS 合作推出了"国潮"联名款服装，还与联想电脑合作推出定制款笔记本和主题门店，更与中国银联达成了线下支付活动合作意愿。《中国机长》则主打白领消费人群，推出了赛嘉电动牙刷、毕加索钢笔等品牌合作定制款产品。

目前常见的电影与品牌跨界合作方式主要有：植入、异业合作、联合营销与衍生授权。其中，异业合作多是与合作方（含品牌）进行资源置换，因此合作层次往往较浅，但是能够形成大面积曝光的铺量合作。比如在春节档，就经常看到贺岁大片与诸多品牌合力宣传的场景。"春节档赛道流量大，片子也大，热度够高，品牌能够从电影中得到它想要的关注热度。"一位猫眼影业商务负责人的话切中了要点。而联合营销，则是借助品牌的销售渠道与广告传播，通过品牌的影响力，对电影潜在观众进行辐射，打破传统营销中"点对点"传播方式，形成"点对面"的更广泛传播，将品牌消费者转化为购票观众，进一步做大观影市场增量，助推票房。

### 3. 餐厅跨界场景多元化更"美味"

2019 年国内餐饮市场规模超过 4 万亿元，在环境的巨变下，餐饮也面临着巨大的威胁。最关键是，这不是来自产业链上竞争，而是来自企业跨界的竞争。据市场观察，已经有很多种跨界餐饮类型，涉及食品企业、游戏/动漫、影视、花店、旅行社、健身、家居、书店、文创等，各行各业都脑洞大开地推出了跨界餐饮。比如无印良品推出的无印良品餐堂，厨房和餐厅设计来自无印良品的自家设计师，餐厨具、桌椅使用的都是无印良品自家零售店里的商品，连菜单都在实践和传递无印良品的哲学。又比如，在日本东京银座有一家资生堂 Parlour 餐厅，那里不仅有大正时期的改良西式料理，还卖了一个多世纪的苏打芭菲。如此种种，这些跨界创新餐饮的出现，让消费者体验到了一种新的美味生活。

中国饭店协会会长韩明曾公开表示："未来餐饮业不仅是传统的吃喝这么简单，更可能是餐饮服务的基本功能＋主题文化＋消费体验的平台型行业，跨界合作、跨

界发展将成为通行做法。"当然，跨界不是盲目地跟风，它需要品牌在符合餐饮定位的核心价值之上来增加场景。同时，这个场景最好能抓住核心用户的痛点。当然，在追求个性的时代，还要拥有一定的特色与差异化。

### 4. 体育跨界享受流量红利

体育也是娱乐。目前，在跨界体育的队伍中，不仅能看到百度、阿里巴巴、腾讯的身影，快消、日化、服装等领域的巨头也纷纷入局。2020年我国体育产业总规模将超过3万亿元，从业人数突破600万人。以新生代偶像为主体的《超新星全运会》汇聚了国内近150位新生代青春偶像，这些偶像加入各自家乡代表队，在游泳、体操、田径、射箭等专业赛场上进行一场场"真枪实弹"的比赛。节目的目的就是，通过偶像综艺与电商大促两大场景的充分融合，将"京东11·11全球好物节"推上电商大促的"C位"。此外，"体育＋娱乐"的跨界栏目也不断涌现，像《跨界冰雪王》《这！就是灌篮》《这！就是铁甲》等。从娱乐行业截取流量已经成为跨界营销主要模式之一。体育通过吸取娱乐业的养分，不仅丰富了自身，也形成了别样的跨界风潮。体育IP是一座富矿，娱乐给这个产业带来了更多的流量和红利。

业内人士认为，跨界体育已成为发展趋势，这得益于体育市场的巨大潜力、政策支持及企业自身发展的需要，未来体育产业将会加速融合。体育跨界已成为一个新风口，企业在跨界体育时不仅要考虑清楚自身跨界的目的，跨界能为品牌带来哪些利益与好处，同时还要找好品牌业务与体育的契合点，只有这样才能真正地借好势。

### 5. "旅游+"跨界带来新体验

随着我国旅游消费持续增长，2019年国内旅游人数突破60亿人次。目前，随着人们对旅游消费需求的升级，旅游跨界也在不断变化，除了传统的"旅游＋农业""旅游＋地产""旅游＋文化"等形式外，新的"旅游＋"的玩法也层出不穷。

将两种或两种以上不同领域组合在一起，从而产生新形态的旅游，因此诞生了"旅游＋影视/音乐/综艺""旅游＋时尚""旅游＋VR"等新的跨界探索。这也给追求新奇特的旅游消费者带来了新体验，从而也推动了旅游产业的发展。

同时，国家旅游局与文化部的合并，也预示着旅游业多元、跨界发展的未来。对此，北京联合大学旅游学院副院长张凌云认为，跨界融合会是新时代下旅游业发展的新路径。"产业融合，关键是要有产业，再去谈融合。以乌镇为例，起步之初是江南古镇，后来加入了戏剧节文化，再然后又加入互联网IT、田园综合体……现在，去乌镇的人络绎不绝，大多还是奔着古镇观光这块的根本产业，但身在其中的游客也可以留下来，选择体验其他融合项目。"张凌云认为，产业融合的根本目的是为了满足人们日新月异的需求。

### 6. 零售业跨界带来"新模式"

从商业模式的角度看，马云力推的新零售也是一个典型的跨界，其线上和线下的结合，也就是一个跨界与融合的过程。在这个商业模式中，盒马鲜生、便利蜂、缤果盒子、名创优品、网易严选、每日优鲜等品牌，都已经成为新零售行业中大家耳熟能详的名字，这就是跨界的力量与价值。

有学者将新零售总结为"线上＋线下＋物流，其核心是以消费者为中心的会员、支付、库存、服务等方面数据的全面打通"。也有人提出，新零售就是"将零售数据化"。在人工智能的帮助下，在线下对进店用户进行路径抓取，对货架前交互行为进行分析等数字化转化，形成用户标签，并结合线上数据优化用户画像，从而更精准地掌握用户行为，并据此对营销传播、线下渠道等进行多方面的优化。

## 二、 跨界棋局： 企业家等诸多角色加入战场

在《美第奇效应》一书中，创新专家弗朗斯·约翰松把思维分为单向思维和交叉思维，并提出：当我们的思想立足于不同领域、不同学科、不同文化的交叉点上时，就可以将现有的各种概念联系在一起，通过优势和观念之间的碰撞、融合，产

生 1＋1＞2 的效果。

### 1. 企业家们偏爱跨界

跨界成就了许多企业家的传奇。比如最知名的"92 派"在下海前几乎都是部级单位的干部，陈东升、潘石屹、冯仑、郭凡生等。他们下海后，在商场上做得一帆风顺。事实上，最著名的跨界莫过于褚时健和他的褚橙。红塔集团原董事长"烟王"褚时健 85 岁种植冰糖橙，数年后东山再起，这已经成为一个励志故事。实际上，在跨界的世纪洪流中，不仅有企业家，艺术家、经济学家、科学家、导演等都踏进了跨界门槛。

李宁是著名的跨界人物，他是 20 世纪杰出的体操运动员，被誉为"体操王子"。他在运动生涯中，一共获得了一百多枚金牌，其中包括 14 项世界冠军。他退出体坛后，又转战商场，并成功地创造了中国体育用品的一个标杆性品牌"李宁"。2019 年李宁集团收入达 138 亿元人民币，较 2018 年上升 32.0％。

特斯拉公司首席执行官埃隆·马斯克也是一位著名的跨界者，他将如今取得的颠覆式创新成就主要归结于对"第一性原理"的运用。两千多年前，亚里士多德将这一原理定义为"事物被认知的第一根本"。如今，它已经成为解决复杂问题和产生原创解决方案的最有效的策略之一，也是学习独立思考的最有效的方法。第一性原理的思维方式强调质疑、不轻易接受否定的答案，强调实验、用实践去验证。

### 2. 演艺圈里的跨界潮

所谓演而优则导，这已成为娱乐圈的一大现象，徐峥、吴京、陈思诚等演员都纷纷跨界当上了导演，且收获了不俗的口碑与票房。徐峥在导演了"囧"系列电影后，又跨界当监制，推出了电影《我不是药神》，收获了 30 多亿票房。吴京导演的战争动作片"战狼"系列获得 62 亿的票房，跨界投资的《流浪地球》，更是引发了中国科幻电影热。

演员的跨界当然不限于导演这一条路，著名演员施瓦辛格从健美选手起家曾 5 次

获得"环球先生"头衔、7次获得健美界"奥林匹亚先生"称号，而后他跨界演活了《终结者》中那个令人印象深刻的反派角色。他后来步入政坛，作为共和党候选人两次当选加州州长。他卸任州长后还在不断跨界，涉足了图书出版、综艺主持等多个领域。不仅演员们在不断跨界，也有人跨界到演员行业。2019年爆款剧《陈情令》《庆余年》主演之一的肖战，并非科班出身，而是由设计师跨界转行做了演员和歌手。

### 3. 作家和美食家的角色跨界互换

作家跨界也是比较常见的一种职业延伸现象。在大多数人印象中，余秋雨是学者、作家，其作品《文化苦旅》《中国文脉》《千年一叹》等影响着一两代人。其实，余秋雨还有一个特殊身份——书法家。跨入书法界的不止余秋雨，作家圈还有贾平凹、莫言、陈忠实、张贤亮等，都已经跨界书法。

当然，也有人跨界到作家行业。例如拥有"食神"之称的美食家蔡澜，不仅拍摄过《蔡澜叹名菜》《蔡澜叹世界》等电视节目，还写作了100多部文学著作。2016年，蔡澜担任携程"美食林"的美食品鉴团理事，并与携程合作开发高端美食旅游路线。他的个人品牌"蔡澜越南河粉"店于香港中环开业，同时还在天猫开设了"蔡澜花花世界旗舰店"，店内上架了由蔡澜监制的美食。而曾邀请蔡澜做《舌尖上的中国》总顾问的陈晓卿导演正是凭借美食家的素养，才拍摄出了这部中国顶级的美食类纪录片。他不仅跨界出版了图书《至味在人间》，还入职腾讯视频，任副总编辑兼任稻来纪录片实验室负责人，并执导了纪录片《风味人间》，该片在豆瓣获得了9.1的评分。

### 4. 科学家跨界成就卓越

文艺领域之外，科学家跨界起来也异常"疯狂"。比如近代成就最高的物理学家之一的尼尔斯·玻尔，他提出的原子量子化模型，奠定了量子物理的基础。有趣的是，玻尔和他的弟弟——数学家哈拉尔德·玻尔都是足球运动的疯狂爱好者。兄弟俩一个担任守门员、一个担任前锋，还同时为当时丹麦顶级足球俱乐部效力。

跨界教育带来了经济与技术的大发展。钱颖一曾经在清华大学经管学院做院长10多年，针对中国教育的问题积极探索与实践。实际上，他是从经济学家"跨界"做教育改革者。他在2012年当选为世界计量经济学会会士，获得过2016年度首届中国经济学奖。吴大猷是著名华人物理学家、教育家，被誉为"中国物理学之父"。20世纪上半叶，作为最早从美国获得博士学位并学成归国人员中的一员，吴大猷将量子力学等最先进的物理观念介绍到了国内。实际上，他对于科学发展的最大贡献是培养了众多科技人才。他培养的学生家喻户晓：李政道和杨振宁成了华人最早的诺贝尔奖得主，研究生黄昆在固体物理学的发展上也做出了世界性的卓越贡献。

在跨界领域，还有一位神奇人物——"民间科学家"郑晓廷。郑晓廷曾经是山东金矿矿长，2009年金矿被收购后，他正式开始了自己的跨界之路，此时的郑晓廷已经55岁了。他选择的跨界路径竟然是古生物研究。目前，郑晓廷已经在国内外权威的学术期刊上发表了30多项研究成果，其中10多篇论文发表在《科学》《自然》等世界顶级的学术期刊上。当然，郑晓廷最卓越的贡献则是他一手组建的天宇博物馆了，这家博物馆收藏有1 200多件恐龙化石。

按时下流行的话来说，以上的这些人都是斜杠青年，这个源自《纽约时报》专栏作家麦瑞克·阿尔伯撰写的书籍《双重职业》的词语，是指拥有多重职业和身份的有着多元生活的人群。斜杠青年如今越来越流行，已成为年轻人热衷的一种生活方式。这也恰恰说明，越来越多的人已经开始拥有跨界思维，这代表的不仅是一种积极的生活态度，更代表着一种新锐的世界大眼光。思维是一切行动的源泉，可作用于所有领域，具有引领性、决定性的作用，其中跨界思维能帮助我们拆除思想的藩篱、打破观念的界限。只有思维勇于跨越界限，创新才能永无止境。

心理学中有一个"心理饱和"效应，它指的是如果执着于只做一件事情，数十年如一日，这样反而不利于提高工作效率。所以，适当跨界或许会成就"意外之喜"。时下，跨界发展已然成为潮流。可以预见，在未来会有更多的跨界人物出现，并带来更多领域的跨界创新。

中　篇

打破企业发展边界的战略思想

# 第六章　战略世纪争霸战，
## 　　　跨界才是你的灯塔

在前面，我们讲过曾经的商业大佬"柯达"落败的案例。实际上，这是一个系列的商战大剧，涉及企业众多。

1991 年，柯达技术领先世界同行 10 年，在 2012 年 1 月却走到了破产的十字路口。简单而言，就是被数码之风跨界干掉了。

这并不是结局！抓住数码风的索尼、佳能等企业本以为幸福日子稳稳的了，但是突然间全世界又开始疯买带有照相功能的手机——诺基亚。2007 年，从伐木、造纸到制造胶鞋、轮胎、电缆一路坎坷走来的诺基亚推出了全球第一款卡尔蔡司专业拍照智能手机 N73。风行之下，数码相机的日子自然不好过了。

这也不是结束！巅峰之上的诺基亚人的兴奋劲还没过，来自电脑界的"苹果"已经磨刀霍霍杀向手机市场。2007 年，苹果 iPhone 问世，诺基亚开始走下坡路。不久以后，采用触屏模式的苹果手机将手机世界的老大诺基亚拉下神坛，自己成为手机行业的领跑者。衰败如山倒，2013 年 9 月，诺基亚手机业务被微软收编了。

随后多年，苹果手机几乎所向披靡。正在苹果手机如日中天的时候，行业外的华为异军突起，又超越了苹果手机。2019 年全球智能手机份额统计报告显示，第一名是三星，出货量 2.96 亿部，占比 20%；第二名是华为，出货量 2.38 亿部，占比 16%；第三名是苹果，出货量 1.96 亿部，占比 13%。目前，随着华为以核心技术将手机带入了 5G 时代，一个关于手机的传奇历史或将再次改写。

我们不难发现，跨界正在成为企业击败对手并脱颖而出的高端竞争武器。我们常说，长江后浪推前浪，前浪死在沙滩上。在以往，我们用这句话形容企业创新的意义，而今这句话更适用于跨界。市场在变，趋势在变，率先跨界的企业领航了，守旧的企业掉队了。当然，领航者也必须时时警惕，因为跨界者随时可能出现。

总而言之，跨界正在成为企业"乘风破浪"时的航海灯塔，引导企业到达成功的彼岸。

# 一、 战略十字路口，企业向左走还是向右走

企业战略理论也有一个不断成长、蜕变的过程，它随着时代发展以及市场变化而不断升级、完善和演变。实际上，企业战略管理的研究是从 20 世纪五六十年代开始的，至今不足百年。在这个过程中，我们大致可以看到三个发展阶段，每一个阶段都有一定的特点。同时，市场也推动着战略理论迈向新的发展阶段。

**第一阶段： 战略理论发展的基础时期。**

这是企业战略理论与研究的起步阶段，大约兴起于 20 世纪 60 年代左右。

实际上，从 20 世纪初，就有关于企业战略的研究，但是没有得到发展和广泛认同。机遇终于到来！第二次世界大战结束后，西方国家的经济逐渐进入高速增长阶段。在生产力水平不断提高、技术快速进步、市场范围不断拓展的背景下，企业管理者们开始陷入发展迷茫——在没有参照物的情况下，他们迫切需要解决战略问题，急切需要战略理论指引企业的发展方向，甚至是给他们"固化"的思维"拨云见月"。当历史的时针指向了 1962 年，美国著名的企业史学家艾尔弗雷德·D. 钱德勒（Alfred D. Chandler）出版了著名的"钱氏三部曲"之一——《战略与结构：美国工业企业史的若干篇章》，从而拉开了基于战略的市场推广帷幕。他在书中以杜邦、通用等四家企业为主要案例，阐述战略理论，由此打开了人们的思维，让人们更容易理解和信服。他提出了"结构跟随战略"的思想，并分析了环境、战略、组织三者之间的关系，认为企业战略需要适应市场环境、满足市场需求。这个理论

角度给企业家们插上了新的思维翅膀。

对于这一期间的战略理论，在全球管理界享有盛誉的管理学大师亨利·明茨伯格（Henry Mintzberg）总结出了十大战略学派，为企业家们提供了一个战略管理思想的清晰脉络。这十个学派分别是：设计学派、计划学派、定位学派、企业家学派、认知学派、学习学派、权力学派、文化学派、环境学派和结构学派。实际上，这十个学派从不同角度阐述了战略的形成过程，这十个思维视角给企业家们提供了诸多思考方法。

实际上，对于这十个学派，我们可以分别用一句话进行概括。一是设计学派，他们认为战略形成是一个设计过程；二是计划学派，他们认为战略形成是一个程序化过程；三是定位学派，他们认为战略形成是一个分析过程；四是企业家学派，他们认为战略形成是一个构筑愿景的过程；五是认知学派，他们认为战略形成是一个心智过程；六是学习学派，他们认为战略形成是一个自发过程；七是权力学派，他们认为战略形成是一个协商过程；八是文化学派，他们认为战略形成是一个集体思维过程；九是环境学派，他们认为战略形成是一个适应性过程；十是结构学派，他们认为战略形成是一个变革的过程。

事实上，这十个学派的理论不仅给当时的企业家打开了一扇扇新窗，也为未来战略理论的"百花竞放"奠定了基础。当然，不同理论也必然存在各自的优劣，就看企业家们如何取其精华了，甚至亨利·明茨伯格也有自己的观点，他的《战略规划的兴衰》揭示了自 1965 年以来让许多组织一直困惑不解的一个过程，即战略规划的过程。他认为战略不能够规划，因为规划是分析，而战略是综合。

**第二阶段：竞争战略理论的兴起时期。**

竞争战略理论兴起于 20 世纪 80 年代。实际上，很多战略理论至今依然没有脱离竞争战略理论的范畴。

此前，虽然有十个学派的战略思维，但基本上都是偏重理论，而企业家们更需要落地实践。因此，20 世纪 80 年代以来，随着市场竞争越来越得到企业的重视，西方经济学界和管理学界开始将企业竞争战略理论推向了历史前台。目前，大家普遍将竞争战略划分为三个基本学派。

一是产业经济学派。该学派的核心观点是：竞争战略包括总成本领先战略、差异化战略和目标集中战略。这个学派的代表就是被誉为"竞争战略之父"的迈克尔·波特。20世纪80年代波特成功地改造了产业经济学，把分析单元从产业转移到公司。为此，波特创造性地建立了五种竞争力量分析模型，即进入威胁、替代威胁、买方讨价还价能力、供方讨价还价能力和现有竞争对手的竞争。在这种指导思想下，波特提出了三种通用的竞争战略：总成本领先战略、差异化战略和目标集中战略。

二是核心能力学派。该学派的核心观点是：竞争是核心能力打造的博弈过程。1990年，普拉哈拉德和哈默尔在《哈佛商业评论》上发表了文章《企业的核心能力》，由此奠定了核心能力学派的理论基础。核心能力学派认为，现代市场竞争与其说是基于产品的竞争，不如说是基于核心能力的竞争。该学派有两种具有代表性的观点：一是以哈默尔和普拉哈拉德为代表的"核心能力观"；另一种观点是以斯多克、伊万斯和舒尔曼为代表的"整体能力观"。

三是战略资源学派。该学派的核心观点是：竞争是资源与能力的优势对决过程。战略资源理论代表人物柯林斯和蒙哥马利认为，资源是一个企业所拥有的资产和能力的总和。因此，战略资源学派的思维逻辑是，企业的差异化源于资源的差异化，企业的不可模仿性来自资源的不可模仿性。

随着市场竞争越来越激烈，企业也越来越关注竞争对手，竞争理论由此风行。时至今日，竞争理论已经延伸出了很多战略思想，可见其影响力之大。

**第三阶段：  新战略理论百家争鸣时期。**

实际上，战略理论的飞速发展与百家争鸣是从20世纪90年代末逐渐展开的，诸多理论也是诞生在20世纪90年代，一直延续到21世纪。

随着竞争的加剧，全球企业的竞争环境变得难以预测——竞争环境的快速变化、产业全球化竞争的加剧、竞争者富于侵略性的竞争行为……与此同时，以往的战略理论与方法逐渐无法满足企业战略管理决策的需要。于是，诸多理论也在这个

阶段蜂拥而起。

面对企业现实问题，出现了两大战略更新路径：一是跨域借鉴策略，通过对跨学科、物种的生存思考，找到思想的突破路径；二是深化升级策略，通过对原有战略理论的深化、细分等手段，形成新的战略理论。

首先说跨域借鉴。进入 20 世纪 90 年代以来，战略的发展也出现一些新现象，比如仿生学得以大行其道。

在仿生学方面，企业生态系统理论不断完善，成为一种热门战略理论。1996年，穆尔在著作《竞争的衰亡：商业生态系统时代的领导与战略》中，提出了基于商业生态系统概念的协同进化战略。在诸多专家不断抛出自己的思考后，2002 年，我国学者袁纯清又将生物学的共生理论引入企业研究，提出企业共生的理论体系。时至今日，很多战略思想的基本观念正如美国著名管理专家彼得·德鲁克所言："企业之间的生存发展如同自然界中各种生物物种之间的生存发展，它们均是一种生态关系。"此外，到 20 世纪 90 年代中期，很多国家的地方政府在总结国际经验的基础上，把公共政策重点转向了促进地方企业集群的培育、发展和升级上，其核心是通过区域治理，把增强本地生产系统的内力和利用国际资源结合起来。此时，产业集群战略也得以风生水起。实际上，这些战略理论的源头都是借鉴仿生学。

其次说深化升级。除了诸如仿生学的跨域研究，还有很多我们熟知的战略理论也在这个阶段涌现出来，而这些理论都是来自以往战略的深化，或者细分，比如蓝海战略、长尾战略等，这些战略有效解决了企业的一些实际问题。

但是，当我们今天再去看世界领先的创新企业的时候会发现，诸多企业的战略思想，我们无法用目前的战略理论全面阐述清楚。在本书的前面，我们已经列举了很多跨界创新案例，他们的很多创新路径显然超越了常规的战略范畴。事实上，企业家们在跨界创新时代迫切需要能够继续指导他们的战略思想。我们生活在一个意义深远的转型时代，变革空前而彻底。战略理论的推陈出新，就是为了解释全新的市场变化，并指引新时代的企业发展航向。这迫使我们必须找寻新的战略理论，跨界理论时代已经来临。

从目前看，还没有系统性的跨界战略理论，只有一些单纯的跨界营销和创新理念，也没有人对跨界创新进行系统化的理论总结，更多是一些战役性探索，因此我们需要进一步探索企业战略理论道路。

## 二、 跨界理论： 企业通向未来的链接器

随着一些领航企业的战略变身，我们都有这样的感觉：我们已然遭遇发展的十字路口。在时代的红绿灯下，我们再次陷入彷徨、迷茫。在互联网时代，每一个企业的市场疆域都是暂时性的，一不留神就会被跨界者切掉一块。此外，在这个市场瞬息万变的泛边界态势下，传统战略模式似乎已经进入发展盲区。

《哈佛商业评论》的"CEO有话说"栏目采访了TCL的李东生，文章中有一个观点："站在现在看未来"是本能，"站在未来看现在"才叫本事。实际上，我们无论是站在今天去看新战略理论，还是站在未来看今天，都会发现：诸多理论无法适用于新的竞争环境，特别是在面对实际问题的时候，无法落地。实际上，跨界的战略理论创新对于企业增长驱动等方面都有积极的理论指引意义。我们再看看中国其他一些具有标杆意义的公司，阿里巴巴、华为、小米、百度、腾讯，哪一个不是擅于跨界的公司？我们再来看看国外的标杆企业，谷歌、苹果、宜家、亚马逊，哪一个不是跨界的先行者？我们通过研究这些领航者的战略以及市场、消费者等，做出了这样的判断——未来必将是一个跨界创新的战略新时代。

2019年美国《外交政策》杂志网站评选出100位思想者、十大最具影响力思想家，其中马云名列第三。《外交政策》给他的评语是："几乎没有人可以说自己改变了一个社会，马云可谓一个可信的例子。"实际上，马云就是将跨界战略运用得炉火纯青的企业家，他通过跨界建立了一个庞大的生态链。但是，马云这样的企业家毕竟还是少数，这也说明跨界战略需要普及化，同时阿里巴巴也给跨界创新塑造了一个标杆。

在跨界发展方面，GE绝对是全球范围内的领军企业，杰克·韦尔奇则把这种传统发挥得淋漓尽致——GE有13个业务集团，包括8个工业产品集团、4个金融

产品集团和 1 个新闻媒体集团，每个业务集团都是全球市场的佼佼者。GE 也给我们树立了一种信心，只要企业从战略高度去跨界，就可能铸就更大的成功。

　　未来，我们如何走出战略竞争丛林，找到适合新时代的战略灯塔？基于创新方向的跨界正在成为每一个企业家不得不面对和正视的战略命题。实际上，本书就是一本这样的战略理论书籍，我们希望帮助企业通过跨界解决发展面临的实际问题，找到通往未来的链接器。

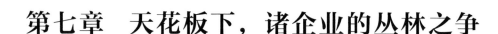

# 第七章 天花板下，诸企业的丛林之争

美国《财富》杂志每年评选的世界 500 强名单是评估全球大型公司最权威、最知名的榜单。其中，无论是苹果横空出世，还是其他科技巨头崛起，可口可乐都是传统行业里的老大。

实际上，可口可乐的发展并不是一帆风顺的，也遭遇过发展的天花板。在 20 世纪 80 年代，可口可乐在美国软饮市场虽然已经是当之无愧的第一品牌，但也面临着增长速度逐年下降的态势，而罐装饮料被百事可乐打得几乎毫无还手之力。更为严重的是企业信心发生问题，其中悲观派一致认为：可口可乐的发展已经遭遇增长天花板，且难以突破这个瓶颈。甚至连当时华尔街的证券分析师们都给可口可乐判了"死刑"。

危机面前，考验的就是战略方向的掌控力。时任可口可乐董事长的郭思达认为，与其在软饮市场肉搏，在沃尔玛货架以及杂货店的有限渠道空间博弈，还不如跳出旧空间，扩展到"液体产品"的市场空间，从而创造出更多的增量机会。最终，郭思达重新定义了可口可乐及其战略，从单一的可口可乐开始扩展至咖啡、果汁、茶饮、纯净水，甚至运动饮料领域，这个战略激活了可口可乐，使其迅速超越竞争对手，再次步入快速增长轨道，并遥遥领先。同样是面临天花板，可口可乐的生死选择是通过市场跨界拓展，实现了"返老还童"。

最终，郭思达交出了一份令人满意的答卷。在其任职的 16 年中，可口可乐的市场价值从 43 亿美元升至 1 450 亿美元，全球市场份额也增长了 15%。当然，这是一个成功的跨界突破案例，而目前还有很多企业面临着发展的天花板，致使其陷入市场竞争的生死丛林。

# 一、 内部之"井中困"，画饼已难充饥

2019 年任正非在北京做汇报时说了一句话："今年的冬天，不再是靠'熬'能够过去的。"他在汇报时讲，2019 年中国的经济周期和技术周期进入了非线性的状态，不是靠原来的逻辑、原来所积累的核心能力就能够持续下去的。任正非还表示："过去企业家遇到困难，通常的办法是减库存、减成本，熬一熬，希望就能熬过去，但现在不行了。"当下经济面临的是一个全面的、整体的、巨大的结构性的冲击。这时，传统办法已经不能应对这个结构性的挑战。

目前，从企业内部看，战略、管理、产品、商业模式等天花板问题都已经涌现，企业家们受制于传统战略思想，被困井底。

## 1. 战略发展的天花板

市场已经进入新环境，而诸多企业却没有真正地做到与时俱进，还是一味地抱守传统业务领域和模式思维，不思变革。此外，有一部分想变革的企业，其企业战略惯性与阻力却羁绊着企业前行的步伐，让企业难以跟上时代发展。此时，英雄迟暮的景象随处可见。比如在鞋服行业就集中出现了衰败迹象。2019 年，富贵鸟发布公告称，重整计划草案遭法院驳回并被宣告破产，一代"中国真皮鞋王"的神话就此破灭。实际上，富贵鸟不是第一个，也不是唯一的没落者。2017 年，百丽已正式宣布退出香港联合交易所。同样在 2019 年，一代"大众鞋王"达芙妮爆出亏损 3.735 亿港元的消息，2019 年上半年共关店 612 家，最高达 170 亿港元的市值，如今缩水超百亿。近些年来，随着新技术的不断变革，市场环境不断改变，传统鞋业巨头们的生存环境面临巨大的冲击，新时代对企业的品牌、产品、渠道、传播等方

面都提出了新挑战。此时，企业迫切需要进行战略变革，找到适合新环境的战略方向。但这些企业却没有跟上时代浪潮，更没有及时地调整好企业的战略方向，以至于纷纷搁浅沙滩。

### 2. 企业产品创新的天花板

我们都知道，产品是企业的生命力核心，而企业普遍遭遇的一个"天花板"就是产品力不够强。目前，出现天花板的企业很多都是在"吃老本"，所谓的创新往往都是"力不从心"，企业由此陷入发展的泥潭，难以自拔。老字号企业就普遍遇到这一问题。跨入 21 世纪以来，中华老字号大多成为历史，或正在变成历史。我们不妨列举两例：在 2003 年，始创于 1651 年已经有 350 多年历史的王麻子剪刀厂宣布破产；全聚德发布 2019 年营收年报，公司全年营收 15.66 亿元，同比下滑 11.87％。全聚德创建于 1864 年（清朝同治三年），被誉为"中华第一吃"。但是近年来，连锁发展缓慢、外卖不利等问题致使全聚德一直没有从业绩下降的阴影中走出来。随着市场环境的变化，市场对于企业在产品的技术创新、概念创新、传播创新等方面都提出了新要求。企业一旦与时代脱节，就会被用户抛弃。成功者百雀羚在被外资围剿的中国日化市场中，却快速成为"国产护肤第一品牌"，其战略核心就是产品创新。从产品配方到包装再到市场定位、传播等，百雀羚打出了一套基于产品的创新组合拳，甚至改变了"价格低、性能一般"的日化国货形象，打破了国产护肤品难以逾越 200 元门槛的魔咒。

### 3. 企业管理的天花板

目前，在一些企业，组织模式效率低下、对市场反应迟钝等问题也是造成"天花板"现象的核心问题。比如组织基础建设（流程、监督、人力资源建设）不足，难以支持企业持续发展。除了类似基本管理问题外，还有在创新方面投入精力不足，造成创新部门管理缺失、效率低下的问题。此外，对大数据等新管理工具，很多企业显然也没有应用到位，甚至不知道如何使用。诸如此类的管理问题，逐渐形

成了阻碍企业发展的天花板。

实际上，长三角、珠三角的很多民营企业都处于这样的生存状态中。

### 4. 商业模式的天花板

当传统企业家们还在吐槽"经济不景气，生意下滑，在啃老本"时，新零售、新的经济体还是来了；当传统线下企业还在为拥抱互联网举棋不定时，马云宣布"纯电商时代终结，电商划归为传统经济"。随着新市场趋势的到来，原有的商业模式已经难以推动企业前行，甚至成为企业发展的"模式包袱"。要想活下去，企业必须在商业模式上完成创新。

回力曾经是一个由辉煌走向没落的品牌，但是随着市场的变化，回力却迎来了"第二春"，更是创造了一年卖出 8 000 万双鞋的记录。传统的回力基于互联网的商业模式再次赢得了市场。为此，回力改变了陈旧的销售模式，采用"终端直供平台＋电商平台"的模式，走双轮驱动的发展道路。同时，公司利用活动推广、媒体营销、事件营销等形式进行市场运作；邀请当红流量明星做代言，如杨幂、吴亦凡等，掀起粉丝购买"明星同款"的热潮。在初步获得成功后，回力还在全力打造"智新科技、智能服务、智捷物流和智慧品牌"四大新零售模式平台，以此塑造全新的商业模式。

互联网时代以前所未有的加速度来到，这个时代包容更多的企业创新，各种小经济体相继诞生，不断切分传统经济体的蛋糕，我们甚至不知道未来的敌人是谁。未来企业之间的竞争，已不仅是渠道、价格、产品力竞争，而且是商业模式之间的最终较量。

最近这两年，很多人埋怨说企业日子不好过。很多企业，甚至很多行业，都遭遇了市场天花板。其实，与经济危机时期相比，现在的企业现状还好了很多。在2008 年全球金融危机中，很多大公司都十分艰难，美国汽车业三大巨头——通用、福特和克莱斯勒销量全部大幅下滑，还有不少巨头破产。但是还是出现了逆势增长，法国的欧莱雅公司 2008 年上半年销售额逆市增长 5.3％；日本资生堂公司的业

绩也逆势飘红；优衣库也是这一年爆发，并催生出了日本新首富——柳井正。从这点看，所谓日子不好过，也恰恰是企业家的机会，也是考验企业家创新能力的机会，而跨界创新就是一个巨大的企业战略机遇。

## 二、 市场之"滑铁卢"，梦想币遭遇现实壁

有很多行业巨头遭遇到了市场拓展的"滑铁卢"，导致企业销售断崖式下滑，发展遭遇天花板，甚至在某些方面从领先变为落后。

### 1. 行业的传统竞争天花板

在以往，一些巨头乘着政策春风，发展得很快，在机遇推动下，迅速成为行业的领跑者。在这一期间，企业可依靠机会不断地跑马圈地，以此实现企业发展增量。实际上，在行业的快速成长期，由于市场每年可以提供足够多的需求增量，可以完全满足企业的增长需求。此时，企业之间的竞争表现更多的是"抢地盘"行为，竞争甚至还没有达到白热化的短兵相接的程度。随着大小企业的不断涌现，同时随着行业进入成熟期，行业发展就会变得乏力，市场需求逐渐趋于饱和状态，企业只有靠拼个你死我活抢存量。特别是近年来，在消费能力、市场发展放缓等背景下，价格战便成为企业竞争的主要武器，此时企业的日子变得更加难过。东阿阿胶身处的传统阿胶市场就是如此，传统阿胶产品的需求达到饱和，同品类阿胶企业的市场竞争越来越激烈，行业发展遭遇天花板。

### 2. 跨界"打劫者"将企业逼入发展天花板

随着支付宝、微信的火热，方便快捷的扫码支付深得民心，"无现金社会"的理念深入人心，所有银行已经彻夜无眠。《中国基金报》在2019年披露了一张15家中国上市银行的人员情况表，现状让所有人大跌眼镜。在15家上市的银行里，仅有浙商银行、浦发银行新增了100人，其他13家银行全部在大规模地减员。仅中国工商银行、中国农业银行、中国建设银行、中国银行、交通银行、中国邮政储蓄银

行这六个银行就减员了 3.4 万人。在以往，所有银行在做竞争对手分析的时候，会把腾讯、阿里巴巴列上吗？显然不会，但结果却遭遇了跨界打劫。实际上，当你拼命地分析同行竞争对手，想着如何打压对手做大自己的时候，在商业嗅觉触碰不到的领域内，往往却有隐形竞争者在悄悄地蚕食你的市场。当你发现的时候，为时已晚。

跨界打劫的都是企业隐形杀手，打败你的从来都不是同行。为什么会这样？因为你落后于时代。在外界眼中，黄明端一直都是大润发零售帝国的代名词，天花板似乎距离大润发还很远，但大润发依然没有脱离市场魔咒。2010 年，大润发取得营收 404 亿元人民币，取代家乐福，成为中国大陆零售百货业当时的冠军。2011 年，大润发与欧尚合并在香港上市。拥有"大润发"和"欧尚"的高鑫零售，市场占有率超过沃尔玛，一跃成为中国最大零售商。2017 年，高鑫零售（大润发、欧尚母公司）公告出售总价值 224 亿港元（约合 190 亿人民币）的股份，买家是阿里巴巴。事后大润发集团董事长黄明端留下了一句："我们落后刘强东十年，但是只落后盒马鲜生一年。"这位在他的时代打败所有对手的"陆战之王"，还是向时代做了妥协。大润发赢了所有竞争对手，却输给了时代。

实际上，跨界就是基于战略创新维度，为巨头们找到一种全新的发展路径。如果企业还停留在原有的竞争丛林之中，只能让红海更浑浊，发展的天花板更是难以突破。跨界创新就是从这点出发，试图打破企业天花板。今天，我们必须清醒地认识到，企业跨界势在必行，目的不仅仅是跨界打劫，更是企业发展的自保和自救的手段。

### 3. 技术落后致使企业触碰天花板

没有哪位企业家希望自己的企业是短命的，大多数企业都在追求基业长青，希望自己经营的企业能够成为百年品牌。当下，正处于百年未有的大变局时代，如果你的技术体系还在安于现状，显然只有死路一条。一些行业或产品就是因为没有跟上技术发展的脚步而寿终正寝，例如胶卷、功能手机、显像管彩电等。特别是近年

来，技术革命日新月异，而跑在趋势前面的大多是技术的创新者，比如谷歌、阿里巴巴等。

在董明珠的眼里，天花板永远属于别人。"唯一的天花板就是两件事：第一可能你带着一种逐利的情绪做企业，第二你永远依赖于别人的技术。"实际上，在互联网技术的变革下，数字经济成为一种新的经济形态。中国的数字经济规模在GDP中占比已经超过30%，这意味着大多数企业家对互联网的认知经历了从猜疑、恐惧、接纳到融入的变化。同时人工智能的发展也更加务实，开始向智能教育、金融服务、智能驾驶、公共安全等B端领域延伸。当然，这些都是一些趋势，企业可以根据自己的内外资源和战略方向跨界创新。

世界上有公认的七大奇迹——长城、金字塔等，爱因斯坦说，第八大奇迹就是复利。今天，我们每一个人每一天都在享受前所未有的科技复利，ABCD（即人工智能AI、区块链Blockchain、云计算Cloud、数据Data）＋5G新技术的力量推动了产业快速迭代。在2019年"两会"上，马化腾的提案中也频繁出现"产业互联网"。他认为，产业互联网是未来全新的大领域，有很多想象空间。

事实上，无论是源自企业内部的天花板，还是来自外部的天花板，都不是企业停滞不前的理由，伟大的企业总是最早触及天花板，也是最快打破天花板的。难道阿里巴巴就没有遭遇过发展天花板吗？马云曾在《人民日报》"大咖有话"直播栏目中如是说："这18年至少面临过1 800个天花板，（这些天花板）都被阿里巴巴人一个个打碎。阿里巴巴从第一天做电子商务开始，就是把不可能变成可能，从大家认为不可能做到的一千个亿，我们阿里巴巴做到了一万个亿、两万个亿、三万个亿。"一个企业的发展历程就是不断突破天花板的过程，现在阿里巴巴已经打造出了诸多生态链，已经成为真正的互联网跨界巨头。

## 三、 界外之"金苹果"，难以阻挡的增长极诱惑

企业发展一方面要遭遇天花板式的困局，另一方面也会面临很多趋势性的企业增长极诱惑，促使企业积极创新。

### 1. 文化消费趋势

美国学者弗朗西斯·福山曾说："忽略文化因素的生意人，只有失败一途。"英国哲学家怀特海则说："人类的生活是建立在技术、科学、艺术和宗教之上的。"文化消费趋势是每一个企业家都应关注并顺势而为的。

2019年11月，漫威公布了未来3年的电影计划，共定档了9部超级英雄电影。从2008年的《钢铁侠》到2019年的《X战警：黑凤凰》，漫威电影在全球范围内揽获了无数的粉丝，全球票房超200亿美元。除了电影之外，漫威的商业文化消费版图还包括了漫画、游戏、超级英雄周边产品等。从国外到国内，饮料、服装、手机、化妆品、汽车等众多行业的一线品牌，如可口可乐、优衣库、OPPO手机、欧莱雅、现代汽车等都与漫威展开跨界合作，这种跨界合作潮流正说明了文化消费对企业市场拓展的强大助推力。

### 2. 产业消费趋势

对产业趋势的依托是企业发展的一个基础和核心。这种产业趋势是一种社会发展趋势，是一种国家政策趋势，更是一种全民消费趋势。

比如，中国整个大健康产业都在迅猛发展。"健康中国"战略明确指出：到2030年，健康服务业总规模将达到16万亿。我们以养老产业为例，根据全国老龄办数据，2020年全国60岁以上老年人口将达2.48亿，老龄化水平为17%。到2020年，每位老人每年消费金额约为1.37万元，养老产业市场规模达3.4万亿元。未来几年，大健康产业投资有五大方向：一是人口老龄化带来的巨大细分市场，如养老产业；二是医疗服务的垂直化、专业化，如医疗美容、健康管理、康复医疗；三是技术升级推动产业升级，主要包括智慧医疗、基因测序；四是"互联网＋医药"的转型升级方向，主要是在线医疗和医药电商；五是产业融合带来的投资机会，包括商业医保、养生旅游。在供给侧改革和人口老龄化的背景下，医疗服务和养老是大健康产业最主要的投资主题。

### 3. 渠道创新趋势

在这两年里，盒马鲜生、超级物种、无人货架、天猫小店、苏宁小店等"渠道新物种"已经让我们看到了新零售先锋企业的锋芒。传统百货商超、购物中心、便利店等在人工智能、大数据、智慧物流的改造下，也焕然一新，搭上了新零售的高速列车。

智能终端的普及、大数据等技术的不断革新，进一步开拓了线下的场景消费，使得消费者不再受时间和空间制约。万物皆可新零售已经成为必然的趋势。

### 4. 网络传播趋势

目前，基于互联网生态，微信、社群、抖音等全新的传播形式涌现。数据显示，2019 年中国短视频的用户规模已经达到 8.2 亿人，预计 2020 年短视频市场收入将突破 2 100 亿元。

抖音上曾流行海底捞"鸡蛋虾滑油面筋"的吃法，让不少吃货为之流口水。而后陆续出现的"番茄牛肉饭""最好吃的蘸料"等海底捞网红吃法，更是刷爆了抖音，更有网友去海底捞就餐就是为了体验抖音吃法。抖音让海底捞火了一把，年度客流量超过了 1 亿人次，而海底捞也根据抖音网红吃法，打造出了新菜单，这让不少吃货惊喜不已。一个主角是一杯会"占卜"的答案奶茶的短视频，曾在抖音上大为流行，这个视频收获了 883 万的播放量，获赞 24 万，不少抖友都喊话要加盟。

"明天是美好的，但别在黎明前死去。"面对发展的天花板，企业必须找到属于自己的跨界之路，以此破局，拥抱美好明天。

# 第八章　战略升级：企业跨界战略的构建

马云说："只有敢跨界，我们才能更成功。"

中国银行业 ATM 机巨头——唯珍创意，业绩一度暴跌 90%。银行 ATM 机遭受行业困境的原因就在于支付宝、微信等移动支付方式的盛行——移动支付大幅度减少了现金流转。唯珍创意没有被 ATM 机同行打败，而是被移动支付这个跨界"打劫者"逼向了衰退之路。

马云说过，如果银行不改变，我们就要改变银行。今天，没有成功的企业，只有时代的企业！在这个跨界的时代，即便是行业的老大哥，不重视变革，错失多元化机遇，也会把一手好牌打得稀烂。

跨界能让企业走出行业和自身发展的困局，跨界也能为企业带来新的增长性蜕变。跨界战略的构建，将为企业开创一个新的发展时代。

## 一、 企业破困和增长，从跨界战略开始

今天，全世界估值最大的公司早已不是二十年前的埃克森美孚、通用电器等，而是以科技、创新为主导的非常年轻的公司。中国的科技企业腾讯和阿里巴巴，亦进入全球十大市值公司行列。

腾讯和阿里巴巴的成功，离不开持续性的跨界创新。

**1. 从跨界创新思维到企业跨界战略：新商业时代的战略升级**

乔布斯曾说："苹果电脑之所以伟大，其中一个原因是，创造它的是一群音乐家、诗人、艺术家、动物学家和历史学家，而他们恰恰还是世界上最好的计算机科学家。"

跨界创新思维是多角度、多视野创新的一种思维方式，是一种开放性思维。

诺贝尔奖得主马克斯·普朗克说："当你改变看待事物的方式时，你所看到的事物便会随之发生变化。"巴菲特的黄金搭档——查理·芒格一直对跨界思维推崇备至，认为它是一种普世智慧。他将跨界思维誉为"锤子"，而将创新研究比作"钉子"，认为"对于一个拿着锤子的人来说，所有的问题看起来像一个钉子"。

实际上，跨界创新思维确实能将人带出思维的孤岛，发现一片更广阔的新大陆，使创新得到无限延展。

随着全球商业的不断发展，跨界创新思维开始应用于商业领域，企业的多元跨界、各行各业的互联网化、跨界创新营销等屡见不鲜。

最早研究多元化主题的是美国学者安索夫，他于1957年在《哈佛商业评论》上发表《多角化战略》一文，强调多角化是"用新的产品去开发新的市场"。鲁梅尔特在1974年指出，多角化战略是结合有限的多角化的实力、技能或目标，通过与原来活动相关联的新的活动方式表现出来的战略。多角化的实质是拓展新的领域，强调培植新的竞争优势和壮大现有领域。今天，多元化的企业发展战略已经成为一个主流战略。

如果说多元化的企业跨界经营由来已久，那么随着互联网技术的兴起和深度应用，互联网化的发展思维也是当今时代的主流，不管是刚开始的"互联网＋"，还是今天强调的"互联网×"，通俗来讲，互联网化就是利用信息技术以及互联网平台，让互联网与传统行业进行深度融合，实现乘数式的创新突变效应，创造新的发展生态。如今，互联网已经与众多行业融合，诞生了互联网金融、共享单车、新零售等多种新模式，促进了传统行业产业升级。

企业经营多元化和互联网化是跨界，跨界营销也是一种跨界。作为一种营销形

式，跨界营销意味着打破传统的营销思维模式，避免企业单独作战，通过寻求非业内的合作伙伴，实现不同类别品牌的协同效应。在具体的实施过程中，跨界营销可以从产品、渠道、营销传播、产品研发、文化嫁接等方面进行。优衣库与美国街头艺术家考斯（Kaws）的联名 UT（Uniqlo T-shirt，简称 UT）引发疯抢，国民品牌"大白兔"联合快乐柠檬在上海开设"大白兔奶茶店"……这样的跨界联名营销很多，为企业的营销增长带来了巨大的创新推动力。

无论是企业的多元化，还是互联网化，或者说跨界营销，这些企业跨界思维和市场战术行为，主要还是一种本能性的生存扩展和增长创新，还没有形成一种有高度、有体系、有理论支撑的企业跨界战略。

菲利普·科特勒曾说，每一代人都需要新的"革命"，这种"革命"就包括战略思想和理论的时代性演进。在商业的世界里，企业战略一直在不断地发展进化：从 20 世纪六七十年代的设计战略学派、计划战略学派，到 80 年代迈克尔·波特提出的竞争战略，再到 20 世纪最后一年诞生的蓝海战略……新的时代需要更能满足企业家终极增长需求的新战略，所以，找到一种可以帮助企业实现长周期、大跨度、多维度和深层次发展的创新型战略已经迫在眉睫，而跨界战略理论的构建，是新商业时代的新战略升级，是企业发展的需要，也是时代发展的必然。

## 2. 跨界战略：一种变革性的创新发展战略

跨界战略是一种跨界时代的变革性战略，是指打破传统边界，通过跨界性的战略植入、融合和重构，开创发展的新思维、新路径、新格局，从而实现企业跨越式增长和创新突破。

对于"跨界战略"的界定和解读，我们首先需要剖析两个本质性的问题：

（1）战略的本质：适应时代发展，站在未来看现在

史玉柱曾这样评价马云："在我的眼里，他（马云）是一个战略家，我是一个

能具体干事的人。比如在互联网方面，他能看到未来 5 年，而且看得很准。我最多能看一年，他能看到 5 年，这个差距就来了……"自古不谋万世者，不足谋一时；不谋全局者，不足谋一隅。战略对企业的重要性不言而喻。

在西方，战略（strategy）一词源于希腊语"strategos"，意为军事将领、地方行政长官，后来就演变成了一个军事术语，指军事将领指挥军队作战的谋略。在中国，战略一词也是历史久远，"战"即战争，略指"谋略"。春秋时期孙武的《孙子兵法》被认为是中国最早对战略进行全局筹划的著作。

战略，不是"争一时之长短"，而是"争一世之雌雄"。对于"战略"，《韦氏词典》的定义是：针对敌人（竞争对手）确立最具优势的位置。特劳特将"战略"定义为：让你的企业和产品与众不同，形成核心竞争力。对企业而言，即鲜明地建立品牌。德鲁克在 1954 年出版的《管理的实践》中提出了战略三问：我们的企业是什么？我们的企业将是什么？我们的企业应该是什么？

不同的人、不同的时代对战略的理解和定义是不一样的，但对于战略的本质的解读，却是大同小异的，离不开其对企业的宏观性和前瞻性引领。阿里巴巴集团学术委员会主席曾鸣就把"前瞻性"看作战略的一个核心要求，战略构建者要站得高、看得远，要比别人能够更早、更快、更清晰地看到未来可能的状态，这种"前瞻性"最终决定的是"我们做什么"的问题。

杰克·韦尔奇说："我整天几乎没有几件事做，但有一件做不完的事，那就是规划未来。"战略就是放眼未来，就是对"企业今天做什么"的一个重塑。跨界战略作为一种更适应现代社会发展的战略体系，是企业获得突破式成长的必由之路，其本质就是站在未来看现在，是在一个"未来的我"的远见洞察的基础上，通过跨界创新改变企业"今天的我"。

事实上，不是任何人都能够拥有足够精准的战略远见力。苹果发布第一代 iPhone 时，著名的《彭博社》说"iPhone 影响力将微乎其微，将只对小部分消费者具有吸引力，诺基亚和摩托罗拉完全不必担心"，更著名的《商业周刊》说"iPhone 不会对黑莓构成威胁"。可结果呢？

跨界战略的构建，需要站在未来看现在，企业经营者需要不断修炼，才能真正形成一种敏锐精准的商业嗅觉和果敢的战略判断力，从而形成良好的跨界战略的构建力。

（2）跨界战略的本质：打破边界意识，跨界互融谋创新

跨界战略的一个核心关键词是"界"。什么是界？界是一种彼此分明的事物分类的概念思维，是不同属性的事物之间的边线，意味着一种禁止或绝缘。也可以说，一切限制人们思想和行动的事物都可以称为界。

界的表现形式是多种多样的，有我们常说的行业边界，有思维边界，不管是什么样的界，其背后的核心是一种"边界意识"，一种建立在分化基础上的差别意识。长江学者贺来教授把这种边界意识解释为："它自觉地承认人的生活世界的各个领域的相对'分离性'和'断裂性'并因此而具有的相对'自主性'和'自律性'。"也就是说，在边界意识的视域中，人的生活世界不是一个理性整体，"而是一个由相互独立，又相互交错的各个面向和各个领域编织而成的一幅'拼贴画'，生活世界的各个面向和各个领域之间具有相对独立性，都各有其属于自己的不同的原则，不同的标准，不同的生成、实现途径"。

跨界战略的核心就是要打破这种边界意识，正如一位美国学者所言："当把我们认为完全无关、风马牛不相及的领域联系在一起后，就能发现改变自身、改变组织行为，从而最终在一定程度上改变我们这个世界的思想。"商业上的这种边界意识的打破和融合也确实推动了很多企业的成功，比如说宜家。跨国品牌巨头宜家，不仅是全球家居行业标杆，也是餐饮的隐形巨头。宜家每年要接待全球 6.5 亿食客，每间餐厅基本都配备了就餐区、吧台、咖啡桌、儿童椅、儿童游乐区，如果列一份宜家的畅销榜单，排名第一的可能不是沙发、台灯、置物架，而是出口处 1 元一支的冰激凌甜筒。据称，宜家食品部的销售额在 20 亿美元左右，在体量上可以和美国第二大披萨连锁店达美乐相提并论。宜家对传统家具和餐饮的行业边界的打破，源于其公司创始人的一个商业理念——"饿着肚子促不成好生意"，为顾客提供食物，他们就能在商场逗留更久，从而提升商场的销量。这种打破边界的结果就

是，在宜家大卖场，通常排队最长的并不是家居厅，而是餐厅和食品屋。宜家也发现，30%的顾客来宜家只是为了去其餐厅吃饭。而这一部分食客无疑也成了宜家家具业务的潜在消费群——宜家肉丸才是"最好的沙发销售员"。宜家也在考虑下一阶段是否把宜家餐厅发展成一个独立的小餐厅，专门开在城市中心地段。"我希望过个几年我们的顾客会这样说，'宜家是个不错的吃饭的地儿，对了，他们还卖家具'。"宜家美国食品部主管的这个跨界战略思路也不是没有实现的可能。

今天，一直自诩为"电商领域小学生"的宜家也终于按捺不住，宣布全面上线电商业务：2020年3月，"IKEA宜家家居天猫旗舰店"正式上线，这是宜家在全球范围内第一次通过第三方平台销售产品；此外，宜家官方购物App也正式推出。面对越来越多的中国线上家居消费者，宜家不得不再次打破以往单一的线下渠道发展边界，积极拥抱电商和新零售。

可见，跨界战略就是要打破边界意识，实现两界互通，跨界互融。当然，跨界不仅是要破，还要破而后立。牛顿超越了亚里士多德，爱因斯坦超越了牛顿，他们的创新不但超越了旧边界，更重要的是建立了新体系。毛主席说："我们不但要善于打破一个旧世界，而且要善于创造一个新世界。"这种打破边界和创新融合的过程才是真正的跨界创新。

### 3. 为什么说每个企业都需要跨界战略？

社会活动家威廉·科恩曾说过："企业如果固守过去曾行之有效的战略，那么它必将败于竞争对手。"为什么说今天的企业发展需要构建跨界战略？跨界战略对企业的发展到底有着怎样的战略意义呢？

（1）跨界战略，破冰之锤：逆风翻盘突破企业"发展极限点"

企业经营如在夹缝中求生，在生命周期的不同阶段会遭遇不同困境。而对陷于困境的企业来说，跨界战略就是企业打破发展困局的那把破冰之锤。美国老牌企业强生公司正是凭借不断的跨界突破，成长为世界500强企业。强生最初的产品是医疗用品，如消毒绷带等，随着竞争者的不断入局，在遇到"发展极限点"时，强生开始跨界大众消费品，其生产的卫生巾击败了当时的霸主金佰利，1978 年在美国的市场占有率超过了一半。当成长到一定规模，就又碰到极限点。强生的跨界触角早已伸到制药行业，其以 1 000 万美元购入的药物促红素，最终实现了 500 亿美元的销售额，为强生制药业务的腾飞起到了至关重要的作用。经过百年发展，强生的药品、消费品和医疗用品三大核心业务板块，在世界范围内都处于行业领先地位。强生在全球 57 个国家建立了 230 多家分公司，旗下三大板块拥有强生婴儿、露得清、可伶可俐、娇爽、邦迪、达克宁、泰诺等众多知名品牌。

无独有偶，传承千年的滋补上品阿胶，作为一种中药产品，服用人群单一、服用季节受限等，使行业领头羊东阿阿胶感受到了传统滋补市场拓展的"极限点"。为此东阿阿胶瞄准了大健康食品市场，以桃花姬阿胶糕破局打造"都市时尚女性的新形态养颜膳食餐"，实现了产品线、渠道、营销、传播的整体快销化运作。变身"健康"与"养颜"零食的桃花姬阿胶糕，实现了 1 年 300％的倍速增长，完成了阿胶从传统滋补品到现代新食尚产品跨界创新，引领了东阿阿胶向大健康产业的战略跨界转型。

可见，"发展极限点"是每个企业都会遇到的战略瓶颈，跨界战略可以帮助企业突破现有的天花板，使基业长青。

（2）跨界战略，增长引擎：杠杆增长撬动企业发展"第二曲线"

一个企业，对可持续增长的谋求，永远是第一要务。企业增长有两种方式：稳定的线性增长和第二曲线式的增长。若企业按照既有路线发展，理想状态下也仅能产生 10％左右的增长速度，对于优秀企业家和追求卓越的企业来说，这显然是远远不够的。此时就需要企业在原有生长周期曲线之外，寻找再次腾飞的"新增长线"，这条在原有生长曲线拐点上诞生的新增长线就是企业的"第二曲线"。熊彼特曾说，无论把多少辆马车连续相加，都不能造出一列火车来。只有从马车跳到火车的时候，才能取得十倍速的增长。跨界战略就可以为企业开创增长的第二曲线，在原有发展路径之外，为企业找到高倍速增长的跳跃式发展之路。

以通信工具起家的腾讯在跨界中找到企业的第二曲线——游戏，其推出的《王

者荣耀》《绝地求生》等游戏火遍大半个中国。如今游戏已经成了腾讯的半条命，2019全年网络游戏收入为1 147亿元，占企业总营收的1/3。跨界战略撬动企业增长，这需要用到杠杆原理：第一个是增长支点，对企业来说这个支点即核心优势；第二个是增长杠杆，它是企业在跨界过程中建立起来的独特区隔点；第三个是增长动力，它是由需求带动的。

故宫是一座拥有数百年历史的皇家宫殿，作为一个博物馆和旅游景点，它曾经的主要收入来源是门票销售。但是，在新的跨界创新过程中，故宫以自身的历史文化底蕴为支点，以丰富的藏品为创意杠杆，持续输出有趣味、高品质的文创产品——文具、服饰、化妆品……不断地刷新大众对传统博物馆的认知，使这个600岁的老建筑真正"活"了起来。据统计，截至2018年12月，故宫文化创意产品研发超1.1万件，文创产品收入在2017年已达15亿元，超过1 500家上市公司业绩。

（3）跨界战略，模式再造：颠覆式创新改变大众生活方式

从农业到工业，从工业到互联网，新时代的诞生往往伴随着创新。互联网时代的跨界，需要颠覆式创新，当然其结果早已被克莱顿·克里斯坦森教授——颠覆式创新之父预见到，即带来新公司、新技术，甚至往往是新的市场。

当下流行一句话：干掉你的往往不是对手，而是跨界"打劫者"。百度干了广告的事，淘宝干了商场的事，微信干了通信的事，这是趋势之争。如今全球大热的"共享经济"，就对传统生活和行业模式实现了一种跨界颠覆。比如说滴滴，在线一键叫车就颠覆了传统出行方式，创新者们利用互联网技术来摆脱传统出行供需路径，创造了新的平台共享模式。如今滴滴以800亿美元的估值，成为冲出BAT包围圈的又一个独角兽企业。国外具有代表性的共享经济模式则是给酒店行业带来颠覆性改变的爱彼迎，它充分满足了租客、房东等利益相关者的需求。作为一个价值环节平台与第三方盈利模式优化的结合体，爱彼迎改写了行业规则。如今，爱彼迎房源遍布全球81 000多座城市，全球已有5亿房客入住爱彼迎，房东们也已经在平台上获得了超过650亿美元的收入。

在互联网企业不断跨界创造新模式时，传统企业也不甘落后。由IBM商业价值

研究院与牛津经济研究院合作的《全球最高管理层调研报告——传统企业的逆袭》指出，全球行业市场态势已发生变化，下一步颠覆性创新将由传统企业引领，对新兴的数字化企业来说，这将是一场挑战。该研究表明，72%的受访企业高管称，传统企业而非新兴公司将在其行业中处于领先地位。不管是宝马公司通过数据分析，提供用于打车或短期租车的优化车型，以车队所有权机制和专业能力与 Uber 目前的竞争优势相比拼；还是法国电信巨头 Orange 宣布进入银行服务市场……传统龙头企业已经开始以跨界战略重塑行业模式。

无论是破冰之锤、增长引擎，还是模式再造，跨界战略对每个企业的发展都有着巨大的战略驱动作用，掌控跨界战略之道是每个企业经营者的新战略必修课。

## 二、 跨界战略，企业之舵

如前面所述，跨界战略需要打破边界，实现跨界重构，这个过程一定是由 A 到 B，或由 B 到 A 的，是以企业自身为核心的跨出去或引进来。而这种跨出去或引进来绝不是毫无章法的。跨界战略的这个章法就在于"核心驱动"和"关联连接"，企业的跨界是以"核心驱动力"为核心的跨界，云南白药可以依托白药止血功能和药企科技跨界做牙膏，江中制药可以依托健胃医药科技跨界做饼干、米稀，这些跨界都紧扣了品牌本身的功能性习惯认知驱动力。

在企业核心驱动力基础上，就可以进行跨界性的关联连接，并最终实现跨界赋新。因此，核心驱动、关联连接和跨界赋新这三大战略要素就构成了跨界战略最基本的实现路径，这三个战略要素互为因果，相互作用，形成一个完整的跨界战略"战略舵"。

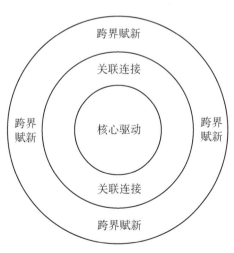

图 1 跨界战略"战略舵"理论模型

### 1. 跨界战略之核心驱动：核基因，决定核边界

对跨界战略来说，核心驱动是整个战略的基石，是整个战略运转的动力源。核心驱动到底是什么？其实它就是企业发展驱动背后的核心能力。核心能力一词，由普拉哈拉德和加里·哈默尔首先提出并发表在《哈佛商业评论》上，它是一系列产品或服务必须依赖的那些能力。这个概念的诞生则是基于对20世纪80年代许多垮掉的大公司的反思。到底是什么让那些拥有庞大资源的企业消失的？是核心能力的退化与丧失。就像一辆高速飞驰的跑车，一旦发动机退化或停止运作，等待它的只有淘汰出局。核心能力是由企业在长期生产经营过程中积累的知识和特殊的技能（包括技术的、管理的等）以及相关的资源（如人力资源、财务资源、品牌资源、企业文化等）组合而成的一个综合体系。它具有三个明显的特征：

（1）他人难以复制和模仿

核心能力是企业内部资源、技术、知识等的综合能力，它是竞争对手难以复制和替代的，而且具有领先性，可以让企业在面对同行竞争时脱颖而出。本田以汽车而闻名于世，数据显示，2019年全年仅在中国本田就售出了155.4万辆汽车。自20世纪60年代本田通过RA272E发动机在F1赛道上一战成名后，设计和制造世界一流的发动机就成为其核心能力。直到今天，本田一直保持着其核心能力——发动机制造的领先优势。通过其官网可以看到，本田不仅研发出能供步行辅助器使用的发动机，还推出了具有燃油经济、低排放优势的专供商务喷气飞机使用的发动机，在发动机方面始终保持着领先。

（2）可进行多维延展

核心能力不局限于个别产品，它对一系列产品或服务的竞争优势都有促进作用。由此可见，核心能力具有高延展性，企业立足于核心能力可以创造出更多具有竞争力的核心产品，不断地进行业务拓展。

从1994年全球第一台电机上置式豆浆机在九阳研发成功开始，九阳逐渐占据了"中国第一豆浆机"品牌的地位。今天的九阳依托在豆浆机领域的品牌和产业地位，不仅从家用豆浆机向商用豆浆机跨界，还不断致力于从"九阳＝豆浆机"向

"九阳＝品质生活小家电"的战略提升转型，主打厨房小家电系列产品的研发、生产和销售，拥有了面条机、原汁机、电压力煲、电磁炉、料理机、电炖锅、开水煲、电饭煲、油烟机、净水机等多个系列三百多个型号的产品，积极构建九阳家电产业的多核产品布局。九阳甚至谋划从机驱动到豆驱动的战略跨越，实现更具突破性的增长。

（3）具有多样性的特点

世界上没有两片完全相同的树叶，更没有完全相同的两家企业。每一家企业无论处在何种行业、无论规模大小，它都是独一无二的。麦肯锡认为，核心能力是指某一组织内部一系列互补的技能和知识的结合，是企业在长期经营中不断积累起来的，因此企业核心能力的表现形式不尽相同。企业的核心能力具有多样性的特点。日本的佳能将核心能力聚焦在光学、影像和微处理器方面；美国的3M公司则在片基、涂层和黏合剂等方面拥有核心竞争力；中国海尔的核心能力是市场整合力；耐克的核心能力是拥有优越的市场营销和分销能力以及在运动服装领域的产品设计能力。

虽然每个企业的核心能力各有不同，但是它们还是可以被归类的。跨界战略的核心驱动由6个维度构成，即思想文化、资源整合、产业优势、组织体系、公关关系、商业模式。

**思想文化：** 其核心是企业的精神、价值观和文化体系，是企业在生产经营和管理活动中所创造的具有该企业特色的精神财富和物质形态。它是企业个性化的根本体现，它是企业生存、竞争和发展的灵魂，其对企业的发展驱动作用主要表现在两个方面：企业内部凝聚力和外部竞争力。

**资源整合：** 从本质上讲，资源就是生产要素的代名词。在企业生产经营的过程中，所有能创造商业价值的投入元素，都是我们所说的资源，包括物力、财力、人力、信息等各种价值性要素。企业不仅要对自身的内部资源进行整合，同时还应该充分利用并整合外部资源，使这些社会资源能更多更好地为企业的发展服务。

**产业优势：** 企业的产业优势涵盖了其所在的整个产业领域，是一个企业在其产业范围内实现竞争领先的核心优势。产业优势能为企业带来独特的产业竞争力，是企业长期发展的产业能力依托。企业若失去自身原有的产业优势，则很难在行业中立足。

**组织体系**：当今社会环境下，企业战略的实现，必须借助整个组织体系的能量，必须构建自己独特的组织体系能力优势。一个企业的组织体系能力，一方面是指组织的架构和管理能力，另一方面也指企业的组织创新和变革能力。组织变革是所有企业在自身发展过程中都要面临的问题，成功的组织变革往往能重塑企业生命力，助力企业向新的发展阶段进化。

**公关关系**：指企业为改善与社会公众的关系，促进公众对企业的认识、理解及支持，达到树立良好企业形象、促进商品销售目的等一系列公共活动。企业必须与其内部、外部的公众建立良好的关系。公关关系是企业建立公众信任度的核心能力。

**商业模式**：今天企业间的竞争已经不是产品的竞争，而是商业模式之间的竞争。商业模式之所以重要，是因为它决定了企业通过什么途径或方式来赚钱。简而言之，商业模式是指企业能提供什么样的产品，给什么样的用户创造什么样的价值，在创造用户价值的过程中，用什么样的方法获得商业价值。

思想文化、资源整合、产业优势、组织体系、公关关系、商业模式构成的核心驱动力，是企业实施跨界战略的动力之基。而核心驱动力要对跨界战略产生足够的动力输出，就需要考量跨界战略的第二个核基点——关联连接。

### 2. 跨界战略之关联连接：强关联，成就强跨界

比尔·盖茨说过："要把看似无关的领域，触类旁通地联系起来。"哈佛大学商学院的三名教授在合著的《创新者的DNA》一书中，对25名创新型创业家、500多名曾创办创新型公司或曾发明新产品的人、3 000多名职业经理人高管，进行了长达六年的研究，总结出"创新创造者"共有的五项特质：观察、关联、质疑、试验、交流。其中，关联能力（把看似无关的问题或来自不同领域的想法成功联系起

来的能力）被认为是引爆创新的支点。

关联连接的本质是一种关联度和支撑力，是驱动战略成功的"连动轴"。从 A 跨界到 B，或者把 B 跨界植入到 A，两者的关联度越强，其来自核心驱动的跨界创新支撑力也就越强，跨界战略成功的可能性也就越高。

比如，具有止血愈创功效的百年品牌云南白药之所以可以成功跨界推出能够预防"牙龈出血、肿痛、口腔黏膜损伤"的云南白药牙膏，就是因为关联性强的跨界创新产品对原有的企业品牌来说是一个合理的功能延伸，表现在消费者层面就是更加容易接受和认可强关联品牌的创新产品。这正如香港科大商学院市场营销研究中心主任温伟德教授所说："一个成功的特定品牌，会在顾客心中产生鲜明牢固的印象，并且给人带来丰富的联想，品牌不要盲目过度延伸，不过要想品牌延伸取得成功，关键在于尽量与原品牌保持密切的契合度。"

依托儿童营养口服液起家的"娃哈哈"在进军饮用水领域后，依然做得很好；花露水品牌"六神"后来将产品延伸到沐浴露、香皂领域，也带动了品牌整体销量的提升。事实上，品牌的形成过程就是不断强化和扩展自己价值、延伸价值边界的过程。这种价值边界不仅决定了消费者对新产品的价值期待，甚至会产生"效果错觉"：中国凉茶第一品牌王老吉推出的"王老吉润喉糖"，同样主打草本概念，获得了不错的销售表现。虽然"王老吉润喉糖"并没有宣传"降火"这一概念，有消费者依然表示，在吃润喉糖的过程中能够感受到"降火"功效。

再比如说，苏宁曾经是线下大卖场，拥有 1 600 多家线下实体门店，现在，它已经跨界转型为新的苏宁易购。苏宁为何能实现战略上的成功跨界呢？构建在核心驱动力上的产业强关联连接是关键。在跨界之初，苏宁就始终坚守自身的核心资源——线下零售实体，并以此与互联网进行强关联性的产业模式重构性对接。在"互联网＋"和新零售的跨界中，苏宁通过线上线下的资源整合，以线下门店来完善线上的售后，同时线上又能反哺线下，为其引流。在当下中国零售业整体增速放缓的背景下，苏宁易购持续迅猛增长，2019 年营业收入高达 2 692 亿元，各类自营及加盟店面突破 10 000 家，跨入"万店时代"。

当下盛行的企业产业多元化发展，其成败往往也是建立在与企业核心驱动力的关联度强弱上。在被称为管理学"圣经"的巨著《管理：任务、责任、实践》中，著名的管理学大师杜拉克曾专门论述过企业产业的多元化，他说："多元化本身并不是应该谴责或者推荐的。多元化是高层管理者的一项主要任务，是对企业应该采取什么样的以及采取多少多元化所进行的决策，以使企业能够发挥它的优势，从它的资源中取得最佳结果。"根据杜拉克的观点，多元化是为了发挥企业的优势，并取得绩效。而要做到这一点，就需要在坚守企业核心驱动的基础上，构建强关联度和强支撑力的"关联连接"。

思想文化、资源整合、产业势能、组织体系、公关关系、商业模式，这六大企业核心驱动力，无论依托哪一个或哪几个进行战略跨界，都必须考虑其跨界关联的连动力强弱，只有强关联连接，才能形成真正的"强连动轴"跨界战略驱动，才能保障跨界战略的成功推进。

### 3. 跨界战略之跨界赋新： 新路径，引领新发展

在洞察自身核心竞争力的基础上，可以通过和外界"关联连接"的搭建，实现"跨界赋新"。

跨界赋新的创新逻辑核心，是一种赋能式创新。在以"让世界充满 AI"为主题的第三届联想集团全球创新科技大会上，联想集团 CEO 杨元庆表示：AI 驱动着第四次工业革命，联想要做推动者和赋能者。在《财富》全球论坛上，马化腾提到："腾讯要做的就是去中心化的赋能。"

跨界战略赋能式创新的这个"能"，来自企业的核心驱动力，来自强关联连接的构建。跨界战略可以助力企业实现六个不同维度的赋能创新：品牌体系赋新、产品体系赋新、营销体系赋新、传播体系赋新、文化体系赋新、模式体系赋新。

**品牌体系赋新：** 品牌的本质是消费者对目标企业和产品的认知，品牌体系赋新就是通过跨界战略改变这种消费认知，为品牌注入新的需求内涵和增长活力。李宁，这个曾经的中国知名运动服装品牌，因为品牌形象在年轻人心中失位而沉寂多

年。今天，李宁却成了新国货的品牌担当，从纯粹的运动品牌，到更时尚、更潮流的品牌跨界运作，借力纽约时装周、巴黎时装周，实现了一个老品牌的活力再现。2019年李宁营收突破138亿元，李宁被注入了新的品牌内涵，这一内涵同时为其带来了强劲的品牌溢价增长力。

**产品体系赋新：** 在今天琳琅满目的产品世界里，我们看到越来越多的跨界型产品，比如说饮料，从碳酸饮料、瓶装水到茶饮料、果汁饮料、功能饮料、植物饮料，不断的跨界创新催生了更多新品类别的诞生。你可以通过"主流＋主流"创造新蓝海，也可以通过"边缘＋边缘"创造新主流。产品体系赋新就是以企业技术、工艺、配方等产品研发为基础的全方位的产品力系统打造。

**营销体系赋新：** 数据显示，2019年中国网络零售市场规模持续扩大，全国网上零售额突破10万亿元，其中实物商品网上零售额达8.52万亿元，占社会消费品零售总额的比重为20.7％。随着时代的不断发展，新型渠道不断出现，企业营销渠道不断拓展，从传统的商超卖场便利店，到现代电视购物、网络购物，甚至是各种特通渠道的创新出现，这种渠道的自然进化都在考验着企业的渠道跨界运作能力。而在企业未来的营销体系布局中，线上线下的渠道跨界交融成了一种重要的企业营销战略能力。

**传播体系赋新：** 众所周知，媒介的变革会颠覆原有的信息采集、新闻报道、传播与沟通方式，3G催生了微博、4G催生了微信和短视频，而5G将引领未来媒介的新发展方向。在这个后智能手机时代，新的媒介形式将不断涌现，有人认为，我们即将迈入智媒时代，这个时代将呈现"万物皆媒"的特征。也有人认为，5G时代的传输技术将带来高度沉浸化、交互方式场景化、实时性以及可进行非言语传播的VR社交新模式。如果说互联网＋，是企业传播体系的一次新时代赋新，那么5G的到来，必将带动企业新的传播体系跨界变革。

**文化体系赋新：** "一般企业做产品，一流企业做标准，超一流企业做文化"，在工业经济时代，我们可以依靠差异化的产品技术和质量击垮对手，但在产品同质化、消费个性化日益成为趋势的今天，一个没有文化个性的产品越来越难以在市场上生存，文化营销正在突显出其强大的市场竞争优势，从而成为众多企业和品牌决胜市场的一个撒手铜。

**模式体系赋新**：对于企业模式，彼得·德鲁克有一个说法可谓一针见血，"一个商业模式不外乎是一个组织如何（或想要如何）赚钱的陈述"。过去大多数人都是在超市、炒货店、市场买坚果，但是现在许多人都习惯在网上购买。以三只松鼠为代表的线上坚果零售电商，颠覆了传统的商业模式，"把线下的坚果搬到线上卖"。经过 8 年发展，三只松鼠的产品从单一的坚果扩展到全零食品类，产品种类已经超过 600 个，2019 年营收突破 100 亿元。从世界范围来看，三只松鼠应该也是快消品行业从 0 到 100 亿元发展最快的企业之一。如今，三只松鼠再次对模式进行跨界赋新，积极拥抱新零售"把线上的零食搬到线下卖"。截至 2019 年底，三只松鼠已经有 108 家直营店，278 家联盟小店。

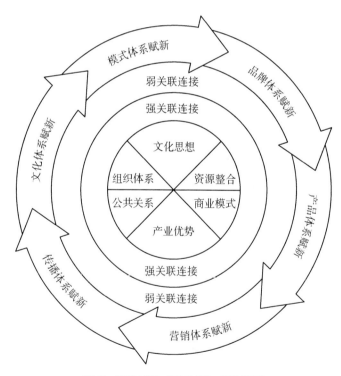

图 2　跨界战略"战略舵"理论模型

企业跨界战略的构建，可以实现品牌、产品、营销、传播、文化、模式六大体系的赋新突破，助力企业开启一个新的增长时代。企业需要思考的就是要如何依托自身核心驱动力，通过关联连接实现六大体系赋新，对于这一点，我们会在后面的章节中进行更深入的探讨。

## 三、 跨界战略构建的四个关键点

所谓没有规矩不成方圆，世间万事万物自有其遵循的规律，就像宇宙中的行星都在按各自轨迹运行。在构建跨界战略时，同样有一些关键要点是我们必须遵行的。

### 1. 边界契合性——立足自身能力画出企业跨界"安全圈"

互联网时代，地球成为平的，交流的藩篱被打破，从此没有边界。世界已无界，但跨界仍有界，无边界的跨界意味着在悬崖边驰骋。就像孙悟空用金箍棒为唐僧画圈时说的那样，"不走出圈外，只在中间稳坐，保你无虞"。风险的控制来自对边界的精准定位，跨界战略首先要做的就是找到边界，画出企业自身的"安全圈"。美国经济学家契斯认为"企业的边界在于能力的适用边界"，因此，跨界要建立在企业能力边界之内。恺撒大帝曾有名言"Veni! Vidi! Vici!"，即："我来了，我看见了，我征服了。"每个企业的能力是不同的，找到它的边界才能谈得上征服。

**每个企业都有自身的能力边界，与之契合度越高的跨界战略，就越容易成功。**众所周知，万达是一个房地产企业，但在 2019 年万达年会上，王健林却表示万达在当年会全面剥离房地产业务。这背后的底气，正是来自超过万达地产的文化产业营收。数据显示，2018 年万达文化收入 692.4 亿元，同比增长 9.2%。万达之所以选择跨界文化产业虽然离不开时代造就的文化红利，但前提还是建立在企业资源优势——房地产之上，跨在了企业的"安全圈"之内。

**跨界战略只有一个，但企业立足自身能力"安全圈"可以进行多个跨界，实现多种形式的联动跨界。**漫威以 IP 宇宙为安全圈，在这个圈内进行复合式的跨界。

它推出了漫画、电影、手办还有游戏、主题乐园等，跨越了产业、场景、产品、营销等多个界限。仅其出品的电影《复仇者联盟4》就创造了26亿美元的票房佳绩，美国影史排名高居第二位。

### 2. 需求共振性——把准用户需求脉搏，跨界直击痛点

在用户为王的时代，企业的生存发展应始终坚持以市场需求为导向。以需求为导向，就是以市场为导向。抓住了用户需求，就占据了市场；顺应了用户需求，就适应了市场；发展了用户需求，就开拓了市场。跨界战略在制订时，要精准契合用户需求，并与之形成共振。这样才能让企业和产品赢得更多消费者青睐，凭借客户满意度的提升实现持续领跑。

在互联网化大趋势下，企业面向的用户可能是B端也可能是C端，但要想做出真正懂用户、让用户"怦然心动"的产品，仅仅依赖业务需求、逻辑数据、经验主义是远远不够的。企业在制订跨界战略时，要找到用户的真实需求，把准脉搏，正向引导消费。

（1）找到用户真实需求，找到用户痛点

所谓需求，是特定的群体，在特定的情况下，存在特定的问题，可以被解决。假若在汽车发明之前去做市场调研，得到的用户需求一定是一辆"更快的马车"。但我们经过分析就会发现，用户的真实需求即痛点是"更快"，而"马车"只是满足"更快"需求的一种解决方案。可见痛点才是需求的来源，它是生活中碰到的问题、困难、抱怨，如果得不到解决就会使人痛苦。企业通过提供痛点的解决方案来满足用户的根本需求。在制订跨界战略时，要抓住用户的痛点。就像前面说到的，要让出行更快，可以改善马车的设计，也可以创造汽车。当你跨界解决了用户的痛点时，就会引发用户的共鸣，他们就会认同你，这时用户才会信任你，选择你。

（2）以痛点为基础，正向引导需求

为什么减肥总是痛苦的呢？为什么人们减肥总是失败呢？这是因为在减肥时要

不断逼迫自己去运动、去少吃，这个过程不仅枯燥乏味，而且还常常要面对体重带来的挫败感。对爱美人士来说，减肥是一大痛点，但每个人都想要成为更好的、理想中的自我，因此在跨界创新解决痛点时，要对用户进行正向的引导。果蔬汁品牌Hey Juice 的品牌诉求是"更好的我"（better me），它通过分享国际超模、网红们的减肥方法——喝果蔬汁，来强调产品具有美颜、变轻盈、减脂清体等功能，在解决用户痛点的同时，传达出"喝它你就可以变得更瘦、更美，可以变成更好的自己"的产品理念。

想要抓住并解决用户痛点，就要认识到人性中的向上性，以此来引导用户接受你的产品。劝人读书的文学作品有许多，为何宋真宗赵恒的《励学篇》能广为流传，因为"书中自有千钟粟""书中自有黄金屋"传达出正向的理念；千古文豪苏轼劝人学习也是说"腹有诗书气自华"，以此来激励人心，而不是说"人丑就要多读书"。所以，要满足用户的需求，就要抓住他的痛点，要让用户从中看到自己想要成为的样子。

### 3. 跨界壁垒性——走出竞争同质化，打造企业优势护城河

自古两军对垒，守方都会依靠城墙、护城河等一道道壁垒来阻挡敌人的进攻。秦朝有抵御匈奴的长城，汉代有卫青、霍去病奋战过的雁门关，南宋有将十万蒙古铁骑拒之门外的钓鱼城……对于企业来说，壁垒就是生存防线，是竞争对手无法模仿的点。全球战略权威迈克尔·波特总结出企业创造优势的路径，他提出，企业一旦站稳脚跟，拥有足够的市场份额和地盘，就必须思量如何建立壁垒、巩固优势，以抵御竞争者的进攻。

企业之间为何价格战日益激烈？其背后折射出的正是当下各行业同质化严重的问题。即便是长于创新的企业，往往也会在新品推出不久，就要面临被竞相模仿的尴尬境地。无怪乎有企业家感慨，创新被抄袭近乎死路一条，不创新死得更快。

企业在制订跨界战略时，就需要规划好企业的战略防御壁垒，为企业建立起坚

固的护城河。企业壁垒的建立主要从先占优势、品牌壁垒、商业秘密等维度出发。

**所谓先占优势，它的核心是先和占。** 其中"先"是抢先推出，"占"则是占领消费者认知。王老吉这个药企跨界产品，就是凭借先占优势抢占市场、奠定行业地位的。凉茶是一种传统中草药植物性饮料，王老吉能将这个仅在两广地区流行的饮料一路向北发展到全国，得益于它以自身中草药的特点和功能建立独特壁垒，抢先占领了国人普遍存在的"上火"痛点，将品类种到了消费者认知中，与当时市面上主打口味差异的饮料形成强力区隔。当消费者上火，或在餐厅吃火锅、烧烤等易上火食物时，当然就会选择王老吉。

**品牌壁垒是品牌长期在消费者心中建立起来的形象，可以促成估值溢价。** 星巴克是品质咖啡代名词，其品牌的高附加值让限量版猫爪杯未售先火，甚至炒出了1 000多元的高价；大白兔奶糖对许多80后、90后来说是童年的味道，国民奶糖跨界推出背包，这波"回忆杀"战力惊人，上线仅3秒就售罄。对跨界新品来说，原有品牌力背书及其建立的壁垒，是跨界成功的一大法宝。

**品牌壁垒可以由企业独特技术、特殊产品配方等构成，它让产品成为该品类中无法超越甚至是唯一的存在，不仅使产品具有了稀缺性，也使企业在该品类市场中占据了主导地位。**

### 4. 持续引领性——在动态环境中，紧握跨界战略的"方向盘"

战略管理大师罗伯特·博格曼提出："战略是指导我们行动的一种思维方式，它指引我们在动态的竞争中获胜。"再能征善战的军队也需要指挥官的引领才能打胜仗，再顶级的交响乐队也需要指挥家的引领才能合奏出天籁之音，再强大的企业也需要战略的引领才能持续发展。战略的持续引领是如此的重要，它不仅决定了企业将走向何方，甚至在战略的最终成败上也至关重要。因此，企业一旦决定要跨界，就要坚持跨界战略，不动摇，以在未来的竞争中通过跨界取胜。

战略的引领就像火车头对整个列车多节车厢的作用，既有牵引作用，又控制着前进的方向。持续引领是一个动态的过程，为了适应动态变化的环境，使企业战略保持持续的领先性，企业应该对战略进行优化与调整。在跨界战略执行的过程中，企业应使战略与经营环境保持一致性，当面对市场竞争改变、技术变革加速等情况时，需迅速地根据变化对战略的短期执行作出优化和调整，使其更符合时代发展，使企业保持持久的战略竞争力。对于这一点，我们在后面的跨界战略落地篇章中还会重点论述。

# 第九章　战略基因检测
## ——发现 6 个核心驱动

股神巴菲特价值投资的核心思想是：挑选具有持续竞争力的上市公司，在股价低估时买入并且长期持有，以上市公司持续稳定的利润收入来战胜牛熊轮回。巴菲特认为，选择投资对象，关键是分析企业的竞争优势，及其可持续性。他一再强调，投资人应该去寻找和发现那些具有持续竞争优势的企业，并把这类企业当作投资的首选目标。

以企业持续竞争优势为基石的巴菲特价值投资理念，凸显了企业核心能力对于企业发展的根本性驱动作用，而企业跨界战略的构建，同样离不开这种企业核心驱动能力。

2019 年，苹果对自动驾驶公司 Drive.ai 的收购，让"苹果造车"再次成为关注热点。早在 2015 年，苹果某高级副总裁就曾说："汽车将是终极移动设备。"虽然相比谷歌旗下的 Waymo、通用旗下的 Cruise、特斯拉等无人驾驶公司，苹果造车更偏向于从操作系统和软件入手，但目前来看，在关键的安全指标、测试里程、脱离接触里程上，苹果与行业头部公司的距离还很遥远。

如今，巨头跨界造车者不少，腾讯和刘强东参与投资的蔚来汽车已有多款汽车上市，董明珠也推出了她的银隆艾菲，还有贾跃亭、马云、华为、小米等都想造出"中国的特斯拉"，但跨界造车也需要依托企业"核心驱动"的内在支撑，需要企业

拥有优势性的"造车基因"——特斯拉的成功，离不开其在电控技术上的领先优势。

所以说，企业核心驱动是跨界战略的基石，它决定了一个企业能往哪里跨，或者说往哪里跨更容易成功。从竞争的角度来讲，企业核心驱动是跨界战略竞争力的根本性决定因素，因此，对企业核心驱动的精准洞察是跨界战略构建的第一步，这就需要企业懂得如何进行战略基因检测——要明白自身发展和创新最具优势的驱动是什么。

# 一、 跨界大体检： 6个核心驱动， 6大动力引擎

思想文化、资源整合、产业优势、组织体系、公关关系、商业模式，是跨界战略构建的六大核心驱动，每个核心驱动都对企业的发展有着根本性的战略支撑和驱动作用。

### 1. 思想文化——企业持续发展的精神力核心驱动

《华为基本法》里有这样一个观点：资源是会枯竭的，唯有文化才会生生不息。华为没有可以依存的自然资源，唯有在人的头脑中挖掘出大油田、大森林、大煤矿……同样，王健林把"人生追求的最高境界是精神追求，企业经营的最高层次是经营文化"作为自己经营企业的座右铭，思想文化对企业的重要性可见一斑。

文化作为一种精神力量，能够在人们认识世界、改造世界的过程中转化为物质力量，对社会发展产生深刻的影响。对企业来说，思想文化是在一定的条件下，企业生产经营和管理活动中所创造的具有该企业特色的精神财富，它也是围绕人的因素展开的。企业思想文化可划分为三个层次，其中最表层的是视觉呈现文化，如企业视觉形象体系的构建、吉祥物、品牌产品文化等；中间层是企业的制度和管理文化，如员工行为准则；最核心层则是企业的精神思想文化，如企业家思想、企业经营理念、企业使命、企业价值观等。日本"经营四圣"之一稻盛和夫领导的世界500强企业之一的京瓷，它的企业文化核心就是"敬天爱人"的经营理念。这里的

"爱人"对于企业来说就是"利他经营"，这个"他"是指广义的客户，包括顾客、员工、社会和利益相关者。在这种经营理念下，企业经营由"企业本位"转向"客户本位"，京瓷认为只要为客户创造了价值，企业也就可以从中分享价值。正是在"敬天爱人"企业文化的指引下，京瓷从一个只有 28 人的小企业，一步步走出日本走向全世界，成为一个拥有超 6 万员工的全球巨头。

卢梭在《社会契约论》中将文化定义为一种习惯，思想文化无论是一种思维习惯，还是行为习惯，对企业的发展驱动作用主要表现在两个方面：企业内部凝聚力和外部竞争力。前者意味着一种行为约束、制度规范和创新激励，能最大限度地凝聚企业内部发展动力。以企业文化著称的松下，每天早上 8 点钟，所有员工会集体朗诵公司的"纲领、信条、七大精神"，并在一起唱公司歌曲。正如一名高级管理人员所说，松下公司好像将我们全体员工融为了一体，增强了企业使命感。外部竞争力则在于这种由凝聚形成的企业整体竞争力提升，以及企业经营理念和文化性引导对于企业长期发展的核心助推作用。不同于传统餐饮企业对翻台率的业绩考核，海底捞对每个分店的考核只注重两项：一是顾客满意度，二是员工满意度。创始人张勇说，我不想因为考核利润导致给客人吃的西瓜不甜、擦手的毛巾有破洞、卫生间的拖把没毛了还继续用。在海底捞无可挑剔的服务竞争力背后，是对"以人为本"思想文化体系的完善构建。

罗马不是一天建成的，思想文化建设金鼎的三足，包括领袖精神文化、经营战略文化和团队创新文化。

（1）领袖精神文化：企业思想文化的领航员

在电视剧《亮剑》里，李云龙说，一支部队的性格是由它的第一任军事长官注入的。一个企业的文化也往往是由它的创始人所决定的。企业家是企业的核心，是企业领导力的源泉。企业靠企业家人格魅力建立的文化核心理念，包括企业的目标、方针、使命、价值观和企业精神，这些核心理念会激励员工追求理想和信念。全球知名企业家如华为的任正非、阿里巴巴的马云、苹果的乔布斯、微软的比尔·盖茨等，这些企业领袖的精神文化都已经融于企业文化之中，并为企业带来强大的

凝聚力。

著名的经济学家德鲁克曾经说过:"今天,我们如此频繁地谈论企业文化的时候,我们所指的目标其实是那种贯彻在企业中的信念,那种齐心协力为共同的目标和价值而努力的精神。这种共同的目标和价值应该由领导者设定、传达并身体力行。"

(2)经营战略文化:企业外部竞争力的源泉

张瑞敏曾表示,企业发展的灵魂是企业文化。由此可见,企业文化是企业发展的动力,是企业经营管理的最高层次,对企业经营的成败具有决定性的作用。全球领先的快餐企业麦当劳在创立初期,就设定了经营四信条,即向顾客提供高品质的产品、快速准确友善的服务、清洁幽雅的环境及做到物有所值,总结起来就是八字方针"品质、服务、清洁、价值"。麦当劳几十年恪守信条,并持之以恒地将经营文化落实到每一项工作和每一名员工行为上。从1955年诞生至今,麦当劳在全球开出了超过37 000家餐厅,每天为100多个国家和地区的6 900万名顾客提供高品质的食品与服务。

(3)团队创新文化:全员创新的文化发动机

苹果的颠覆性创新已经成为一种现象,国内外机构经过对苹果现象的广泛研究,发现苹果公司的成功不是仅凭借一个好产品就实现的,它的创新突破了技术创新的传统思维,是一系列创新的系统构建,在这背后是一种"极致创新文化"。苹果推出的每一个产品都是创新的集合体,其成功是一种团队创新文化的成功。这也是虽然苹果的直接竞品公司们都在不断地进行技术上的创新,但并没能创造出"苹果奇迹"的原因。乔布斯在阐释苹果产品创新的基本理念时说:"苹果的基因认为,光是注重技术还不够,科技必须与人文艺术和人道结合,形成触动心灵的结果。"

### 2. 资源整合——企业战略推进的统筹力核心驱动

"资源"在《经济学解说》被定义为"生产过程中所使用的投入",从本质上讲,资源就是生产要素的代名词。在企业的生产经营过程中,所有能创造商业价值的投入元素，都是我们所说的资源，包括物力、财力、人力、信息等各种价值性要素。把零散的东西彼此衔接是为整合，资源整合是指企业对不同来源、不同层次、不同结构、不同内容的资源进行识别与选择、汲取与配置、激活和有机融合。资源整合的目的就是要优化资源配置，要获得整体的最优。

在竞争激烈、市场高速发展的年代，企业若还是仅用自有资源发展，那么在跑马圈地、抢占资源的竞赛中往往会处于劣势，因为任何一个企业资源再多也还是有限的。企业不仅要能对内部资源进行整合，同时还应该充分利用并整合外部资源，使这些社会资源能更多更好地为企业的发展服务。

(1) 企业内部资源整合，就是为达到某种商业目的，对企业已有资源的一种重新组合配置。UPS是一家拥有百年历史的美国快递公司，为了使客户能享受到专业的"一站式"供应链管理服务，UPS整合了集团旗下的物流公司、货运服务公司、投资公司等所有与供应链管理有关的服务资源，成立了一个由工程师、物流管理专家、技术集成专家、多式联运专家和投资分析家等组成的供应链管理解决方案事业部。在强有力的集团内部资源整合下，如今的UPS是世界上最大的快递承运商与包裹递送公司，每天都在世界上200多个国家和地域管理着物流、资金流与信息流，在《财富》世界500强中位居前列。

(2) 资源整合最重要的是对外部资源的整合，是懂得拿来主义，借力借智，合作共赢。

在这个时代，我们常听到有人说，"单打独斗"已经是过去式了，现在是"抱团打天下"的时代。荀子说过："君子性非异也，善假于物也。"有智慧的人并不是天生就和一般人有什么不同，只不过擅于利用周围事物而已。信息时代需要大整合、大共赢，企业也要学会整合资源来聚力发展。这种整合能用合作方的优点来弥补自己不擅长的环节，使企业已有资源利益最大化，并为合作双方创造共同的利益。

企业间资源整合的常见形式就是结盟，包括同业联盟与异业联盟。同业联盟就是相同业态的企业之间进行合作，组成联盟，以便在竞争中占据更加有利的位置。

面对国外巨头和电商冲击，本土多家零售商超企业采取联合采购、联合促销、共享物流等措施，以节约采购成本，扩大营销影响力。异业联盟则是彼此之间不存在竞争关系的企业联盟，如高档茶楼与高端 4S 车店结盟，互相引流、让利，让彼此的客户得到更多的实惠。

企业间资源整合的形式多种多样，互联网时代的资源整合更注重平台性和生态性思维。瓜子二手车就是一个典型的搭建平台整合资源的例子。它依托互联网整合了供应方和需求方的信息，打造了一个信息平台。买卖双方可以通过瓜子平台交换信息，完成交易，而瓜子则通过收取服务费盈利。据了解，作为行业领先者，目前瓜子二手车已覆盖全国 30 个省份，通过卫星城策略服务能力覆盖 200 多个城市。

除了搭建平台，那些高级的资源整合玩家们都在努力通过资源整合来打造、完善自己的生态系统。比如腾讯，通过投资、控股、参股了上百家企业，围绕社交入口及内容服务，打造出属于自己的完整生态系统。阿里同样以电商平台为基础，通过直接的控股、兼并，整合了一大批各行业优秀公司，努力扩充、完善自己的生态系统。

### 3. 产业优势——企业决胜市场的竞争力核心驱动

每个企业都处于特定的产业领域，企业的产业优势就是一个企业在其产业范围内实现竞争领先的核心优势。产业优势能为企业带来独特的产业竞争力，它是竞争对手在一个较长时期内难以超越的竞争力，它具有较长的生命周期和较高的稳定性，能使企业保持长期稳定的竞争优势。产业优势是企业长期发展的产业能力依托，企业若失去自身原有的产业优势，则很难在行业中立足。作为企业核心驱动之一，产业优势可以为企业带来三大竞争壁垒，分别是技术竞争壁垒、品牌竞争壁垒、生态链竞争壁垒。

（1）技术竞争壁垒。数据显示，2019 年我国进口芯片数量为 4 451 亿件，同比增长 6.6%，进口金额高达 3 055 亿美元。在这庞大的金额背后，是我国芯片技术远远落后于其他国家的现实。中兴通讯在面对美国禁令时曾因没有芯片支持，致使通讯业务熄火。风波过后，中兴 CEO 徐子阳表示将加大芯片研发投入，芯片是核心竞争力的关键部分。

对于很多行业和企业来说，技术是产品的灵魂，企业只有拥有了核心技术，才可能生产出核心产品，才能为企业赢得超额利润。核心技术不可能一蹴而就，它是企业在产品开发过程中通过长期、持续、高投入研发形成的具有关键性、独特性的技术体系。由于核心技术在某种程度上不具有可复制性，并控制着行业的技术制高点，因此，它能为企业带来产品技术竞争壁垒。吸尘器、空气净化风扇、吹风机、烘手器、智能吸尘机器人，戴森推出的几乎每一款产品都能令人惊艳，款款都能成为爆品。它为何能拥有这样的魔力？原来，戴森 90％以上的家电产品中都使用了其独立研发的数码马达。例如，用于吸尘器上的戴森 V10 数码马达，其重量仅为传统吸尘器马达的六分之一，转速却是普通吸尘器的三倍，吸力更强劲，使用更轻松。领先的马达技术帮助戴森在家电产业领域建立起了产品技术竞争壁垒，也拉开了其与竞品之间的距离。

核心技术虽不易被模仿或复制，但是现在是信息社会，产业界技术竞争日益激烈，先进的技术频频出现，原有技术不断出局。也就是说，昨天的技术将被今天的技术淘汰，而今天的技术又将被明天的技术取而代之。因此，企业在建立壁垒的同时，还要保持技术的持续领先性。东阿阿胶因拥有百余道历经千年锤炼的精湛技艺，而被列入国家级科技保密项目名单，与其他阿胶品牌之间形成了技术壁垒。但是东阿阿胶并未满足于此，作为行业引领者，它率先将传统工艺与现代科学技术相结合，将微波干燥、离心分离、自动化控制等技术应用到生产中，实现了阿胶精细化生产，提高了产品质量的均一性和稳定性。同时东阿阿胶还不断研发新技术，它运用前沿生物技术突破性地发明了小分子阿胶，生物利用率提高了 3.5 倍，且比传统阿胶更易被人体吸收、更易服用。

（2）品牌竞争壁垒。品牌是给企业带来溢价、产生增值的一种无形的资产，它的载体是用于和其他竞争者的产品或劳务相区分的名称、术语、象征、记号或者设计及其组合，增值来自消费者心目中形成的关于其载体的印象。品牌承载的更多是

一部分人对其产品以及服务的认可，是一种品牌商与顾客购买行为间相互磨合衍生出的产物。

卡洛斯·戈恩曾做过一个测试，将同样的车冠以不同的品牌拿给顾客评判，结果顾客分别给出了不同的价格，这个价格差就是品牌力。复星郭广昌提出，"品牌力"是企业从 1 到 N 的最关键要素。对于企业来说，在其产业领域内具有引领性的企业品牌和产品品牌影响力，是品牌竞争力的核心表现，是建立产业品牌竞争壁垒的前提。

为什么总体上看跨国企业比本土企业更具竞争力？它们的竞争优势具体体现在哪里？《品牌竞争力》一书的回答是：跨国公司的核心竞争力是强大的品牌竞争力。品牌竞争力是企业核心竞争力的外在表现，它是企业所独具的能力。因为企业现有的资源优势、技术优势、人才优势、管理优势、营销优势最终都应转化、表现为品牌竞争力优势。这不仅是一种能帮助企业持续赢利的能力，更是一种可以帮助企业获取超额利润的品牌溢价能力。报告显示，2019 年贵州茅台净利润突破 400 亿元，其利润率高达 48%。作为中国高端酒业龙头，茅台拥有深厚的高端酒品牌底蕴，它曾是宴请外宾的中国名酒，周恩来总理宴请尼克松就选择了茅台，名人效应加上茅台本身的独特工艺以及产品品质等综合品牌价值，都成了其品牌溢价的强力砝码。

（3）生态链竞争壁垒。产业链一词用于描述一个具有某种内在联系的企业群结构，它是一个相对宏观的概念。在产业链中，大量存在着上下游关系和价值的相互交换，而全产业链模式则使得上下游形成一个利益共同体，从而把最末端的消费者的需求，通过市场机制和企业计划反馈到最前端的原料采集、种植与养殖环节。作为全产业链的提出者，中粮集团的产品品类丰富，几乎包括了从原料生产到食品加工的所有环节，而这正是它提出这一概念的根基。它从产业链源头做起，严格把控每一个环节，实现食品安全可追溯，形成安全、营养、健康的食品供应全过程，相较分属于产业链不同环节的竞品企业来说，中粮建立起了自身的产业链竞争壁垒。

移动互联网时代也催生出了不同于传统，更新式、更适合时代的产品生态链。关于"生态链"，大众最早接触到的想必是小米米家。雷军曾在小米科技 IPO 期间

公开表示，小米的估值应为腾讯×苹果。他为何会有如此豪言壮语？这底气来自小米投资的近 100 家生态链公司。你在小米之家中看到的产品，除了手机、电视、路由器外，可能都是生态链公司做的。对于初创型企业来说，一旦进入小米生态链，不仅可享受到小米品牌红利，还能借势小米的线上与线下渠道，获取包括大批"米粉"在内的近 3 亿的小米用户。多家企业在加入生态链后迅速发展，更有数家企业年营收迅速从零增加至超过十亿元。对于小米来说好处同样显而易见，小米不仅借之快速构建起了丰富的产品体系，同时产品品质也可控，入股投资的生态链公司也为小米带来了不菲的回报。

### 4. 组织体系——企业稳步向前的保障力核心驱动

当今社会环境下，企业战略的实现，必须借助整个组织体系的能量，必须构建自己独特的组织体系能力优势。一个企业的组织体系能力，一方面是指组织的架构和管理能力，另一方面也指企业的组织创新和变革能力，对于企业的发展来说，后者更为重要。

在中国市场，无论是个人客户还是企业客户，其需求和自身特点都正在发生趋势性变化：伴随着中产阶层崛起，消费者更加追求商品和服务的高品质和个性化。电子商务时代的到来使价格更加透明，不仅对个人消费者，对企业客户同样存在深刻影响，他们变得更需要多渠道无缝整合的一揽子解决方案。在这种大环境下，客户需求更加难以捉摸。因此，对客户需求的响应效率成为企业发展和赢得竞争的关键因素。谁能够早一步满足甚至引领尚未被满足的客户需求，并持续提供高品质产品和服务来保持客户黏性，谁就更有可能拥有市场主动权。

传统的组织设计往往使企业在面对变化时，存在反应迟缓等问题，企业家即使看到了未来的发展方向，即使有好的战略思路，由于组织的惯性，由于组织体系推动能力跟不上，企业战略目标可能最终也很难实现。此时就需要组织变革，以适应外部环境变化，改善和提高组织效能。由此可知，组织变革是所有企业在自身发展过程中都要面临的问题，成功的组织变革往往能重塑企业生命力，助力企业向新的

发展阶段进化。

2018 年腾讯经历了一次重大组织架构调整，因为"过去腾讯在 ToC 业务中无往不利的打法，在 ToB 业务中失灵了"。此次变革，将原有的七大事业群重组整合成新的六大事业群。其实，腾讯的第一次大规模组织变革是在 2005 年，它结束了腾讯原有架构管理的混乱，使其进入快速发展期。而 2012 年的第二次以业务单元优化为主的重大组织架构调整，将微信独立出来，腾讯迎来了第二次高速发展。这第三次的组织架构调整，不仅扩大了企业 ToB 的业务，同时也是为了适应即将到来的 5G 时代，如其新成立的云与智慧产业事业群，就整合了腾讯云、智慧零售、腾讯地图、安全产品等核心业务线，以帮助医疗、教育、交通、制造业等行业向智能化、数字化转型。

BAT 中的阿里巴巴也在不断进行组织变革，其最近的一次是 2018 年 11 月底。该次组织变革包括阿里云事业群升级为阿里云智能事业群、成立新零售技术事业群、天猫升级成为"大天猫"等一系列调整。阿里巴巴集团董事局主席张勇在其内部信中提到："我们就要面向未来，不断升级我们的组织设计和组织能力，为未来 5年到 10 年的发展奠定组织基础和充实领导力量。"

复盘这两家互联网巨头的组织变革之路可以发现，每一次的变革都是基于未来战略，都抓住了自身企业发展节点。在组织变革的推动下，企业完成了发展阶段的业务突破和组织重生，使企业发展进一步适应变化中的市场环境。腾讯和阿里巴巴之所以能发展到今天的这个体量，正是因为它们总能发现商业世界里的变革性机遇，并及时自我变革并不断完善自身企业的管理体系。

移动互联网时代，市场竞争、成本竞争更加激烈而残酷，对跨界中的企业而言，要做到产品服务和客户体验更加优质、组织运行和客户交付更加高效、运营管理更加低耗。企业在传统金字塔式的组织架构下，单纯依赖最高领导者发号施令、中间层层部署、终端被动执行的管控模式将难以支撑组织高效运转。企业需由传统组织下的纵向串联的利益链，转变为横向并联的平台圈。以快速价值实现为导向，打破职能壁垒和科层限制，探索创立平台型、小单元化的生态型自主经营体模式。

### 5. 公共关系——企业永续经营的公信力核心驱动

2019 年，《纽约时报》《华尔街日报》、*Politico* 和《洛杉矶时报》等美国重要报纸都刊登了一则关于华为的广告，这则公开信形式的广告不仅提出希望美国公众能更好地了解华为，讲述了华为在全球范围内所做的贡献，重申了华为连接未联网人群、致力于消除全球数字鸿沟的愿景，而且有力地回击了美国提出的安全风险问题。当然，这仅是华为全球公关闪电战的一部分。其时，自华为创立以来接受媒体采访不超过 10 次的任正非，接受了包括 CCTV、英国 BBC 和美国 CBS 在内的全球多家媒体采访。另外除了美国，华为还在新西兰各大媒体投放整版广告，称"没有华为的 5G，就像是没有新西兰的橄榄球运动"，对于视橄榄球为"国民运动"的新西兰而言，这一招公关可谓正中要害。

公共关系一词首次出现在 1807 年时任美国总统托马斯·杰斐逊的国会演说上。自公共关系一词诞生以来，由于认识角度的不同，人们对其内涵的理解也各异。在 20 世纪 70 年代，美国著名的公共关系学者莱克斯·哈洛博士就搜集到公共关系的 47 个定义。虽然目前还未达成一个世界公认的看法，但不可否认对企业来说，公共关系主要是企业为改善与社会公众的关系，促进公众对企业的认识、理解及支持，达到树立良好组织形象、促进商品销售等一系列目的而进行的公共活动。当一个企业有意识地、自觉地采取措施去改善和维持自己的公共关系状态时，就是在从事公共关系活动。

作为企业核心驱动之一的公共关系主要有三大作用，首先它能帮助企业树立信誉，建立良好的企业形象。良好的形象和信誉是企业无形的财富，公共关系就是通过长期工作树立企业良好的形象和声誉，取得公众理解、支持、信任，以便于企业推广新品、建立"消费信心"、维护及吸引人才、寻找合作者，让政府和管理部门对企业产生信任感，以促进企业目标的达成。其次，它能为企业搜集信息，为企业决策提供科学保证。公共关系调查以社会环境、舆论环境、企业形象状态为主要内容，其目的是为了准确地了解企业的公关状态和企业在社会上的形象，了解舆论倾向和公众意见，使企业的决策更加精准、及时而有效。最后，它能协调纠纷，化解

企业信任危机。随着生产社会化程度不断提高，任何企业都处于复杂的关系网络之中，而且这种关系处于动态的发展之中。由于企业与公众存在着具体利益的差别，因此难免会有与公众发生冲撞的时候，良好的公共关系能增加公众对企业的了解，通过公关手段可以将由信任危机所造成的组织信誉损失、形象损失降到最低限度，甚至因势利导，转危机处理为一次企业正面形象宣传。

今天，企业公共关系的构建，主要有两个导向：一个是主动的公共形象维护，另一个是被动的危机公关应对。

（1）主动的公共形象维护：构建一个有责任感的企业公众形象，积极地理顺企业各种的对外关系。作为"公共关系"的五大重要关系维护，包括政府关系、媒体关系、员工关系，也包括客户关系和更广义的社会大众关系。在政府关系方面，微软就曾经做出过正面示范，微软中国联手教育部推动中国基础教育信息化进程，在帮助中国基础教育发展的同时，还为微软无形中培养了未来的潜在客户；另外，微软中国在国内各个主要城市成立了技术中心，以各种方式与地方领导加强联系，为后来在一些地方的政府采购中占有一席之地赢得了先机。与政府良好的关系，也成为微软中国改善媒体关系的润滑剂。中国凉茶第一品牌曾经的一个亿捐款，云南白药持续性的公益捐助活动，都为其在社会大众中树立了有责任感的企业和品牌形象，也促进了企业产品销售的持续性增长。

科技的进步带来了公共关系工具的优化与升级，同时也拓宽了新的公共关系渠道，例如新兴的社群公关，就是一种主要面向客户与大众的公关形式。罗辑思维以视频作为建立社群的入口和名片，通过视频的大范围传播，在 85 后白领中快速树立起高知品牌 IP 形象，以罗胖读书会等聚集粉丝，又通过得到 App 将 1 000 万粉丝变现。说到社群公关就不能不提小米，小米在起步之初聚焦目标人群喜欢的平台开展活动，对用户反馈的问题进行及时的跟进与调整，从领导到员工都是客服，利用微博、论坛等持续与粉丝对话。在做论坛口碑初期，不仅小米的每个工程师需每天回复 150 个帖子，就连雷军每天都会抽出一小时回复微博上的评论，真正让用户感受到小米与他们一样，是为"发烧而生"。正是通过持续的社群公关才让小米聚集了数量达千万级的米粉。在 2019 年的小米米粉节上，智能 AIoT 设备销量超 70.3 万台，大家电销量超 22.3 万台，全天实现 19.3 亿元的销售。

**相关链接：2020 年全民抗疫，钟南山院士点赞京东物流。**

2020 年 1 月 31 日晚间，京东物流接到钟南山团队的工作人员电话，称有 100 台制氧机急需运抵武汉汉口医院，这些医疗物资对武汉汉口医院病区病人的生命安全至关重要！紧接着在 2 月 2 日上午，一辆载有 100 台制氧机的京东物流车，顺利抵达武汉汉口医院。得知救援物资送达后，钟南山院士非常高兴，并表示："感谢京东心系医疗救助一线，以最快的速度将急需医疗物资送达武汉！"

2020 年 1 月，京东宣布向武汉市捐赠 100 万只医用口罩及 6 万件医疗物资，相应的物资运输由京东物流来承担，至 1 月 28 日京东所捐赠物资全部到位。

作为中华慈善总会此次迎战新冠肺炎的首家互联网合作伙伴，京东快速推动项目筹备。京东零售、京东数科、京东物流多部门联动，第一时间上线募捐通道。募捐所得款项用于采购医用外科口罩、防护服、防冲击眼罩、防护面罩、手术衣、护目镜等医疗物资，并快速送达医疗一线。与此同时，京东健康还开展了免费在线咨询和心理疏导服务，为防范狙击新型肺炎尽一份力。全国各地区出现咳嗽、发热、乏力等症状的市民，打开京东 App 搜索"公益"进入"武汉加油"捐赠页面，点击"新型冠状病毒肺炎免费咨询医生"，即可进入免费在线咨询专区，寻求医生的专业建议；同时，京东健康也为寻求心理帮助的朋友们，特别是一线医务人员，提供了免费的心理疏导热线服务。

（2）被动的危机公关应对：一次糟糕的危机公关足以让一个企业丢掉半条命。2016 年从第一部三星 Galaxy note7 爆炸到大规模的爆炸，在整个事件中，一系列糟糕的公关策略和不够及时的善后服务，最终变成了三星的灾难。有数据显示，由于爆炸门，三星承担的直接经济损失超过 200 亿元，这还不包括品牌伤害所带来的其他经济损失。2019 年上演的奔驰女维权事件，不仅造成了公众对奔驰车安全性的质疑，同时还使奔驰受到了政府监管部门的约谈，滞后的公关使奔驰的品牌形象严重受损。

　　当然，被动公关也有非常经典的正面案例。曾经，克莱斯勒遭遇了公司史上最严重的巨额亏损，面对处于破产边缘的克莱斯勒，用户意向购买率从30％瞬间跌到了13％。值此危急时刻，克莱斯勒开启了全面公关。它先是刊登一系列广告，点出如果克莱斯勒倒闭，整个国家失业率将上升5％，一年国家就得为失业保险和福利开支27亿美元，使公众认识到克莱斯勒若倒闭会对其自身的利益产生影响。随后它重新与经销商确立了更紧密的关系，并由分布于全国的经销商们去游说议员，改变了政府对克莱斯勒的策略并贷款给它。作为总裁的李·艾柯卡还把自己的薪水降低为每年1美元，这一举动不仅在底特律成了大新闻，还展示了总裁对公司未来的信心，在公司内部形成了凝聚力。最终，在一系列的公关助力下，克莱斯勒打了一个漂亮的翻身仗，这才有了如今其作为美国三大汽车公司之一的行业地位。

　　无论是主动的公共形象维护，还是被动的危机公关应对，企业公共关系的核心驱动作用无可置疑。企业公共关系管理要注重长期性，要让公共关系管理成为一种战略新常态，不能把公共关系人员当作"救火队"，而应把他们当作企业的"常备军"。

### 6. 商业模式——企业开创未来的架构力核心驱动

　　彼得·德鲁克说，今天企业的竞争已经不是产品的竞争，而是商业模式之间的竞争。可以说，找到一个好的商业模式，成功就有了一半的保证。商业模式之所以重要，是因为它决定了企业通过什么途径或方式来赚钱。只要有赚钱的地儿，就有商业模式存在。当然，这并不代表商业模式就简单地代指盈利模式，它至少包含了四个方面：产品模式、用户模式、推广模式，最后才是盈利模式。简而言之，商业模式是你能提供一个什么样的产品，给什么样的用户创造什么样的价值，在创造用户价值的过程中，用什么样的方法获得商业价值。利乐作为一家生产销售包装材料、饮料加工设备和灌装设备的公司，坐拥了中国常温奶包装市场的半壁江山，被

誉为中国常温奶行业最大的隐形赢家。伊利、蒙牛、光明、娃哈哈、旺旺等乳业和饮料业龙头都是它的客户。利乐的成功是一种商业模式的成功，它在最初进入中国时面向资金、技术匮乏的乳饮企业，创新性地提出了支付20％设备款就可使用价值几百万甚至上千万的罐装设备的付款模式，而此后4年只要每年订购一定量的利乐包装材料，就能免交剩余的80％设备款。这种模式相当于利乐免费提供枪支，但弹药必须从利乐购买。为了让这个生意能长久地做下去，利乐通过"条形码灌装机"的专利，让其他品牌的"包装材料"无法在利乐的设备上使用，迫使合作企业只能继续购买它的包材，持续为它赚钱。作为利乐的合作企业，伊利公司曾在财报中提及，其包装成本占到总成本的40％。当然利乐商业模式的厉害之处还远不止于此。为了让乳业企业更快更好地发展，它不仅开发了自动化管理系统软件，帮助乳业企业实现产品的追溯，同时还向客户提供从市场调研、市场分析、工艺设计、渠道网络建设到市场推广方案等全过程的服务。此举不仅能与客户实现双赢，也让利乐与客户之间的关系更紧密，增加了客户黏性。回到前面提到的产品模式、用户模式、推广模式与盈利模式上来，我们可以看到，利乐在产品上采用"罐装设备＋包材"的捆绑销售模式，不仅为用户解决了产品包装，还提供了产品销售与追溯等一系列增值服务，帮助客户快速成长，在这个过程中它也通过销售包装材料持续赚取利润。

最近几年，商业模式创新风起云涌，任何新的商业路径都与商业模式的变革和进化有关。互联网初期，在免费策略助攻下，360击败了瑞星，QQ打败MSN，淘宝赢了易趣，这些都是免费模式的胜利。互联网产品大多用免费模式尽力争取用户、锁定用户，以此来获得流量。因为流量意味着体量，体量意味着分量。如今的移动互联网时代，商业模式也在不断创新，红极一时的共享经济、农村电商、社区服务等，都是基于革命性的技术创新来极大地驱动商业模式创新。小米在公众中曾经的印象是一家"手机公司"，但是它近年来的布局打破了这一固有印象。在智能化的新品研发上，小米没有采取传统企业的自开发模式，而是投资、培育和服务产品创新能力强的创业工程师，以投资参股的方式进行智能生态的布局，迅速构建起

了一个产业生态硬件平台。硬件、互联网和新零售组成了小米的"铁人三项"商业模式，这个模式的构建正是享受了技术创新的红利。"铁人三项"模式中，小米互联网板块由2亿多的云用户和38个日活千万的App等构成，为小米提供了流量导入与留存；新零售部分，小米线上拥有小米商城、小米有品等电商平台，线下则已开出了超500家小米之家门店，打通了消费者购买的渠道。雷军曾在某次演讲中表示，中国商业核心问题是商业效率低下，而小米的"硬件＋新零售"剔除了层层分销，提高了效率，支撑起小米的高品质、低价格，助力小米成为中国的独角兽公司。

商业模式不是一成不变的，它需要在运作的过程中不断完善、进化迭代、微创新，因为企业发展到一定规模，制约其发展的不仅仅是人才、技术、管理、资金等要素，更重要的是商业模式。世界上没有完美的商业模式，只有最适应环境的模式。谁更适应环境的变化，谁就能生存下去。只有适应外部社会环境，适应不断变化的竞争对手，适应变化的供应链环境及企业内部结构调整的商业模式，才能更好地带领企业实现持续发展。

## 二、 掌控核心驱动的三大要则： 洞察、组合、提升

对于期望通过跨界实现跨越式增长的企业来说，找准企业的核心驱动是制订跨界战略的第一步。企业的核心驱动不是单一的，是组合性的；企业的核心驱动不是静态的，是动态发展的。

### 要则一： 企业核心驱动的洞察

老子云："知人者智也，自知者明也。"想要对自身核心驱动有清晰的认知，需要企业经营者拥有超人一等的竞争洞察力。洞察力是指一个人多方面观察事物，从多种问题中把握其核心的能力。它能帮助你抓住问题的实质，而不只是看到表象。福尔摩斯的一段话也能解开你对洞察力的疑惑：从一滴水，拥有洞察力的人就能推测出大西洋或尼亚加拉河的存在，而无需亲眼见到或听说过这些。因此，所有生命

是一个大链条，只要看到其中一个环节，就能知道整个生命的特性。

电影《教父》中有这样一句经典台词："花半秒钟看透本质的人，和花一辈子都看不清的人，注定拥有截然不同的命运。"这句台词不仅道出了人与人之间的最大不同，也点出了企业之间的差别是建立在不同的洞察力之上的。缺乏洞察力的企业决策者往往会浪费宝贵的资金和人力，却无法抓住问题的根本，因此也就无法为企业制订有效的解决方案。瓦伦·本灵斯曾对美国90位杰出领导进行研究，发现他们共有4大特点，其中"令人折服的远见和目标意识"排在第一位，可见企业家的洞察力对企业发展的极端重要性。

对企业核心驱动的洞察，首先是对企业自身优势的洞察，也是在此基础上对社会趋势和行业突破点的洞察。

1. 洞察自身优势。市场化企业的生存和发展，很难规避竞争，无论是直接的竞争，还是潜在的竞争，抑或是可替代品的非同业竞争，企业的核心驱动就是能帮助企业获得竞争优势的能力，是企业生存中需长期立足的那个点。作为全球电子电气工程领域的领先企业，西门子140余年来以出众的品质赢得了全球消费者的信赖。外行看热闹，内行看门道。西门子内部敏锐洞察到企业的核心驱动，将领先的技术运用到大厦楼宇的电器设备、工厂生产线安装、工厂整场搭建、家用电器、软件等多个领域，为高效的现代化生产、生活提供解决方案。今天的西门子已经成为中国最大的外商投资企业之一，在中国就拥有超过33 000名员工，2019财年全球营收达到868亿欧元。

2. 洞察社会趋势。马云曾提出一个著名论断：纯电商时代将很快结束，纯零售形式也将被打破，一种线上、线下、物流结合的新零售将引领未来全新的商业模式。春江水暖鸭先知，巨头们往往更能感觉到瞬息万变的市场气息，在线上电商已近触顶之时，马云看到了这一点，开始着手布局新零售。阿里巴巴之所以选择新零售战略，既是响应时代的需求，同时也是因为洞察了自身的核心驱动可以在新零售中发挥重要作用。从整合18罗汉搭建起阿里的基石，到将上百万中小企业整合到阿里巴巴、淘宝等电商平台，阿里巴巴的核心能力一直未变。对自身核心驱动、对未来趋势的洞察，让阿里巴巴一次次抓住了时代机遇，顺势而起。一个企业的核心驱动往往也是顺应社会大趋势大潮流的企业竞争力结晶，因此，对社会环境、领先技术趋势的洞察，也必须建立在对企业自身核心驱动的精准洞察基础之上。

3. 洞察行业突破点。洞察力是一种基于正确判断的预见能力。拥有这种能力的企业家能够在别人看不见的地方看到无形事物和事物的无形价值，从而指引企业前进的方向。了解行业的发展动向，发展竞争突破点，确立独特的产品拓展方向和服务范围等，这一切行动都是基于深刻的洞察。

作为行业的新进入者，如何才能巧妙切入，在市场中占据一席之地呢？江小白的创始人陶石泉敏锐地洞察到了白酒行业的机遇——一直未被关注的年轻群体。为了吸引没有饮用白酒习惯的年轻消费者，立足于深刻洞察，江小白在产品上，区别于传统白酒，打造一种更适合与饮料一起调配的酒；在品牌上，围绕更契合年轻主张的"我是江小白，生活很简单"，进行了品牌 IP 化，通过动漫、街舞、游戏等开展营销传播活动，引发青春小酒的潮流，而印有"江小白体"的瓶身则成为它的活体广告。如今，江小白又围绕"农庄＋""酒庄＋""味道＋""市场＋"和"品牌＋"等开启了全产业链布局。作为小瓶酒市场新潮流的开创者，江小白以行业突破点洞察为基础，将"不懂白酒文化的年轻人"培养成了忠实粉丝，在白酒市场最为艰难的时期逆势而起，2019 年实现营收近 30 亿元。


**要则二：　企业核心驱动的组合**

对于思想文化、资源整合、产业优势、组织体系、公关关系、商业模式这六大核心驱动来说，每个企业的核心驱动，往往不是单一的，而是多种并存的，并呈现因果相连、相辅相成的组合性特征。

当然，对于一个特定的企业来说，这六个维度有相对较强的，也有相对较弱的，而对于一个行业的领先者来说，往往是对六大核心驱动进行同步打造和提升。

1. 三类核驱组合强者。根据企业所拥有核心驱动的强弱状态，我们可以对企业进行如下分类：

**单极核心驱动强者**：1＋N 式的核心驱动组合，某一个核心驱动维度特别强，这种状态在中小型企业中尤为多见，85 岁的褚时健创业成就的中国农业品牌典范——褚橙，在 2018 年靠一个单品产值就近 2 亿元，其成功的核心就在于以"褚时健"个人品牌影响力为牵引的产业拉动优势，是以产业优势带动企业发展的一个典型。

**多极核心驱动强者**：X＋N 式的核心驱动组合，如资源整合、商业模式较强，其他较弱，企业越大，核心驱动的强极点也会相对越多，滴滴、永辉等都是 X＋N 式的核心驱动组合，在商业模式上拥有开拓性的市场竞争力，在资源整合上能实现强力的战略执行推进，通过多极点的强核心驱动推动成就行业独角兽。

**全核心驱动强者**：六大核心驱动都有明显的强竞争优势，真正的行业巨头，包括世界 500 强企业，都是在各个核心驱动维度上的强效组合，并没有明显的短板，这也是企业成为真正强者的必然方向。

世界娱乐产业的巨头迪士尼 2019 财年营收 695 亿美元，迪士尼公司一边拍电影，一边形成各种 IP 道具和各种各样的场景，并把这些 IP 道具和场景变成一个产品，在它的多元化的渠道上进行销售，并与线下乐园形成角色和应用互动，形成了一个立体化的娱乐生态圈商业模式，而支撑起这个娱乐帝国的还有其思想文化、资源整合、产业优势、组织体系乃至公共关系维度的全方位强核心驱动保障。

再比如说华为，它也是一个全能力强者，华为 2019 年全球营收 8 588 亿元，在其三大主营业务中，消费者业务快速增长，实现销售收入 4 673 亿元，同比增长 34.0％，消费者业务收入在华为总营收中占比达到 54％。管理畅销书《华为研发》作者张利华表示，消费者业务于 2019 年已一跃成为华为公司有史以来的第一大业务线，实现了华为公司整体商业模式的巨变：从 B2B 为主的公司，成功脱胎换骨为以智能手机等消费者业务为主营业务的 B2C 公司。作为全球第一大电信设备商、排行第二的手机商，华为过去几年保持着"飞奔"的姿势，尤其是其手机终端业务已经从最初的小荷才露尖尖角进化为头部企业、超级玩家，成为拉动企业增长的第一引擎业务。2019 年华为全球手机销售达到 2.38 亿部，未来华为要推动更强劲的企

业持续增长，其六大企业核心驱动，一个都不能弱。

2. 从木桶和新木桶理论看核心驱动强弱组合

木桶原理是由美国管理学家彼得提出的，说的是由多块木板构成的木桶，其价值在于其盛水量的多少，但决定木桶盛水量多少的关键因素不是其最长的木板，而是其最短的木板。这个道理放到企业核心驱动组合上，就是最弱的那个核心驱动维度往往决定整个组织的发展水平，所以说真正的大企业，不会有太明显的核心驱动短板。

不过，还有一个"反木桶原理"，说的是木桶最长的一根木板决定了其特色与优势，在一个小范围内成为其业务制高点；对组织而言，凭借其鲜明的特色，就能跳出大集团的游戏规则，独树一帜地建立自己的"王国"。在扬长避短中，把企业的业绩建立在自己的优势资源上更合理一些。按照德鲁克的话说，就是"依靠优势而不是劣势建立自己的业绩"，这也就是单极核心驱动强者和多极核心驱动强者的市场生存基础——我不一定要样样都强，有一两个强项足以带动企业发展，但真正发展到一定阶段，还是会出现瓶颈，需要企业补强弱项。

当然，这种补强在新的时代有新的思路，那就是"新木桶理论"：并不强调自身的取长补短，而是强调与他人联合起来，大家分别将自己最大最长的那块板拿出来，一起造一个大木桶。这就是优势互补、强强联合，以平台和生态思维构建企业核心竞争力。所以，这个新的木桶能装下多少水，并不取决于你的短板，而是取决于你的长板；也并不取决于你自己，而是取决于你的伙伴，这就是大开放、大共享、大跨界时代的核心驱动整合共赢。

**要则三： 企业核心驱动的提升**

当今世界，市场环境瞬息万变，不仅企业处在一个动态发展的状态中，就连企业战略管理也是一个动态发展的过程。作为跨界战略构建的内核基础，企业的核心驱动（核心能力）不是静止不变的，它应该是不断动态发展的，为跨界战略提供支持。企业要保持长期的竞争优势，必须加大对核心驱动的投入，比如加强知识资本的积累、人才的培养和储备、核心技术的研发与掌握等，以不断强化企业的核心能力。企业核心驱动就像人的大脑，只有在不断的使用过程中，它才会被一次次地强化，从而变得更强、更具竞争力，推动企业持续、快速发展。企业核心驱动的动态提升有两种方式：一种是深度提升，另一种是广度提升。

1. 深度提升：匠心做精，成就领域王者

在日本有这样一家餐厅，它被称作世界上最难预定餐位的餐厅之一，它只有十个座位，只出售寿司这种食品，而且每人的最低消费为三万日元，每个寿司的售价差不多人民币百元左右。尽管如此，食客们却还是从世界各地慕名而来，他们中不仅有味蕾挑剔的老饕，还有美国前总统奥巴马、好莱坞明星安妮·海瑟薇等。这家餐厅缘何有如此魅力？其实，这都源自被誉为"寿司之神"的小野二郎。作为全球最年长的米其林三星大厨，他一生只钻研一件事情——制作寿司，提供"神级"寿司成为这家三星餐厅的核心驱动。即便制作了70多年寿司，小野二郎仍旧真诚地表示："一定还可以做得更好吃，我每天都在努力达到巅峰，但仍旧不知道，巅峰究竟在哪里。"这种不断深度钻研将寿司做到极致的精神，成就了今日的小野二郎。透过纪录片《寿司之神》，我们可以看到，小野二郎不仅追求最适合寿司的食材，就连每一粒醋饭的温度、每一片鱼腌制的时长、每一下按摩鱼肉的力度、每一道菜呈现的顺序等都是他经过几十年研究的。正是这种将所有细节都做到极致的匠心精神，让到过他店里的人忍不住感叹：这是值得一生等待的寿司！

通过这个故事，我们可以看到，小野二郎不止拥有高超的寿司制作技艺，他还尽量将寿司原料、制作、食用等每一个环节都做到尽善尽美，使自己的核心能力不断纵向强化。对于企业来说，战略性地纵向强化自身的核心能力，不仅能帮助企业沿产业链的上下游进行各个环节的业务布局，还能使核心能力在企业内部扩张的过程中被不断强化，直至使企业成为该领域内的专家甚至是标准的制定者。这种核心能力的纵向强化，有利于技术开拓，增强企业自身差异化，进一步加高行业的进入壁垒。如此不仅保护了自己原有的经营范围，强化了企业核心驱动，限制了所在行业的竞争程度，使产品的定价有了更大的自主权，从而获得较大的利润。如同马太

效应所启示的那样，核心能力的纵向变强可以帮助企业在该领域中实现强者恒强的局面，保持企业的长期繁荣。

格力作为一家以空调起家的企业，2019 年空调板块帮助格力实现了高达 1 556 亿元的销售收入，占到总营收的 78.58%。格力为了保持在空调领域中的领先地位，多年来一直在不断纵向强化核心技术，持续向空调产业链上游发展：从最初自主研发空调使用的压缩机、电机开始，到为了在生产空调时提高生产效率、节约成本而扩展智能装备和模具生产技术，就连跨界造车也是因为看中了银隆的钛酸锂电池技术可以为其研发的新型"光伏空调"提供储能。在核心技术的纵向强化中，格力建立起了专属的空调生产产业链，与其他空调厂家相比，制作成本进一步降低，产品的功能进一步提升。据了解，在企业核心驱动的不断纵向延伸中，格力在国内外累计拥有超过 6 000 项专利，成为中国空调行业中拥有专利技术最多的企业。正是凭借多年来对核心驱动的纵向强化，格力以领先的技术，始终走在同行前列。

2. 广度提升：在多元延伸中强化核心驱动

詹姆斯·马丁从战略技能、战略素质的层面，将企业核心能力描述为"一种对用于许多产品并使之成为可能的技术和技能的掌握，一旦一个企业掌握了一系列的核心能力，它就能比竞争对手更容易地引进使用核心能力的不同新产品，核心能力使企业比其他竞争对手做得更好，它能被用于多种产品而竞争对手不能模仿它"。研发不同新品仅是企业核心驱动横向变强的一种表现，其实它更多的是一种开拓发展型战略，比如它可以帮助企业以核心驱动为基础进行跨界，并实现产业的多元化。而在帮助企业进入新领域的过程中，更强调培植新的核心竞争优势和现有领域的壮大。

今日头条是字节跳动公司在成立半年后推出的旗舰产品，凭借智能算法这一核心能力，在当时竞争激烈的资讯市场中后发先至，占据了领先位置。2016 年，它又立足算法横向延伸出"抖音＋火山小视频＋西瓜视频"的产品矩阵，从资讯分发成功跨界到短视频赛道。此外，基于企业的核心能力，它还跨界了在线教育产品gogokid，上线"今日游戏"模块和个人消费贷产品"放心借"。在国外，字节跳动亦早已开始布局，先后推出了海外版"资讯分发＋短视频"产品矩阵，以"复制"国内产品线，今日头条海外版 TopBuzz、抖音海外版 TikTok 多次登顶海外应用商店排行榜，预计 TikTok 海外月活用户已经破亿。

从字节跳动产品不断的横向跨界延展我们可以看到，其核心能力一直不断被用于产业的跨界拓展。如抖音是通过算法实现智能分发，在线教育产品 gogokid 凭借算法实现了学生、教师的智能匹配，"今日游戏"模块凭借内容算法分发机制，根据用户精准画像推荐不同种类的小游戏，当然其国外版的产品更是如此。字节跳动通过核心能力的横向延展，一步步实现了多元化跨界，而在这个过程中核心能力又被不断地强化，以推出更能满足消费者需求的产品。

企业核心驱动可以动态提升，同样，如果这个核心驱动不能紧跟时代步伐，也会"不进则退"，在时代变化的大潮中，出现核心驱动流失的状况。

一个备受关注的品牌就是在中国市场销量不断下滑的苹果手机〔2020 年上半年，苹果智能手机中国市场销量约 1 700 万部，市场份额为 11.8％，市场占比排名在华为（含荣耀）、vivo（含 iQOO）、OPPO（含 realme）之后〕，美国《纽约时报》开始帮苹果找卖不出去的原因——中国人没钱了！这件"令人意想不到"的事，再次证明了中国经济"已经陷入了严重的问题"。"不买苹果就是中国人消费降级"的荒谬逻辑很快就被各国媒体打脸。《纽约时报》科技版再次发表了一篇题为"中国手机在世界许多地方超越苹果"的报道，报道开篇就点出，华为、小米、OPPO、vivo 等中国手机品牌在世界许多国家非常有竞争力。文章引述业界观察人员的话表示，苹果公司在中国卖不动，主要原因是中国本土品牌的激烈竞争。《纽约时报》在该报道中否定了苹果在中国销量大减是"中国经济不景气"的原因，认为是苹果在中国国产手机面前没有竞争力。

苹果创新乏力，业内人士表示，iPhoneXS 和 iPhoneXS MAX 可谓史上升级最少的产品，外观与上一代的 iPhoneX 非常相似，同样后置双摄像头，拍摄性能基本没有提升，最大的升级就是采用了性能更强的 A12 处理器，不过由于 iOS 系统对处理器的性能要求不高，其实处理器性能升级对 iPhone 的作用有限，这也导致了苹果去

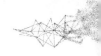

年发布的三款新 iPhone 销量均远低于预期。

　　总之，时代发展的浪潮滚滚向前，有的企业会保持旺盛的创新活力，永立潮头，也有的企业会被后浪拍死在沙滩上。达尔文先生的《进化论》中有一段名言："在这个世界上，从来都不是那些最强壮的物种生存，也不是那些最聪明的物种生存，而是那些最能适应变化的物种生存。"所谓适者生存，对企业来说，就是想要在市场中生存，就要不断地发展核心驱动能力，以增强企业的适应性。

# 第十章　跨界之界
## ——寻找强关联

德国作家赫尔曼·黑塞的名著《在轮下》里有这样一句话："面对呼啸而至的时代车轮，我们必须加速奔跑，有时会力不从心，有时会浮躁焦虑，但必须适应，它可以轻易地将每一个落伍的个体远远抛下，甚至碾作尘土。"

我们要如何紧跟时代车轮，要如何加速奔跑？唯有不断地创新。而所有伟大的创新，本质上都要进入一个相对的"无人区"。海尔的一位轮值总裁曾说道："在无人区，这种创新往往是超出边界的创新，你一定要做到自我颠覆。你不玩边界内的游戏了，这就要求企业家要有更高更强的魄力，不断地挑战自我，不断地从边界走出去。"

这是一个边界不断被打破的时代，是一个跨界创新的时代，而这种边界打破和跨界创新，又是建立在万事万物"关联性"基础之上的，关联性普遍存在，也有强弱差异，跨界创新的关联性强弱，对跨界创新的成败有关键性的影响。下面，我们就对跨界战略的关联性进行深入的分析探讨。

## 一、三个案例看跨界的"亲密度"

在谈"强关联"之前，我们先从下面三个案例来看看跨界的"亲密度"：

### 1. 格力可以卖手机吗？

董明珠说过："总有一天希望大家开着格力的车，打着格力手机，控制着家里的温度。这就是格力为大家设想的未来商业解决方案。"

2015 年 3 月，董明珠表示，做手机并不难，自己做的话就一定能超过小米。2015 年 6 月，格力手机以 1 600 元的价格对外销售。2016 年，格力手机二代发布。2017 年 6 月，第三代格力手机上架，定价 3 200 元。2020 年，格力开始跟风力推 5G 新机。

据资料显示，在格力分销商城里，格力手机的销量并非位于"前列"。产品销量排名前三位的是格力蒸汽洗车机、大松电火锅、电饭煲，格力色界手机位列 26 位。此外，在淘宝、京东的格力旗舰店里也没有格力手机销售。而闲鱼等二手电商平台上却出现很多在售的格力手机，且绝大多数都是全新未开封的状态。在闲鱼上，原价 3 200 元的格力色界手机仅卖 1 050 元，格力手机二代仅仅卖 680 元。

根据电商平台的数据，截至目前，格力手机四年的线上总出货量在 10 万台左右，10 万台对于国产手机来说，仅仅是 618 当天的销量，小米更是在 618 当天卖出了 52 万台小米手机。

空调老大卖手机，为何难以成功？格力手机没有掌握核心技术，这点董小姐也是承认的。苹果、三星和华为，这些全球最强的手机企业，每年都会投入巨资进行技术研发，都拥有自家独立研发的 CPU 芯片。华为官方宣传显示，华为最新麒麟芯片 Kirin980 是全球首款 7 纳米工艺手机 SoC 芯片，全球首次实现基于 ARM Cortex-A76 的开发商用，全球首款双 NPU 手机芯片，全球率先支持 LTE Cat.21，业内首次商用 Mali-G76 GPU，全新升级 ISP。麒麟 980 不仅在性能、能效、移动通信连接等方面领先业界，同时增强了 AI 运算力及丰富了 AI 应用场景，再次引领手机全面进入智慧时代。

虽然业务与传统手机厂商不同，但不少家电企业希望将手机打造成未来智能家居场景连接家电与智能硬件的服务终端，融合家电产品，更好地打造智能生态。但无论是从技术积累还是系统研发，家电企业相比传统手机企业在手机研发和生产上还是有差距的，没有了好的技术基础，自然也没有适应市场的产品。

一位家电产业权威人士在接受采访时表示，家电企业做手机，在技术研发、供应链、渠道、营销等方面都存在较大的短板，而手机市场经过充分竞争，目前的品牌集中度已经很高，家电企业在这一市场难有作为并不奇怪。

### 2. 片仔癀可以卖化妆品吗？

片仔癀拥有 500 多年历史，闽南人视其为镇宅之宝，而且蜚声国外，被海外侨胞、港澳同胞称为"神丹妙药"。它对急性、慢性肝炎，刀、枪、骨折和烧、烫等多种创伤，脓肿、无名肿毒及其他炎症引起的疼痛、发热等，有显著疗效……这样一个百年知名药企和品牌，可以跨界做化妆品吗？

20 世纪 80 年代，漳州片仔癀皇后化妆品有限公司，将片仔癀应用于美妆行业，开始生产"皇后牌片仔癀珍珠膏"，至此，片仔癀化妆品开始活跃于中国外贸市场，在国际上声名鹊起……随后，该公司推出全系列化妆产品，定位"中国薇姿"，意欲在中国发展越来越迅猛的日化精品店渠道大展拳脚，结果却是举步维艰。

一个药企跨界做化妆品，需要找到那个恰当的关联性突破点。这个点一定是与生俱来的，跟产品本身、跟品牌历史，是有天然联系的。

片仔癀化妆品的市场破冰，源于其品牌定位的重塑——从"中国薇姿"到"黄种人美肤，国药片仔癀"，片仔癀化妆品找到了其品牌跨界药妆的真正关联入口：中国人肤色之"黄"，是影响消费者美白的一大因素，尤其在成熟女性中，肤色暗黄、缺乏光泽是常态，几乎每个成熟女性都将改善脸部暗黄状态作为关键任务。而片仔癀本身对去黄气、缓解暗黄、消除斑点有明显疗效。

因此，倡导"黄种人美白，祛黄是关键"的片仔癀化妆品，与其他美白产品实现了强力区隔，进而通过全方位、系统性的品牌差异化，精准布局日化精品店，重拳打造渠道终端动销力，成就了真正的"中国药妆风尚品牌"，片仔癀化妆品销售额比往年同期增长了近 3 倍，并以迅雷不及掩耳之势铺向全国，有效门店数量直接翻了四番，总数有近千家，为往后的市场拓展奠定了坚实的基础，进入了快速发展的轨道。

片仔癀化妆品的成功，源于其拥有先天性的药妆优势，而"黄种人美白，祛黄是关键"的定位更是找到了一个有力的优势性市场区隔点，所以片仔癀做化妆品靠的还是"片仔癀"这个金字招牌，是片仔癀品牌和美容护肤需求的一种关联性价值对接。

### 3. 奈飞可以拍电影、电视剧吗?

在2019年奥斯卡获奖名单中，《罗马》获得最佳摄影、最佳外语片和最佳导演三项大奖，而这部电影背后的制作出品公司是一家流媒体公司——奈飞（Netflix）。

奈飞在全球范围内以提供独占性的优秀剧集、电影、纪录片和短片而闻名。公司主要收入和盈利的来源是流媒体业务，收入方式是按月向用户收取订阅费。今天，奈飞已经成功加入美国电影协会（MPAA），而在此前，电影协会仍然是迪士尼、派拉蒙、20世纪福克斯（已被迪士尼收购）、哥伦比亚、环球影业、华纳兄弟这六大传统电影公司鼎立的局面。

数据显示，过去十年（2009年1月1日—2018年12月31日），五大牛股之一的奈飞的股价涨幅位于首位，高达6 168.47%。将市值大于500亿美元的所有公司进行排名，奈飞股价涨幅依然最高，是亚马逊股价涨幅（第二名）的2.2倍，苹果的4.5倍，特斯拉的4.8倍。2018年，奈飞市值还成功超越迪士尼，成为全球第一媒体公司。

关于奈飞在内容方面的投入，许多人最早都是通过《纸牌屋》知道的。2013年，奈飞砸下1亿美元拍出了这部电视剧，该剧不仅为奈飞带来了超过1 000万的新增付费用户，更是让奈飞收获了金球奖和艾美奖的提名，奈飞的自制内容一战成名。2018年，奈飞仅自制内容就投入了超过120亿美元，平台的原创内容超过700部，2018年订阅人数已达2.9亿，奈飞旗下作品一共入围艾美奖112项，首度超越艾美奖历年大赢家HBO的108项。120亿美元的内容投入，超过了任何一个电影或者电视制作公司。2018年，奈飞推出82部自制电影，而好莱坞市场份额最大的电影制作公司华纳兄弟，2018 年仅有 23 部新片推出。迪士尼更少，只有 10 部电影推出。

奈飞在电影电视剧上的成功运作，也离不开其在媒体领域里的强势竞争力。今天，从爱奇艺到腾讯视频，互联网媒体的电影电视内容自制或引入，已经成为一种主流商业模式，也取得了很大的成功：腾讯一年用 646.77 亿元买内容，投资超 700 家公司，其中游戏和视频、音乐、动漫、网文的营收就占了腾讯年营业额的三分之一。

从上面三个案例可以看出，格力手机由于缺乏足够的手机技术支撑而举步维艰，片仔癀可以借自身药企品牌和产品功效优势在化妆品领域独树一帜，国际国内流媒体大佬也能凭借媒体和资本核心竞争力与传统影视公司形成强有力的作品和市场角逐。

可见，企业跨界发展需要依托自身的核心优势，需要在这种核心优势基础上形成一种连接界外元素的关联性创新。所以，高"亲密度"的关联连接，是企业成功推进跨界战略的关键一环。

## 二、 跨界"亲密度"的关键——找准强关联

在研究世界本源规律的哲学认知体系中，有一个"联系的普遍性原理"，其包括三个核心观点：

A. 所谓联系，就是事物之间以及事物内部诸要素之间的相互依赖、相互影响、相互制约、相互作用。

B. 任何事物都与周围其他事物有联系。

C. 世界是一个联系的有机整体，方法论要求我们用普遍联系的眼光看问题。

在这个哲学定律之下，事物这种相互影响、相互关联的关系，就叫做相关关系，又称相关性。

跨界战略中的关联连接就是基于这种相关性的事物本源，是以企业核心驱动能力为基础，跨出传统边界，与界外异质元素实现关联性的创新连接。

关联性是有强弱之分的，格力是空调行业的老大，但其与手机产业的技术关联度就属于弱关联，片仔癀是中国知名的老字号药企，其改善肤色暗黄的产品功效与传统化妆品行业构建起了一种"黄种人美白，祛黄是关键"的功能性强关联。跨界战略的核心就是要打破边界，实现强关联跨界创新。

### 1. 强关联的三大界定

想要找准强关联，就需要对强关联进行清晰的关联界定——到底什么是强关联？对于这个问题的判定，我们需要从三个维度思考，即关联需求界定、关联对象界定和关联价值界定。

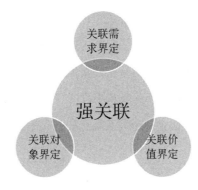

关联需求界定：你的关联连接需要满足什么样的需求？
关联对象界定：你的关联连接指向是什么？
关联价值界定：你的关联连接能创造多大的价值？

（1）关联需求界定：关联强不强，需求要把脉

对于需求的满足，是关联连接创新的前提。关联需求的产生，往往具有一种鲜明的时代性特征，是时代发展的必然。比如说大健康需求，在这个 16 万亿的产业背后，是国人消费水平和生活品质的提高，是"健康中国"国家战略的提出，也是各种健康产品制造工艺和技术的实现，所以有了云南白药牙膏、片仔癀化妆品、江中米稀这样的功能性药企健康产品，有了依托互联网实现网上问诊和卖药的丁香医生；再比如说，随着日本动漫和现代网络生活对新一代年轻人的深入影响，二次元文化和新网络文化具有了鲜明的新时代人群文化个性，需要企业品牌进行积极的文

化跨界迎合。

2013 年可口可乐第一次发布昵称瓶，后又相继推出了歌词瓶、台词瓶、自拍瓶、录音瓶、密语瓶等。你在可口可乐的瓶身上可以看到"月光族、快乐帝、喵星人、氧气美女"等网络热词或"一生一起走""超越自己才是成功"等歌词；同时可口可乐以"肥宅快乐水"之名成功跨界二次元，收获粉丝无数——"喝了这瓶阔乐，我们就是盆友"。

所以，对时代特征的把脉，是界定关联需求的关键，这种时代特征会表现为一种新的消费价值和文化观念，也会表现为一种新的社会生活和工作方式。现在你周末逛商场时经常会看到的付费休闲按摩椅和唱吧，就代表着一种新的生活方式需求，和传统的按摩店和卡拉 OK 歌厅形成了一种替代性消费。

除了 C 端的需求变化，B 端也会出现新的时代性需求，现在很多企业都在用的钉钉，就是一个很好的例子。作为阿里巴巴集团专为中国企业打造的免费沟通和协同的多端平台，钉钉有 PC 版、Web 版和手机版，支持手机和电脑间文件互传。钉钉因中国企业而生，帮助中国企业通过系统化的微应用解决方案，全方位提升沟通和协同效率。

2020 年疫情期间，钉钉支持了全国 14 万所学校、300 万个班级、1.3 亿学生的在线上课，有 600 万老师在钉钉上累计上课超过了 6 000 万小时；同时超过 1 500 万个企业组织、3 亿人通过移动办公平台钉钉开启了在线办公模式。

（2）关联对象界定：关联强不强，对象要匹配

关联对象，即你的关联连接指向。关联对象可以是一个具体的产品，是一个不同的行业，也可以是一种文化、一个人物、一种不同的思维方式。

恒大冰泉、东阿阿胶桃花姬阿胶糕两者关联对象就是一种产品、一个行业：恒大依托房地产老大的品牌地位对饮用水行业进行关联创新，东阿阿胶以中国阿胶领导者地位关联嫁接传统食品行业。

故宫文创、江小白等关联对象是一种新的文化形态。这种更具时代性的新文化，与传统文化形成了鲜明的代际性区隔，也为老文化、老品牌、老行业的赋新植

入了新的活力因子。

新零售、共享经济、物联网等关联对象则是一种新的互联网技术潮流和互联网化思维。互联网技术和互联网思维对传统行业、传统生活的改变是广泛而深刻的，它们也成了许多企业谋求跨界战略创新的主流关联对象。

可见，不同维度的关联对象会催生不同类型的跨界创新，而不管是何种类型的跨界，关联对象和企业创新主体都需要具备高度的关联匹配度。这种匹配度源于企业核心驱动力对关联对象跨界创新的支撑力，或者说建立在关联对象对企业核心驱动力的适应性基础之上。这就像两个人谈恋爱，价值观相合才是恋爱成功的前提。而无论是恒大、东阿阿胶、华为这些行业巨头依托原有产业品牌地位向其他产业的跨界开拓，还是故宫文创、江小白这样的新文化跨界融合，抑或是互联网思维对传统行业、传统企业的跨界重塑……跨界战略的成败最终考量的就是这种不同行业、不同文化、不同思维关联创新的匹配度。关联对象的匹配度高，就容易成功，反之，失败的风险就会很高。

（3）关联价值界定：关联强不强，价值要衡量

如果说前面的关联需求和对象界定是强关联界定的基础和关键，那么对关联价值的界定，就是判断一个关联强弱的核心依据。简单地说，对于特定关联需求和对象指向的关联连接，如果创造的关联价值大，就是强关联；如果创造的关联价值小，就是弱关联。

价值属于关系范畴，从认识论上来说，是指客体能够满足主体需要的效益关系，是客体对于主体表现出来的积极意义和有用性。对于企业这个创新主体来说，关联价值的衡量维度有很多种：你可以从市场维度去衡量，也可以从企业增长维度去衡量，甚至可以从资本投资的吸引力和社会效益的提升等维度来衡量。

如果你经常出差，可能会发现又有了一个新的酒店品牌可供选择，它就是携程跨界打造的丽呈酒店。作为一家在线预订酒店、出行票据等的互联网公司，携程拥有超过3亿的注册会员，同时它还掌握着大量的用户出行及酒店住宿信息，与传统酒店行业具有一种强关联。不同于其他酒店的连锁加盟模式，丽呈利用母公司携程

自身的数据优势，通过向全国一二线城市的高星酒店提供数据化支持获得自己的酒店"同盟"。借助用户数据分析，丽呈帮助加入的酒店方提高经营管理能力，包括优化酒店硬件设施和服务细节，同时借助自己的会员体系、营销体系，整合资源，提升酒店的客源。此商业模式的核心价值在于它不仅能提升整个一二线城市星级酒店的服务能力和盈利能力，同时也能实现丽呈酒店的快速扩张。

### 2. 强关联跨界的三个案例分享

（1）16 年拓展，销售额累计突破 500 亿——云南白药牙膏的强关联跨界

云南白药有一百多年的历史，自 20 世纪初，其"止血愈伤、活血止痛、消炎消肿"的功效在民间，就已经妇孺皆知，到了今天，云南白药散剂、云南白药胶囊等传统云南白药的"药"系列已经在中药止血市场中取得了比较稳固的领导性地位。

在自身主力产业不断稳固发展的同时，云南白药也看到了大健康产业在中国的井喷之势。根据国家相关规划，2020 年"健康中国"行动带来的大健康产业市场规模有望达到 10 万亿元；2030 年将超过 16 万亿，是目前市场规模的 3 倍。未来十年是大健康产业的黄金十年。占据上风口，拥抱趋势和变化，就能拥抱未来。大健康产业长足发展的趋势下，越来越多的功能日化产品不断涌现，比如说功能性的药妆产品，牙膏的功能化和健康化也成为一个产品创新的切入口。

作为一个百年药企，面对药妆市场和大健康产业机遇，云南白药也需要依托自身独特药企资源优势，在创新中寻找新的产业增长点。云南白药牙膏正是在这样的企业和产业背景之下推出的——消费者对高品质健康生活的追求成为一种主流消费需求，而在传统防蛀、美白的牙膏功能基础上，消费者越来越多地关注牙龈出血、肿痛、口腔黏膜损伤等口腔健康问题。

云南白药把白药配方成分跨界放入牙膏里，实现了对消费者口腔问题的强关联性解决，取得了极大的产品创新成功和企业价值回报，以跨行业的创新精神，成就了一个由医药企业打造的民族牙膏品牌。2005 年第一年运作就突破牙膏行业国际品牌市场垄断困局，成为高端功能护口牙膏引领者之一；到今天累计销售额突破 500

亿元，而且截止到 2019 年 5 月，云南白药牙膏在牙膏市场中的份额为 20.1%，成为国内牙膏市场单品牌领跑者。

（2）全球 11 亿用户的网上支付工具——支付宝的强关联跨界

王石曾经说过，淘汰你的不是互联网，而是你不接受互联网。当你不把互联网当成工具跟你的行业结合起来，最终淘汰你的还是你的同行，他们接受了互联网，把互联网跟自己做的事情结合起来，淘汰了你。人类社会每次经历的大飞跃，不仅仅是物质催化和技术催化，更具本质性的是思维工具的迭代。互联网技术从工具属性到社会生活，再到群体价值观的变化，不断改变着我们的生活方式。一切能通过网络解决的问题就交给网络，因此更便捷的线上支付服务创新就满足了互联网时代消费者的消费支付需求。

支付宝，作为一个第三方支付平台，致力于提供"简单、安全、快速"的支付解决方案，自 2014 年第二季度开始成为全球最大的移动支付厂商。支付宝与国内外 180 多家银行以及 VISA、MasterCard 国际组织等机构建立战略合作关系，成为金融机构在电子支付领域最为信任的合作伙伴。

今天的支付宝平台功能已经不仅仅是支付，基本已经渗透到了城市生活中的方方面面，从付款、借贷到查快递、点外卖、叫滴滴，还有生活缴费、买电影票及火车票、手机流量充值、理财投资等，这些都是我们常用的功能，支付宝已经成了一个综合性的生活服务 App 平台。2020 年支付宝正式对外宣布，支付宝全球用户数已经超过 11 亿。在中国，有 70% 的用户使用过三种以上的支付宝服务。

在互联网时代，需要互联网化的生活解决方案，需要一种互联网生活思维，从线下购物到线上购物，从线下娱乐到线上娱乐，从线下阅读到线上阅读……互联网化的企业产品和服务创新是一种主流趋势。支付宝的成功，是一个"外行"对传统银行业务的跨界打劫，是传统生活模式的互联网化蜕变，而这种模式蜕变在今天这个时代有着难以估量的价值吸引力和驱动力。

（3）全球 6 大洲 600 万个房源的共享选择——爱彼迎的强关联跨界

据说，在 2007 年，爱彼迎（Airbnb）联合创始人布莱恩·切斯基（Brian

Chesky）和乔·杰比亚（Joe Gebbia）在他们位于旧金山的家中接待了三位参加设计展的旅行者。当时他们并没有想到，这三位客人（迈克尔、凯特和阿莫尔）会成为爱彼迎社区的首批房客。

共享经济是在 1978 年提出的，其主要特点是包括一个由第三方创建的、以信息技术为基础的市场平台。从狭义来讲，共享经济指拥有闲置资源的机构或个人有偿让渡一定期限的资源使用权给他人的一种商业模式。

爱彼迎是共享经济的代表，被《时代周刊》称为"住房中的 eBay"，是一个旅行房屋租赁社区，用户可通过网络或手机应用程序发布或搜索度假房屋租赁信息、完成在线预定程序。资料显示，今天的爱彼迎已经遍布全球 81 000 多座城市。在迈克尔、凯特和阿莫尔首次入住的 10 年后，每半秒就会有三位房客住进爱彼迎。房客们可以选择全球 6 大洲的 600 万个房源，包括蒙古包、树屋和船屋等特色房源。

对个人闲置资源的商业盈利性租用是共享经济运转的基础，互联网时代的发展为这种经济模式提供了一个连接闲置资源拥有者和租赁使用者的高效技术平台，爱彼迎的业务基础就在于房东和租客双向需求。爱彼迎是传统旅游住宿和互联网技术、共享商业思维的创新性关联，是共享经济模式对传统酒店行业的对象化模式颠覆。

今天，爱彼迎通过"闲置资源、使用权、连接、信息、流动性"五个模式创新要素的构建组合，在全球范围内创造了巨大的商业模式价值。2019 年，爱彼迎又迎来了一个新的里程碑——全球已有 5 亿房客入住爱彼迎房源。世界品牌实验室发布《2018 世界品牌 500 强》榜单，爱彼迎排名第 425 位。自爱彼迎创办以来，爱彼迎房东们已经在平台上获得了超过 650 亿美元的收入。

## 三、 强关联的类型和要义： 每个企业都有自己的强关联连接

### 1. 三种强关联： 从优化、重构到颠覆

根据关联连接的创新影响深度，强关联可以分为三种类型，分别是：优化性强

关联（优化微调）、重构性强关联（基因重构）、颠覆性强关联（物种颠覆）。

优化性强关联是一种对产品（包括服务）进行局部优化的强关联。这种强关联可以优化消费者的产品体验，增强消费者对原有品牌的消费黏性。如西西弗书店在店里开咖啡馆和卖文创产品，就是对新时代图书消费者阅读和文化休闲生活体验的一种优化创新；宜家家居在卖家具的同时还提供餐饮服务，也优化了家具购买者的服务体验，增强了消费者对宜家服务的品牌忠诚度和流量性导入；跨界车轿跑 SUV则是以轿车化和跑车化的驾乘体验来优化 SUV 车型的产品优势。

重构性强关联是一种改变了原产品或品牌基因的重构性强关联创新。这种基因重构会对原有产品或品牌的基本功能、调性、消费认知进行内核性的创新改变，产生一种新的市场品类感，对企业来说，往往也是一个新的产业增长极的树立。云南白药牙膏和东阿阿胶桃花姬都是传统中药成分向关联产业的跨界创新产品，前者是非传统牙膏的高端功能性品类开创，后者是都市时尚女性的新形态养颜膳食餐，对云南白药和东阿阿胶的大健康产业构建有明星战略单品引领作用，也改变了消费者对云南白药和东阿阿胶这两个百年药企品牌的传统认知。同样，故宫文创产品是对故宫传统文化的跨界重构，从根本上改变了人们对故宫和其代表的中国传统文化的认知，为故宫带来了新的文化产业活力。

颠覆性强关联是一种由实现了真正市场颠覆的新物种创造的强关联创新。这种强关联创新往往会对市场和传统行业形成一种颠覆性影响，甚至完全催生出一个新的市场或新的行业。

比如说，淘宝、天猫的出现就是互联网思维对传统零售领域的跨界颠覆。数据显示，2019 年全年，全国网络零售额突破 10 万亿元。2020 年上半年，全国网上零售额 51 501 亿元，同比增长 7.3％。其中，实物商品网上零售额 43 481 亿元，增长 14.3％。

再比如说，改变了中国传统出租车行业的滴滴出行，平台在 2017 年全年为全国 400 多个城市的 4.5 亿用户，提供了超过 74.3 亿次的出行服务，这相当于全国每人平均使用滴滴打过 5 次车；而后起之秀曹操出行，平台也已经覆盖到了全国 30

个城市，投放的新能源车辆更是已经超过 30 000 辆，用户已超 2 000 万，在 2018 年的时候全年的总服务人次达到 1.2 亿次。

| 强关联类型 | 定义 | 示例 |
|---|---|---|
| 优化性强关联 | 一种局部性的、优化性的强关联创新 | 西西弗书店、宜家餐饮、轿跑SUV、芝士酸奶 |
| 重构性强关联 | 一种改变了原产品或品牌基因的重构性强关联创新 | 云南白药牙膏、东阿阿胶桃花姬、故宫文创、丁香医生 |
| 颠覆性强关联 | 一种由实现了真正市场颠覆的新物种创造的强关联创新（颠覆性强关联要具备对市场的颠覆性影响） | 智能手机、淘宝与天猫、滴滴出行 |

### 2. 跨界战略强关联连接的三大特性

通过上面的系统分析和阐述，我们理解了什么是强关联，也理解了要如何识别和界定强关联，以及强关联在跨界战略创新中的核心作用。而对于强关联的认知，我们还需要掌握其必然性、普遍性和非唯一性三大特性。

**特性一： 强关联的必然性——企业跨界战略成功的核心就是实现强关联连接**

强关联连接是企业跨界战略成功的必要条件，这种必要性可以表达为两个意思：一个跨界战略成功了，一定是实现了某种强关联连接；一个跨界战略要成功，一定要实现某种强关联连接。

基于第一层意思，我们可以探究成功跨界战略背后的必然性强关联连接，从这种必然性中洞察和总结跨界战略的强关联规律。比如说腾讯微信跨界移动支付业务，5 年间，微信支付从零开始，发展到日均移动支付 10 亿笔，成为可以和支付宝相抗衡的支付工具。不同于支付宝，微信支付的成功就在于微信社交属性对支付的强关联性支撑，微信本来就是以社交为目的而诞生的，而微信支付则是为了给庞大的微信用户提供一个便捷的支付渠道，而其特色的发红包等创新更使得支付服务的社交体验感得到增强。

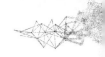

第二层意思则说明了，一个跨界战略要成功，没有一定的强关联支撑是不行的，即使企业本身核心驱动力与目标业务的关联性不够强，也要通过人才及技术引进、资本收购等手段进行关联性补强。无论是恒大还是格力，要跨界造车，就必须通过跨界收购，拥有相应的造车技术和产业链核心驱动力支撑，而且其汽车品牌的命名与推广，也很难用"恒大"或"格力"来带动。

### 特性二： 强关联的普遍性——每个企业都有自己的强关联连接

事物的普遍联系性决定了每个拥有自身独特核心驱动力的企业都可以依托核心驱动力进行一定的企业竞争力关联性延伸，从而实现跨界创新，所以云南白药可以依托止血圣药的品牌美誉卖牙膏，江中制药可以借助健胃药品领域的强势地位卖养胃饼干，强生制药就可以凭借国际性药企巨头的高安全性、高信任度品牌背书卖奶粉和婴幼儿护肤品。当然，不同企业的跨界战略选择是根据企业自身的核心驱动力决定的，这种强关联就是建立在与企业核心驱动力的高度匹配上的。

我们所谈的跨界战略，也不仅仅是行业的多元化跨界，而且是包括品牌体系赋新、产品体系赋新、营销体系赋新、传播体系赋新、文化体系赋新和模式体系赋新在内的六大跨界赋新。这就决定了企业在跨界战略创新实施上的更多维度可能——不仅仅是跨产业的产品创新和品牌延伸，还有营销传播体系的跨界赋新和文化、模式上的跨界突破，比如说新零售、新国货等。所以企业的跨界战略甚至可以是复合型的，一方面进行跨产业市场运作，一方面进行积极的互联网化转型，还可以同步推进企业品牌的新文化跨界复兴战略。比如说借助国际时装周和各类跨界联名实现品牌重塑的李宁，不仅在品牌文化吸引力上实现了跨界赋新，在互联网时代的电商渠道开辟上也保持高增长态势。数据显示，李宁在2019年收入138亿，电商占比超22.5％。

### 特性三： 强关联的非唯一性——每个企业不只有一个强关联连接，多个强关联连接中存在战略优选性

企业跨界战略的方向不是只有一种可能，随着企业自身核心竞争力的不断成长和时代的不断发展，这种跨界可能性会越来越多，而多个跨界可能性中的战略优选

性取决于企业对各个可能性的市场预期和资源配置力。

1984 年，以品牌唱片享誉英国的维珍进入门槛非常高的航空业，成立了"维珍大西洋航空公司"；1994 年，企业创始人布兰森又成立"维珍可乐公司"，维珍可乐在欧洲的销售量甚至比百事可乐还要多；1996 年维珍铁路公司成立，并雄心勃勃地要发展成为全欧洲服务质量最好的公司；1999 年，维珍电信公司成立，并致力成为全球性的移动电话公司。

今天，作为英国最大的私营企业，维珍集团由分布在 22 个国家的 100 多家公司组成，其中还包括金融服务公司（维珍直效）、化妆品零售连锁和直销运营中心（virgin vie）、多家媒体机构（维珍电视台、维珍广播）、传统服装生产线（维珍服饰、维珍牛仔裤）、婚庆店（维珍新娘）等，维珍提供的产品和服务基本上涵盖了人们生活的方方面面。

"维珍之所以能够延伸成功，得益于黑马型商业模式的核心识别：延伸的所有品类都是对手（如英国航空、可口可乐、英国铁路等）占有率很高的产业，而这些对手对于客户总是漫不经心，反应迟钝。相反，维珍却扮演着商业竞争中后起巨子的角色，它关心客户需求，创新出替代性的服务。久而久之，消费者形成了凡是维珍延伸到的品类定会改变这个行业的认知。"这样的成功解读，揭示了维珍反传统的品牌个性和独特的维珍品牌体验在多元化品牌跨界延伸中的核心强驱动作用。正是依托这种核心驱动力，维珍在每一个特定的发展时间点都找到了自己最具优选性的关联性跨界战略切入口，并最终实现了多元化的产业跨界集团构建，成为一个多元化发展的跨界典范。

## 四、 跨界"亲密度"的测试： 强弱判定，由点到面

从强关联的必然性、普遍性和非唯一性三大特性，我们可以看出，强关联在跨界战略中的核心支撑和保障作用——强关联成就强跨界，因此，对跨界强关联的探寻乃至关联性强弱的判定，就成为跨界战略构建的重中之重。

那么，要如何来测定一个企业在战略构建中跨界的关联度强弱呢？事实上，这

个强弱判断和企业核心驱动力有着紧密的联系。

### 1. 测试工具： 六大核心驱动力的关联性强弱判断

企业核心驱动力是跨界战略的内在支撑，这种战略支撑作用体现在企业核心驱动力对具体关联连接的匹配度和适应性上。匹配度和适应性越好，关联性越强；相反，关联性也就越弱。这种核心驱动力匹配度、适应性和关联性强弱的判断，我们可以用下面的关系图来进行工具性测定。

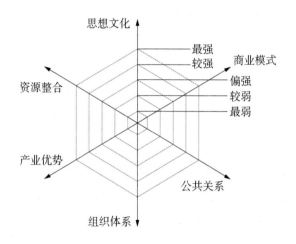

在这个强关联强弱判断工具图中，六条箭头线代表企业的六个核心驱动力，不同的环状网格代表由企业核心驱动力对具体关联连接的匹配性和适应性决定的关联性强弱等级，由内到外依次为最弱、较弱、偏强、较强和最强五个判定等级。

从这个工具图中，我们可以提出两个关键问题。

（1）在某个跨界战略构建中，企业最强的核心驱动关联是哪一个维度？

如下图所示，某企业在一个具体的关联连接中，六个核心驱动维度形成的关联性强弱等级分别是：思想文化、公共关系核心驱动关联性"很强"，资源整合、产业优势核心驱动关联性在"很强"和"最强"之间，商业模式、组织体系核心驱动关联性在"偏强"和"较弱"之间。由此可以判断出，在这一具体的关联连接或跨界

战略创新中,企业最强的核心驱动关联是产业优势,最弱的核心驱动关联是商业模式。

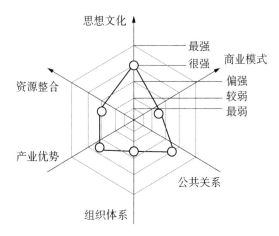

(2)在两个平行的跨界战略选择中,哪个跨界更具有系统性的核心驱动力支撑优势?

比如说一个企业,面临两个跨界战略选择,分别是跨界战略A和跨界战略B,那么企业核心驱动力对这两个跨界战略的系统性支撑,哪个更强?这种平行层面的系统性强弱对比,需要我们画两个图,具体如下:

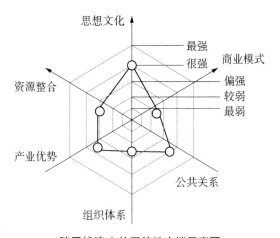

跨界战略A的系统性支撑示意图

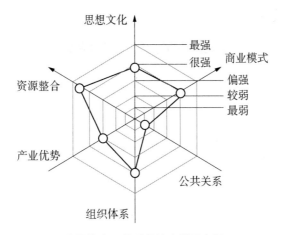

跨界战略 B 的系统性支撑示意图

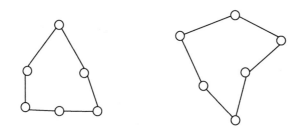

　　将图中圆圈连线抽离出来，就能得到两个不规则的闭合图形，这两个闭合图形的内部面积大小，就显示了企业六大核心驱动力对跨界战略 A 和跨界战略 B 不同强度的系统性关联支撑。

　　同样地，这样的对比也适用于企业 A 和企业 B 同时推进相同的跨界战略时（如两个药企同时跨界做牙膏），两个企业的核心驱动力系统性支撑强弱对比：如果 A 企业最后形成的"不规则面"大于 B 企业最后形成的"不规则面"，那么就代表 A 企业的跨界战略核心驱动力支撑更具优势（更适合做牙膏）。

　　对于跨界战略的构建和推进来说，关联性强弱的判断是战略选择的关键性依据，除了借用如上所述的判断工具，还需要企业经营者具有更敏锐和精准的市场感性判断力，为企业战略决策提供方向引导。

【一个案例分析】

## 云南白药做牙膏，还是做食品？

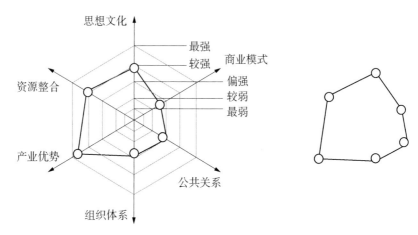

云南白药做牙膏的核心驱动力关联性支撑示意

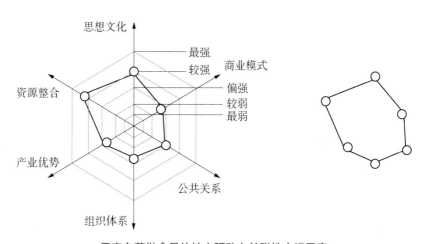

云南白药做食品的核心驱动力关联性支撑示意

对于云南白药跨界做牙膏还是食品（饼干），在思想文化、商业模式、公共关系、组织体系和资源整合五个维度上，其核心驱动关联支撑力强弱等级基本相同，唯一有巨大差别的是产业优势方面，云南白药跨界做牙膏，可以借助其止血愈创的品牌美誉和云南白药独特配方成分，所以产业优势对跨界牙膏的关联性支撑强度在

"最强"和"较强"之间，而对于跨界做食品，云南白药本身就不具备很强的产业支撑优势，其评价等级在"偏强"和"较弱"之间。因此，从整体形成的核心驱动系统支持力"不规则面"看，做牙膏的"不规则面"明显大于做食品的"不规则面"。所以分析结论就是，云南白药跨界做牙膏具有更强的核心驱动力系统性关联支撑，是更优的跨界战略选择。

### 2. 跨界突破： 由点到链，由链到面

从上面的企业核心驱动力和关联性强弱判断中可以看出，强关联驱动下的跨界战略创新和突破，是一个由点到链、由链到面的关系和过程。

由点到链：思想文化、商业模式、公共关系、组织体系、产业优势、资源整合六大核心驱动力，可以看做企业的六个强弱程度不同的优势点。跨界战略的构建，往往是一个由点到链的过程——在进行强关联跨界创新时，这六大优势点可以两两相连，构成一个企业跨界的核心驱动力链。这个核心驱动力链如果以产业优势构建为核心，往往也会表现为企业跨界产业链的一种一体化重构。

企业产业链是涵盖企业生产原料种植与采购、贸易与物流、分发与加工、品牌建立、产品销售等环节的完整的企业生产经营系统。它实质上是为同一个目标而设计的多

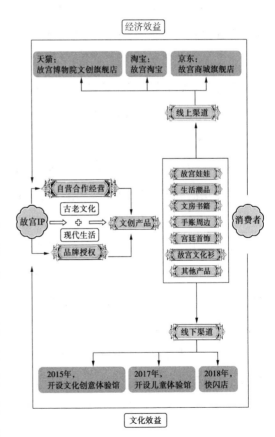

环节、多品类、多功能有机结合的、整体运作的组织，就像一部机器、一盘整棋。

近几年故宫文创备受关注，故宫在传统文化方面，以文化跨界为战略切入点，搭建起了自己的文创商业版图，建立了一个坚守 IP 价值与开放互动的产业链。

由链到面：闭合形态的核心驱动力链，最终成为一个不同大小的"不规则面"。这个"面"代表的就是企业实施某项跨界战略的核心驱动力系统支撑力大小，或者说是跨界战略的关联性强弱，从竞争力的角度讲，就是企业跨界战略实施的系统性核心竞争力。跨界战略的构建和实施并不是某一个核心驱动力的单点突破，而是由点到链、由链到面的竞争力系统性聚合。

企业在战略由点到链、由链到面跨界发展过程中，往往也会对企业商业模式和整体运营体系进行全面性的创新重构，甚至会由此形成一个新的商业生态圈，从更宏观的维度构建企业综合性跨界竞争力。

作为中国民族品牌和国内最大的 O2O 零售企业，苏宁从一个家电连锁零售时代的霸主成功跨界蜕变为一个兼具线上线下双线融合优势的智慧零售集团，它推出了"智慧零售大开发"战略，"一大（苏宁易购广场）、两小（苏宁小店、苏宁易购县镇店）、多专（苏宁易购云店、红孩子、苏鲜生、苏宁体育、苏宁影城、苏宁极物、苏宁易购汽车超市）"的智慧零售业态族群在全国加速复制。

苏宁快消集团 2019 年战略合作发布会在成都举行。发布会上，苏宁快消集团公布了 2019 年"V5 战略"和全面赋能品牌的"超体计划"。相较于纯电商平台，苏宁易购线上线下双渠道的全面性场景跨界互联，更能够保障品质，提供沉浸式的场景化零售体验。在"互联网＋"的新智慧零售战略引领下，苏宁易购由点到链，再由链到面，构建起了全新的智慧零售商业模式和企业运营体系，也建立了自己独特的零售商业生态圈。

总之，跨界战略强关联性核心驱动力的形成和跨界战略的构建，都有一个由点到链、由链到面的过程，都是点、链、面三个维度上的协同发力，最终形成一个有点、有链、有面的多层次复合性战略竞争体。

# 第十一章　穿越边界迷雾
## ——连接 6 大赋新

世界知识产权组织发布的 2019 年全球创新指数报告显示，中国的全球创新指数排名继续上升，从 2018 年的第 17 位上升至第 14 位。而全球创新指数是衡量一个国家或经济体创新表现的主要参考指标。

国家的发展离不开创新，企业的发展同样离不开创新。海尔张瑞敏也提到过创新对于企业的重要性：要持续造势，就要把企业做成一条流动的河，源头是创新的 SBU（战略业务单元），河的终点是用户的满意度。

跨界战略的体系赋新，以赋能式创新帮助企业以突破传统的跨界运作方式，在复杂多变的市场竞争中，以超越性的竞争优势占据行业领先位置。

## 一、品牌体系赋新：品牌力量的三维加码

国内外众多药企依托原有医药产业品牌跨界健康日化、功能食品；网易云音乐也频频以品牌跨界出圈，从限量版音乐面膜到主题音乐咖啡店，吸引大众关注；新晋跨界"潮牌"大白兔奶糖变身润唇膏或香水更是引发了大众集体怀旧情绪……在当下这个跨界消费的时代，对品牌进行跨界延伸，已经成为企业寻求市场新突破的通用法门。

品牌的跨界要从品牌内核认知出发，对品牌由内到外、由价值到表现进行体系

化的赋新。下面，我们就从认知、价值、表现这三方面进行品牌体系赋新的探讨。

### 1. 品牌认知赋新：占据"需求脑海"

当你想到苹果手机，脑海中就会浮现出一种极简的时尚和科技创新感，这就是一种品牌认知。品牌认知是一种企业品牌竞争力，特别是在大众消费市场上，当产品和服务同质化时，消费者会倾向于选择更具有个性特征的品牌。

最初的六个核桃仅是众多植物蛋白饮料中的一种，并未显示出突出的特点，但在其品牌赋新喊出"经常用脑、聪明的选择"等广告语后，对消费者形成了"六个核桃＝聪明"的需求的心智垄断。一个品牌对消费者需求脑海的占据，可以影响一个人对具体品牌的认知，就如同一层"滤镜"，决定了你能"看到"什么。可以说，消费者对某一种品牌的认知认同程度越高，说明该品牌在其需求心智中占据的分量就越重。今天，我们想到广药的跨界品牌王老吉，就能联想到防上火，因为经过连续的宣传，用户已经建立了"王老吉＝防上火"的固定认知。

品牌认知的赋新，有很多手段和方式。企业可以通过品牌人格化和 IP 化，或塑造品牌故事来实现品牌认知的赋新。从早期的米其林轮胎人到后来的江小白等，许多企业都在将品牌 IP 化。美国营销大师菲利普·科特勒说："一个成功的人格形象已经是最好的公关。"互联网时代，特别是移动互联网时代，更应赋予品牌人格魅力。品牌还可以用具备一定知名度的创始人来代言，把抽象的品牌转化为具象、可感的"人"的形象，甚至塑造一种社会价值观。如提到褚橙总是会让人想到品牌背后的褚时健的励志精神，这就非常自然地将品牌、IP 和产品联系起来了。

人都有好奇心，一个传奇的品牌故事往往更易被记住，更易被流传。品牌故事可以是讲品牌的缘起，讲创始人的故事，讲品牌和某一个事件的关系，从 1900 年《米其林指南》诞生时写于封面上的"这本指南诞生于世纪之交，并将与世纪共存"，到 1944 年为盟军作战而印刷的 200 多万份带有地图的新版本……《米其林指南》及其背后的三星评选等，不断为品牌制造故事与话题，实现品牌认知的脑海渗透。

### 2. 品牌价值赋新：谋求"物有所值"

为什么消费者会认为华为手机比某些国产手机更好？为什么消费者会认为劳斯莱斯就应当比普通汽车更贵？这里就涉及品牌价值。它是品牌在用户心目中形成的综合体，包含了品牌品质、文化、个性等，核心表现就是该品牌在用户心中是否"物有所值"。

双鹿啤酒曾经是温州市场占有率达 80％以上的强势品牌，然而，被国际啤酒巨头百威英博并购后，双鹿啤酒连续 5 年销量下滑。"白酒陈的香，啤酒鲜为美"，啤酒是一个对"新鲜度"要求很高的产品。为重夺区域市场，百威英博·双鹿啤酒提出了"家门口的新鲜"这一全新的核心价值主张，打造了 5 天内就能喝到，采用冷藏车送货，全程进行低温控制，将新鲜做到更好的啤酒——"纯鲜直送"。从全新的高端"纯鲜直送"开始，双鹿啤酒的市场定位由中低端拉升到中高端，实现整个产品体系的价值链重塑，提升了双鹿在区域市场的品牌影响力，加强了消费者的认知。高端新品对双鹿品牌在区域市场的终端运作，形成了很好的渠道黏性和产品关注度，为产品后续系列化运作铺平了道路。"纯鲜直送"一经上市，就牢牢占据了 A 类餐饮的位置，在颓势中完成逆袭，成为百威英博畅销"鲜"锋。

品牌体系赋新要找准核心价值，不妨问自己三个问题：

（1）哪些价值是公司本身所具有的本源价值？

（2）哪些价值是能解决目标用户的核心诉求与痛点的价值？

（3）哪些价值是能让品牌与竞争对手形成核心差异化的价值？

在准确回答了上边的问题之后，相信关于品牌的核心价值，就会浮现在你的心中了。

### 3. 品牌表现赋新：遵循"关键三点"

当我们与他人初识时，我们总是会不由自主地去提取一个人的主要特征，而不是在大脑里给他拍一张照。这是因为大脑讨厌复杂的信息，它只能理解简单的信息，这也决定了我们更多时候是用简单的信息去记忆这个复杂的世界。同样，对于

消费者来说，品牌的概念是相对抽象的，它通常会通过视觉形式如标志、导视系统、媒体系统等来表现。品牌表现维度的赋新是从品牌形象的打造开始的，在原有品牌形象基础之上，将企业自身跨界的特点传达出来，以更强的感官冲击给消费者留下更深的印象，从而使消费者更快地记住品牌。

品牌表现能配合公司的跨界战略来重塑品牌形象，为品牌增添新的活力。市值40亿澳元的达美乐（Domino's）早已不满足于只做披萨，开始跨界，这一点也体现在它的标志上，它去掉了"pizza"的字样，只保留品牌名称，如此更贴合企业现在的发展方向。除了标志之外，还有品牌图案、品牌颜色、品牌吉祥物、品牌广告等，这一系列的品牌视觉表现在进行体系化的赋新时需遵循以下三点：首先要具有视觉冲击性，能给消费者留下深刻品牌印象；其次，还要保持品牌独特性，在传达跨界品牌理念与特点的同时，和竞品保持区隔；最后，对于具有一定知名度的品牌，要与原品牌形象之间保持连续性，以避免老客户群体对新形象产生不适感，从而不利于接下来的品牌推广。

可口可乐的红色，成为品牌激情、欢乐的象征；蒂芙尼独特的蓝绿色，不仅让这种颜色以品牌命名，也被视作高贵优雅的象征；谷歌经典彩色字母标志的设计者露丝·凯达（Ruth Kedar）也曾分享道："我们本来打算使用红、黄、蓝三原色，但又不想显得太过呆板，就把L字母换成了绿色，表现出谷歌的特立独行，不墨守成规。"在国内，同样有一家房产服务平台——链家，采用了鲜明的绿色来作为品牌色，在视觉上给消费者以冲击。虽然这些年链家的标志等随着品牌发展一路升级，但从初期的英文字体"home link"到"LIANJIA.链家"的标志，及至现在使用的突出链家移动互联网O2O升级的、以"L＋J"（链家首字母）变形而成的房子形标志，都坚持使用品牌色：绿色。而这也贯穿了链家的整个VI系统，无论是线下店招、海报、灯箱，还是线上网站、App等，标志性的颜色不仅保持了品牌形象的整体性与统一性，和竞品进行了区隔，让消费者一眼就看到它，也让链家在一次次品牌形象升级中保持了一致性，不会给消费者造成陌生感。

## 二、 产品体系赋新： 瞄准顾客价值，抢占市场高点

BAT这些互联网巨头，在起步之初都是通过创新性的差异化产品，积累了原始的用户与资本，阿里的淘宝网让C2C变为现实，腾讯推出的QQ使大众实现了更便捷的即时联系。而近几年崛起的美团、滴滴、今日头条等一批独角兽企业，也是通过创新性的产品去创造顾客价值，这是企业存在的第一本位，是企业的立足根基。"产品和服务"是企业经营的核心要素，它们是连接用户的入口，要进行产品体系赋新，可从以下三个关键方面入手。

### 1. 从微创新到颠覆式创新： 打开产品创新的思维魔盒

现代管理学之父彼得·德鲁克认为：企业只有两项基本职能，那就是创新和营销。而在创新之中，产品创新首当其冲，它是企业与企业之间竞争比拼的关键。谁能持续创新出有顾客需求、高品质的新产品，谁就可以赢得市场先机。

（1）以微创新产品实现用户再引爆

产品的微创新是以用户的需求为出发点，只要找到用户的痛点，以微小迭代来满足用户需求，让产品在循序渐进的创新中引爆用户需求。产品微创新就是在现有已成熟且能正常满足用户需求的产品上，进行低成本的研发微创新。书香门地地板与全球领先的水晶制造商施华洛世奇携手，推出了水晶地板，艺术水晶与美学地板跨界完美融合。此举开创了地板行业跨界研发的先例。

乔布斯曾经说："微小的创新可以改变世界。"创新工场董事长李开复提出："微创新强调在一些关键技术上提供更加灵活实际的、多方面的产品开发或者服务思路。"微创新成功与否，往往不仅取决于创新的深度，更取决于创新的路径和方向。国内艺术生活品牌野兽派跨界连接内衣、化妆品、蛋糕、洗护用品，将鲜花及花元素应用到各种场景中，为用户不断创造新的情感需求和体验。2011年起家时仅在社交平台售卖，如今的野兽派已经成为鲜花行业的翘楚。

此外，我们还可以运用逆向思维进行微创新，采用"先形式后功能"的原则，实行从答案到问题的创新方向，例如大疆把以往主要应用在军事领域的无人机大规

模应用到商业领域，研发出可用于农业、记者报道等方面的产品。

（2）颠覆式创新产品成就行业新标杆

国内首张颠覆性创新榜单对外发布，它们中有将人工智能技术运用在医学领域的 AI 产品"腾讯觅影"，有搜狗的商用神经机器翻译系统、字节跳动的人工智能项目"面向移动端的低功耗超实时 AR-VR 开放平台"……颠覆式创新的提出者、哈佛大学商学院教授克里斯坦森表示："颠覆性产品，能够开辟一片新的市场，也就是所谓的新市场颠覆；或者能给现有产品，提供一个更简单、低价或更方便的替代品，也就是低端颠覆性。"这两种颠覆式创新往往都具有极强的破坏性。以往推出颠覆式产品的企业，如颠覆了马车发明出汽车的奔驰、颠覆了传统支付方式发明支付宝的阿里巴巴等，都更易成为该行业的标杆。

从传统租赁的线下邮寄 DVD 跨界到在线视频播放并成为行业巨头，奈飞实现了颠覆式创新。在早期的 DVD 租赁行业中，奈飞率先建立会员体系，通过直邮及费用月付的模式，以中央仓库 PK 掉了线下租赁的实体店。该模式使用户不必为每一张 DVD 单独付费却对观看内容有了更多选择，最后颠覆了传统 DVD 租赁行业，就连曾经的视频租赁帝国百视达也败下阵来。在互联网及个人电脑开始普及后，奈飞全面向流媒体行业跨界，基于数据挖掘和智能算法的分析系统，实行付费制度，从渠道向"渠道＋内容制造商"转型。今天，越来越多人习惯看奈飞的内容，而不再去电影院，奈飞正在颠覆的就是传统的影视产业。

从人性的角度来看，人都是有惰性的。用户更喜欢可以尽量不用脑子、不费力气，就能解决问题的产品。当专注于将复杂难用的东西变得简单、笨重的东西变得轻巧便携时，企业也容易创造出颠覆性产品，例如在线机票预订的产品就帮用户省去了购票的诸多烦琐操作，用户在网上就能轻松购买机票，对传统的机票代理业务极具颠覆性。

### 2. 从定位到定价：产品运作要有"瞄准器"

精准选择目标市场是在市场竞争激烈的环境下，决定产品成败的关键要素之一。在跨界创新运作产品时，企业可以用定位和定价这两个"瞄准器"精准锁定目标市场和用户。

（1）定位瞄准：抛弃和集中

凯茨·莱因哈德提出，定位的本质无非是舍弃——把那些不重要的东西拿出去抛掉，然后把关注面集中到一点上。产品卖点的提炼、产品价格的确定、产品包装的设计风格等营销策划的核心环节都是对产品定位的延续和深化。若新品没有建立清晰、精准的定位，则后续各个营销环节就如同一盘散沙，没有重心，只能各自为战，达不到聚焦发力的营销目的。精准的产品定位建立在深刻的洞察之上。首先是洞察市场，锁定消费者群。每一个消费者群就是一个细分市场，每一个细分市场都是由具有类似需求倾向的消费者群体构成的。可以根据消费者的需求、动机、购买行为的多元性和差异性来进行产品的定位。其次，还要洞察产品与竞品之间的不同，以便进行差异化的区隔定位。企业提供给顾客的产品，通过技术差异、功能差异、文化差异等实现相对的特殊性，使顾客能够把它同其他竞争性企业提供的同类产品有效地区别开来，从而达到使企业在市场竞争中占据有利地位的目的。作为小瓶酒的代表，江小白的成功与其精准的定位策略密不可分。传统饮用白酒的为中老年人群，现代年轻人大多没有喝白酒的习惯，江小白通过不同年龄段的人群跨界，将自身定位为"年轻人的小酒"。在这一定位下，江小白倡导一种年轻时尚的白酒文化，在酒体上采用更易被年轻人接受的小曲清香酒，同时消费者可依据个人喜好用其调制鸡尾酒；此外，江小白根据产品定位，将喝酒场景从较严肃的酒桌转变为同学朋友之间的"小聚会"、表白成功、拿到 offer 的"小时刻"等。

（2）定价瞄准：内因和外因

作为世界最负盛名的管理大师之一，"隐形冠军"之父赫尔曼·西蒙曾表示："价格是对利润影响最大的因子，因此公司必然要仔细地检查其定价策略。"从行为经济学来说，人的行为是不理性的，价格背后蕴藏着大量心理奥秘，产品定价是一场心理战。面对复杂的市场环境，企业在为跨界产品定价的时候，应该从多维度去进行综合考量，以帮助产品顺利完成从卖方到买方的惊险一跳。影响跨界产品定价的因素可以分为内在因素和外在因素。内在因素首先重产品功能差异和品质，外在因素首先要考虑需求弹性，电子产品在这方面体现得相对较明显，如手机新品的价格往往会高开低走，这是因为随着其他更新款手机的出现，消费者对旧款手机的需求也就越来越小。此外价格还与消费的稀缺性、消费的场景差异等有关，价格会随着场景变换而发生变化，人们通常会根据场景的不同来判断产品的价格，比如玫瑰花在情人节的价格就比平时要贵很多，一瓶老干妈辣椒酱在国外可以卖到 12 美元。

**小链接：定价的秘密，选对心理账户**

2017 年诺贝尔经济学奖获得者理查德·塞勒提出了心理账户这一概念。

什么是心理账户？我们来看个小实验。

场景 1：你提前买好了价值 3 000 元的演唱会门票，但在出门前发现票丢了，你会重新购票看演出吗？

场景 2：你没有提前买演唱会门票，但是出门前发现把购物卡弄丢了，价值 3 000 元，你会买票去看吗？

绝大部分人在面临场景 1 时选择不去看演唱会，但在场景 2 中他们却选择继续去看。同样是丢钱，为何结果却大不一样呢？这就是心理账户在起作用。大众往往会对自身的消费行为进行归类，建立不同的心理账户，并分配好各自的预算。不同的心理账户之间，影响力较小；同一个心理账户内，相互影响力较大。因此，当消费者的预算不足时，可以引导他切换到另一个预算充足的心理账户中。

### 3. 从 1 到 N：创新裂变打造产品组合矩阵

1988 年，主营眼药水的乐敦药厂成功收购制药企业曼秀雷敦，开始进行更多元化的产业布局。三年之后，该厂在中国开设了曼秀雷敦（中国）药业有限公司。进驻中国以来，曼秀雷敦产品主要分为非处方药类和个人护理类两大类，前者包括滴

眼剂、外用软膏等，后者则主要有护唇系列、防晒系列、肌研系列等产品。以肌研系列为例，它从初期的极润保湿系列开始，以"制药标准"不断推出专注美白的白润美白系列、肌呼吸焕颜系列、针对敏感肌肤的肌研专方系列、蕴含白糀酵源修护精华的肌研糀润系列等 60 多款产品。其中，星级产品肌研极润保湿化妆水以每 4 秒售出 1 瓶的销量速度纪录，已售出超一亿瓶。在选定的目标市场上，企业需要综合考虑企业能力、竞争状况及产品间的相互配合，以更佳的组合矩阵赢得更大的市场空间。

企业构建的产品矩阵多由明星单品、战略单品、侧翼产品、战术产品等构成，每种类型产品都承担着不同的作用，例如明星单品可能成为企业的现金流产品，需要加大投资以支持其迅速发展。在打造明星产品时，为增加产品的"明星相"，企业需提升产品的曝光度，进行口碑传播，以最终获得消费者的信任。强生作为全球医药巨头，跨界推出了婴儿牛奶沐浴乳、强生日抛隐形眼镜等多款明星产品。此外，战略单品不是为了简单的市场细分，也不是为了狙击竞品，它是为了创造新市场而诞生，为了创造新品类而诞生。战略单品可以帮助企业抢占消费者心智资源，成为新品类的代表，满足网络消费需求结构性改变或情感性需求，是在新的市场环境下品牌创建的核心要素。顺丰旗下的顺丰优选和华为推出的荣耀智慧屏电视等都是企业跨界推出的战略产品。

## 三、 营销体系赋新： 重构营销路径，推动盈利增长

2011 年是移动互联网元年，移动技术正一步步改变每个人的生活，带来了大众消费习惯和模式的改变。《哈佛商业评论》曾表示："地球上有 30 亿人互联，下一个 10 亿主要通过移动互联。"随着消费者了解信息、购买商品等习惯的改变，单纯的传统营销效用正在被不断削弱，企业需要跟上移动互联的大时代趋势，对传统营销体系进行跨界赋新。这一赋新变革是从渠道的跨界开始的，而渠道的改变又会引发营销组织的系统性变革。

**1. 渠道终端赋新：渠道变形，终端更新**

随着互联网和移动互联网对社会的渗透和深度改变，新的企业营销渠道和终端不断出现，从各类电商平台到短视频 App 直播卖货……企业也应该进行更多元化的渠道尝试，以适应这样的时代变化。

（1）从线下到线上——渠道形态变革下的跨界新选择

互联网时代渠道跨界性战略调整，主要是线上线下交互渗透。

**首先是从传统渠道跨界到线上渠道。** 你只要打开手机在网上下单，足不出户，购买的衣服、食品、生活用品等就会直接送到你的手上。企业需要与时俱进，如何利用移动互联网进行品牌营销，拓展渠道是关键。在向当前主流的线上电商渠道跨界时，企业可以入驻第三方网上电子商城，如门户网站链接的电子商城，专业性电子商城酒仙网、聚美优品等，综合性电子商城如淘宝、京东、云集等。电商发展到今天，也在不断进行模式升级。例如，成立于 2015 年的云集，仅经过 4 年的发展就成功在纳斯达克上市，市值超 200 亿人民币，它凭借的正是有别于传统电商的营销模式。瞄准微信的社交流量，云集先精选一定数量的高品质商品集中到自己的仓库，再运用云集电商平台分配给上百万甚至上千万有消费号召力的小微意见领袖，通过他们在微信社交平台上的推荐、宣传与口碑传播，带来用户流量和商品交易。品牌商在这个新的渠道中也实现了营销的突破，蓝月亮超级品牌日 1 分钟销售额突破 200 万元，圣牧全程有机纯牛奶一分钟销量突破 20 000 箱，打破了其在全网电商平台的最快销售速度纪录……

**今天，不少传统电商平台也开始推进线上与线下一体化的新零售战略。** 新零售的关键在于使线上的渠道和线下实体店终端形成真正意义上的合力，从而完成电商平台和实体零售店面在商业维度上的优化升级。盒马鲜生、小米之家都是这种渠道跨界的受益者，其中盒马鲜生运营 1.5 年以上的 7 家成熟门店，单店日均销售额超过 80 万元，以平均营业面积 4 000 平方米计算，单店坪效超过 5 万元，相当于同类大卖场 3 倍以上。

另外，特通渠道对培育市场、拉动消费和促进市场增量也有十分显著的作用，

如功能饮料红牛、怪兽等进入网吧销售，九阳推出的商用豆浆机从传统的小家电通路跨界到学校、企业食堂等。特通渠道往往也有特殊的人群指向，在渠道运作上也需要特殊的渠道规则和渠道政策。

今天，当渠道之间的跨界也越来越常态化，我们应该如何选择不同的渠道进行跨界呢？

**企业可以根据目标消费者行为选定跨界渠道。** 不同的渠道所对应的目标消费人群是不同的，只有精准地深入分析不同渠道对应的特定消费人群，才能使渠道价值更有方向性和针对性，渠道跨界的效率才会更高。企业在明确了目标消费群体后，可重点对其购买渠道进行调研分析，通过调研目标消费群体购买的地点、价格、目的、方式等，勾勒出目标消费群的行为特征，如此就可以非常清晰地规划出目标消费群的购买渠道。

**企业也可以根据产品特点选择合适的跨界渠道。** 整合营销传播理论创始人、美国西北大学教授唐·舒尔茨曾表示："在产品同质化的背景下，唯有渠道和传播能产生差异化的竞争优势。"渠道的选择是对消费者的选择，渠道的建设能让产品精准地出现在目标消费群体面前。因此，渠道的跨界主要是为消费者解决"买得到"和"方便买"的问题。广州医药集团推出的"王老吉"饮料，因为产品自身的食品饮料属性，就需要考虑将渠道跨界到大卖场、便利店，还要在餐饮渠道进行推广。

（2）从微信小程序到快手卖货王——移动互联时代的网络新终端

移动互联网环境下，人们的上网、消费、娱乐习惯等都发生了翻天覆地的变化。2020 年 6 月 1 日 0 时至 6 月 18 日 24 时，京东 618 全球年中购物节累计下单金额达 2 692 亿元，创下新的纪录，其中 187 个品牌实现下单金额破亿元；同时阿里巴巴也宣布，2020 年天猫 618 的累计下单金额为 6 982 亿元，创造新纪录。

移动支付将营销与销售渠道直接打通，构架出新的网络营销生态。过去靠网络吸引眼球，现在可以直接转化为网络渠道消费，如当下热门的"电商＋"模式就实现了网络终端营销一体化。

"电商＋社交"模式近年来蓬勃发展，其中的社交平台主要是指月活用户高达12亿（2020年5月数据）的微信平台，依托它出现了三种主流形式。一种是商家通过有赞等微商城系统提供商，建立专属微商城，良品铺子、周黑鸭就是通过这种方式让消费者直接下单购买他们的产品。第二类是微信推出的小程序，作为一种无须下载安装的应用，小程序使用非常方便，也受到了青睐。电商们如唯品会、京东购物等拥有自己的小程序，打造了除平台外的另一种销售渠道，众多的品牌商如兰蔻、理肤泉、特仑苏等都在微信公众号中建立了关联小程序，直接销售产品。第三种则是入驻电商界的黑马拼多多，作为"社交＋电商"平台的代表，拼多多如今已成了众多商家的新产品销售阵地。

此外，"电商＋短视频"也正在成为网络营销新形态。快手曾推出快手小店和快手卖货节，随后在App内举行了"快手卖货王"活动，数百名红人通过短视频和直播的形式卖货，其中，获得"快手卖货王"称号的红人仅十几分钟就卖了近10万套七匹狼男士保暖内衣，1万部红米6手机更是直接被秒杀，而当天卖货王完成了过亿元的销售额。而作为短视频界的另一巨头，抖音也推出了电商小程序，实现从短视频页面直接跳转到商品购买详情页。同时抖音还支持小程序店铺页面展示、店内搜索等，众多商家也纷纷与短视频红人合作，通过短视频App直接卖货。

### 2. 营销组织赋新：以变应变，组织重构

营销渠道终端改变了，企业营销组织的团队架构和管理机制也要随之进行优化赋新，以便提供更强有力的组织性支撑。为了迎合不断变化的商业环境，营销组织正从传统的等级制度变得更柔性，以下选取了三种具有代表性的组织变革形式来进行探讨。

（1）数字化营销组织变革

数字经济带来了万物智联、网络化大规模协作等便利，但同时企业营销也面临技术更复杂、客户需求更多样等问题。在数据、智能的加持下，商业环境更加不可预测。企业想要突围，需要改变传统营销模式，进行更敏捷化的探索，而这需从组

织变革开始。数字化可帮助企业扩大规模，改善现状，并推动建立新的业务及运营模式。在中国，数字化的影响已融入商业和日常生活的方方面面。2018年北京梅赛德斯-奔驰销售服务有限公司宣布就销售运营管理和组织架构进行升级，聚焦打造有别于传统销售的、更具创新力的销售运营模式。梅赛德斯-奔驰未来将全力推进数字化营销，进一步优化线上销售平台及数据管理，更深度地发掘大数据，以提升客户黏性和开发潜在客户，重塑数字时代下品牌与客户的关系。

为此，奔驰销售公司将创立全新职能部门"线上销售与数据管理"，以推进数字化应用和数字营销的创新，服务于梅赛德斯-奔驰电商平台的新车销售。

（2）全球化营销组织变革

由于世界市场的相似性以及市场需求统一化趋势，只有标准化的产品与运营才能以更低的成本满足国际市场需求，从而获得更高的效益。为了在全球化和本土化之间取得平衡，在营销的核心要素（如核心战略、品牌战略、组织战略、业务流程等）方面应推行标准化，而这需要先进行营销组织全球化的变革。2019年，继华为、小米之后，OPPO正式宣布成立全球销售体系与全球营销体系，这是它首次打破区域边界，在两大核心体系上"动刀子"。作为OPPO近年来最大的一次内部组织架构变革，最大的改变来自营销和销售系统的"双线"全球独立运行。OPPO从组织架构、人员配置、流程管理以及产品全球调性的统一进行调整，以期在未来全球化的竞争中掌握更多主动权。这意味着OPPO将采用全球"统一作战"的操盘方式。这种变化让不管是"前线"部门还是"后勤"部门都能拥有全局视野，作战模式向全球运营的"正规军"转变。

（3）平台化营销组织变革

基于平台的自主经营体充满活力与内在经营扩张冲动，易于实现规模扩张和业务指数型增长。长虹集团在2019年开启营销组织变革，核心是要打通原本分散在四川长虹、长虹美菱两个上市公司平台的家电营销业务，建立一个长虹集团层面的大营销平台，组建长虹美菱中国营销总部，统筹负责长虹电视、空调、厨电，以及美菱冰箱、洗衣机等家电消费业务在中国市场的营销工作。

此次调整旨在将四川长虹、长虹美菱两家公司的营销体系剥离，建立了一个新的"虚拟经营"的营销总部，在此层面设立市场部、营销部、品牌与用户部等多部门。同时，长虹集团还会对分散于全国的营销公司和营销中心进行整合，建立大营销平台上的小营销团队。

## 四、 传播体系赋新： 全媒体互动整合，全用户覆盖触达

如今，睁开眼就先刷微博或朋友圈，上下班途中看看视频、刷刷抖音，闲暇时打打游戏、关注一下公众号已经成为大多数人的一种生活常态。在移动互联网时代，传统的媒体传播方式已经无法完全满足当今消费者的需求，企业需要实现传播体系赋新，提升传播的需求和市场掘进动能，这种传播跨界主要包括传播方式、传播媒体两大方面。

### 1. 新时代传播方式的 "四化" 特征

曾经，消费者购物的心态更趋向理性，需要更多考虑性价比；今天，受益于经济发展带来的可支配收入增加，新时代大众消费心态更偏向感性，对价格的敏感度持续降低，传统传播方式已经很难打动消费者。在新时代环境下，传播方式的变化主要有以下四个特点。

（1）传播粉末化。现在的传播已经不是碎片化而是粉末化，以前电视平台一个收视点可能就有一千多万观众，但在移动互联网时代，多元化的传播媒介切割了用户，每一种单独的媒体只能针对特定的受众群体。传播从以产品为中心转变到以用户为中心，受众的注意力极度分散，获取流量的入口也更加多样化。企业在选择传播媒体时，应该从受众触达的角度出发，选择多元化的互补媒介，从而使目标用户最大化。因此，企业在跨界传播时要锁定真正的目标用户，需要整合不同传播形式、创造更多不同的内容。在用户可接触的每一个传播触点上，用各种不同的内容去贯穿连接，将粉末化的用户再次捏合起来，扩大传播范围。同时，还应加强与用户的互动。如通过好的内容刺激用户，使其参与到内容创造与传播中来，让用户真

正成为品牌信息传递的参与者，实现品牌和产品的二次传播。

（2）传播场景化。美国著名发明家、思想家雷·库兹韦尔在《奇点临近》一书中表示：人工智能和科技的发展让新的场景造物不断涌现，而每一次新场景的积累，都预示着一次生活和情感的重塑与新生。所谓场景化，就是在一定时空中，基于移动互联网与社交传播而被凸显与强化的人性需求及其被满足的过程。场景化的传播可以快速地通过用户熟悉的场景，把商品和用户的需求连接起来，增加产品被消费者选中的概率，为品牌与消费者的沟通赋能。如今，传播场景化已经被运用到多个行业中，天猫在家装节时曾推出"AR-GO"，引入 3D 模型将家居产品以近 1∶1 的效果摆放在家中。用户通过天猫 AR-GO 体验完毕后，进入商品详情页面，就又回到了电商购物流程，就选中的产品直接下单。上海外滩 6 号的一家名为"Secret 秘密"的餐厅，以先进的 3D 全息投影技术，为每一位食客打造味觉、视觉双重享受。不同的场景对应不同的菜品和感官体验，时而如置身海洋世界，时而有群花绽放，时而有鱼戏莲叶间……用餐氛围惊喜不断。此外，餐厅中特意加入了炫目的投影，在墙上和天花板上投射出天马星空的景观，让整个环境神秘又舒适，给人以浸入式的用餐新体验。

（3）传播社群化。《中国网络社群研究报告》对社群给出了鲜明的定义：有共同爱好、需求的人组成的群体，有内容、有互动。由此可知，社群是志同道合人群的聚集地，是连接信息、服务、内容和商品的载体，企业在做传播时也应调整思路。社区、社群是创造用户的起点，移动互联时代传播已不是简单的烧钱打广告，而是做要口碑、做社群。能帮助企业筛选出高欲望、高质量的粉丝，这才是社群的真正价值所在。高质量粉丝不仅能帮企业创造销量，甚至还能帮企业提高影响力，生产优质内容。8848 手机就力图打造社交媒体矩阵化联动运营体系，拓展 8848 品牌在社交媒体平台中的声音，维护品牌的整体口碑，最终建立一个数据库完整、高度垂直的用户社群。

（4）传播数据化。移动用户红利接近饱和，品牌只有利用恰当的技术工具，对用户进行数据性深度运营，才有可能突出重围。沃尔沃在 S90 2019 款车型传播时，尝试通过百度 AI 技术和大数据进行多维度的人群深度挖掘，圈定了核心用户及其关系网络。沃尔沃基于用户的搜索行为、贴吧数据与爱奇艺观影数据，锁定 S90 代言人的粉丝群体和影视爱好者人群，实现了圈层营销的全场景智能触达。大数据、云计算等新技术让个人信息标签化，通过搜集和追溯人们的生活习惯、行为，进行数据分析，实现对人群的精准画像，从而让产品广告精准推送到有潜在需要的人群。

### 2. 新时代新传播： 在网络海洋中开辟传播新路径

（1）新时代媒体传播：注重适合与整合

在互联网和移动互联网革命的引领下，消费者的生活方式正在发生着深刻变化，其接受信息的渠道也在不断改变，从报刊、广播、电视等传统媒体向网络媒体、手机媒体、数字电视等转移。企业的跨界传播，就是要以最优化的方式融入消费者的新媒体生活之中。网络就如同一片海洋，新型传播媒体门户网站、社区网站、视频网站、贴吧、微博、微信、今日头条、抖音等就如同一个个大小不一的岛屿，如何选择并将其连接起来，规划出新的传播路径，考验的是企业的媒介把控和整合能力。而网络之外，还有移动电视、高铁、校园媒体等细分的媒体新形态，这是一个全媒体跨界整合新时代。

首先，在选择媒体的时候要充分考虑自身产品或品牌的目标消费群体，根据其接触信息的渠道有针对性地进行传播。除了要选择适合的媒介外，企业还要选择合适的传播形式。针对不同年龄段的目标用户，选择其更乐于接受的形式。如目标用户偏重年轻群体，企业可在跨界传播时，有针对性地考虑采用 H5、长图文、短视频等当下热门形式。短视频这几年风头正劲，不仅涌现出了 papi 酱等红人，短视频 App 更是成为品牌传播的新战场。在内容为王的短视频领域，选对了媒体的品牌商们正将有趣、实用、新奇的内容，转化为点赞和转发量，最终实现终端销售的超高转化率。以抖音为例，2020 年 1 月它在国内的日活跃用户数已突破 4 亿，源自抖音的"海底捞网红吃法""答案茶""coco 网红茶""星巴克隐藏菜单"……不仅火遍抖音，还刷屏了朋友圈。

而所谓整合，即企业在做传播时注重串联多元平台以辐射更多目标用户。如果有条件，企业还可以通过对新媒体的整合，搭建起自身的传播矩阵。企业可根据品牌和产品特点，以及目标人群等，选择合适的平台组合。新媒体中的微信公众号以图文为主，新浪微博以"短文字＋照片"为主，抖音主要是15秒到1分钟的短视频，多平台的传播组合可以使内容形式多元，为企业吸引不同层级的受众。

（2）新时代活动传播：创意之"活"，立体之"动"

以活动为原点的跨界创新传播，是当下品牌传播中的一种非常重要的手段。但有些品牌商对其存在误解，将其简单地视为以跨界为噱头，吸引消费者的注意力，其结果自然不尽如人意。那么，到底该如何进行活动跨界传播呢？关键就是两个字：活和动。

"活"即创意灵活。在策划跨界活动时，不论在形式上，还是在营销内容上，都需要以创新、有趣的玩法给消费者带来惊喜。芝加哥艺术博物馆联合爱彼迎（Airbnb），高度还原画作《凡·高的卧室》，并通过爱彼迎接受入住预定，花10美元就可以体验到住在凡·高画里的奇妙感。"凡·高的卧室"在爱彼迎上线仅几分钟，就被一抢而空。雷士携手天猫发起"时光无忧"的主题传播，通过主题曲、微电影、时光药局快闪店等多种极具创意且走心的内容与消费者互动。其在微博上发起的话题"愿你时光无忧"，阅读量达1亿多，讨论数量高达10万＋，而这也直接快速拉动了销量。

"动"即立体联动。品牌在进行跨界营销活动时，需要通过创意、互动、平台、传播的多维合力共同驱动，以媒体进行矩阵传播，线上线下联动，使营销和传播效果扩大化。富力集团携手《明日之后》游戏、网易房产开展了一场以"一套海南富力湾海景公寓20年使用权＋三国一岛双人游＋《明日之后》全服定制称号"大奖为吸引点的跨界活动。该活动以情景式渗入的方式进行传播：在《明日之后》中植入功能店铺"富力特供店"、快乐101营地发布富力任务等；同时，线下引流玩家到富力集团旗下楼盘领取游戏礼包，完成助攻任务。使"明日之后—梦想家园—富力"形成了一条反射弧，将富力品牌植入 80 后、90 后玩家圈层。在传播渠道上，本次活动覆盖了微信、微博、网易新闻客户端、抖音等 9 大流量平台，视频播放量累计近 4 亿，活动参与人数 10 万＋！重磅的大奖噱头、全平台的覆盖传播、精准的人群投放以及虚拟和现实的完美嫁接，成就了富力集团和《明日之后》游戏的商业双赢。

### 小链接：一分钟直播卖 5 000 支口红——向网红经济借东风

2019 年拥有"网红电商第一股"之称的如涵控股成功赴美完成 IPO，开启了网红新时代。自 2016 年"网红元年"之后，网红们乘着直播、短视频平台崛起的东风迅速成长，并催生出了网红经济。今天中国网红粉丝总人数达到近 6 亿人，网红经济规模将突破 2 万亿元。网红经济依托网红通过社交媒体聚集人气、拉拢粉丝，再依托日渐庞大的粉丝群体进行定向精准营销，进而将粉丝转化为销售额或者其他价值。从目前的行业实践看，"网红经济"变现主要有 4 种方式：一种是知识社群型网红的"知识变现"，以罗振宇的罗辑思维为代表，一些传统的媒体人、知识网红和内容制造者已经顺利完成转型。第二种是短视频或直播平台上的粉丝打赏。雷军主持的小米首场在线直播形式的新品发布会，有 57 万人观看，光直播打赏就挣了13 万元。第三种是在社交媒体上非常普遍的广告内容软植入，网红经济重构了需求路径，用户的消费模式从原来的"需求—产品—消费"转变为如今的"内容—需求—消费"；传播模式也被重构，从传统的卖产品转化为卖信任，即用户购买产品是基于对网红的信任。过去，想要买 YSL 的口红可能要到线上门店或电商平台，但现在可以直接在抖音上购买。YSL 跨界与抖音红人李佳琦合作，在一场直播中一分钟就卖出去 5 000 支 YSL 小金条口红。

## 五、 文化体系赋新： 软实力支撑企业硬发展

"人们塑造组织，而组织成型后就换为组织塑造我们了。"曾任英国首相的丘吉尔的这句名言，就是对组织文化的经典概括。对于企业而言，文化的建设是一个系

统性的工程，是与企业一同成长的。马云也曾说："真正希望变成十年以后依旧能够生存、成长和健康发展的企业，要从组织思考、人才思考和文化思考上面，彻底地改变自己。"文化体系赋新着重于企业战略经营文化赋新、企业制度管理文化赋新、企业团队创新文化赋新。

### 1. 企业战略经营文化赋新：　让大象起舞

创立于 1892 年的通用电气，通过对企业文化体系的全面升级，由一个历史悠久的工业帝国转变得充满朝气与活力，在成为全球第一大公司的同时，连续数年被世界著名财经日报英国《金融时报》评为"世界最受尊敬的公司"。IBM 也是通过打破企业旧有文化体系，建立起新的企业文化，才有了后来的大象跳舞。企业能在文化赋新后实现飞跃，得益于其文化变革是有根基的，它们都是以企业经营战略的变革为基础。

战略经营文化是企业生产经营活动中最核心的层面，它由企业经营理念、企业使命、企业价值观等共同构成，体现了一个企业独特的、鲜明的经营思想和个性风格，反映了企业的信念和追求，是企业群体意识的体现。它能增强企业的凝聚力和在市场上的竞争力，是企业生存和发展的根本战略精神内核。如上面提到的通用电气，经过文化赋新后，价值观不仅体现在公司的手册里，它还被写在一张"通用电气价值观卡"上，所有员工都必须随身携带。卡片上的内容为：痛恨官僚主义、开明、讲究速度、自信、高瞻远瞩、精力充沛、果敢地设定目标、视变化为机遇、适应全球化。正是在这种价值观的指引下，通用电气才能勇于主动出击，不断变革，尝试新事物，才能在风云诡变的市场中保持领先性。

企业在不同的阶段，往往会面临不同的挑战。企业经营战略必须随市场竞争环境及自身条件的改变而不断进行调整，每一次大的战略变革都会对企业产生很大的影响，此时就需要有更适合新战略的企业文化做支持。因此，很多传统企业在数字化转型时都曾发出"文化再造"的呐喊，例如苏宁从传统线下门店通过"互联网＋"，实现了线上线下跨界，开启了智慧零售的战略进攻之路。当此时，苏宁根据战略需要对公司的文化理念也做了重新梳理和调整，有一部分也被替换掉。苏宁文化重塑的要点便是：引领产业生态，共创品质生活。这是苏宁成为产业互联网企业之后所提出来的企业新使命。由于苏宁现在赋新为"一体两翼"O2O 模式，形成"三云四端"的一套新商业模式，其经营理念也根据需要由过去的"整合社会资源，合作共赢；满足顾客需要，至真至诚"赋新为"输出能力，链接资源；构筑平台，合作共赢"。

### 2. 企业制度管理文化赋新： 小微组织和企业扁平化革命

管理制度是实现企业目标的有力措施和手段，企业组织机构和管理是制度文化的具体体现。企业的运转是要有制度保证与支撑的，企业制度文化作为一种动态形式的文化，需要根据企业的跨界方向来进行调整。在制度文化建设中，企业要以完善的经营管理制度，构建更高效的组织架构，使各项工作衔接紧密，保证企业目标顺利实现。

从过去到现在，许多大企业通常会开展几项主要业务，这种高度一体化的组织文化由于较单一，不但容易面临非传统竞争对手的冲击，而且不易找到新发展机会。海尔是世界 500 强之一，作为一家年营业额 350 亿美元的全球性电器生产企业，为了成为全球首个真正的互联网时代企业，海尔开始进行组织变革，将公司分为 4 000 多个小微公司，其中多半有 10 到 15 名员工。海尔的小微公司可以自行组建和调整，基本没有统一的指示，但共用一套目标设定、内部契约及跨部门协作的机制。在海尔，小微公司要自主管理，并在三个方面拥有自主权：首先在战略上，小微公司可以自主决定追求怎样的机会、如何安排工作重点、如何建立内外部合作关系；在人员上，拥有自主招聘、调整人员及其职责、界定工作的权利；在分配权上，可以自主设置薪资和奖金。经过组织管理的赋新，海尔构建了以人单合一模式为核心的生态型组织形式。张瑞敏曾说："我们希望鼓励员工成为创业者，因为人不是实现目的的手段，人自身就是目的。我们的目标是，让每个人成为自己的 CEO，帮助每个人了解自己的潜力。"

互联网短、平、快的特征，加速了商业社会必需的信息流、资金流、物流的流通。在用户需求快速变化的情况下，传统金字塔式组织结构已显得笨重，缺乏灵活性，难以满足新形势下企业持续发展的需要。企业若要适应多变的市场，就要对组织结构进行变革，让每个部门小巧且灵活，使组织结构趋于扁平化。扁平化组织具有明显的竞争优势，通过减少管理层次，增加管理幅度，密切上下级关系，企业的信息资源能被充分有效地利用，从而降低运行成本，提高运行效率。

### 3. 企业团队创新文化赋新： 激活企业"团商"

一份对全球高管的调查数据显示，94％的人认为创新对于他们的组织来说是非常重要的，但只有14％的人表示，他们的组织善于创新。企业发展目标的实现，离不开员工之间的相互协作。只有拥有团队精神的企业才能不断创造新业绩，在激烈的市场竞争中立于不败之地。企业文化建设的重要任务，就是在企业的团队文化中注入创新的精神。

麻省理工学院（MIT）媒体实验室人类动力小组曾做过一个主要研究课题：什么样的团队工作方式最有创新力。MIT的研究人员发现，一个团队创新和解决问题的能力，也可以通过一个标准的测试题库测试出来，得出的数值就是"团商"。想要在头脑风暴时提高"团商"，可以尝试让团队中的每个人都能获得发言时间，以真正提高会议效率和团商。同时，研究还发现，打造创新团队的秘密武器是真正面对面地交流，尽量减少邮件等的沟通。此前，中国美国商会前高级公关经理乌兰图雅曾写过一篇《参透 email 玄机和陷阱：公司政治与组织生态》，在其中提到了电子邮件交流的4大弊端。当然，团队绝对不是许多个人能力的总和，而是相互协作的成果。

创新力最强，平均每天有最多新产品问世的是哪家公司？答案是3M公司。作为全球性的多元化跨界的科技企业，创新已经成为3M的一种文化。为了鼓励团队创新，3M不仅专门设立了"金靴奖"，以奖励每年做出技术创新贡献的团队。而且，早在1951年3M就创立了由科学家、工程师和技术师组成的技术论坛，为3M

科技创新及交流起到了非常大的推动作用。创新文化同样是支撑西门子这个百年品牌屹立不倒的关键因素，它不仅建立了研究和创新领域的明星刊物《未来之窗》杂志，还将其中文版升级为网站以展示在中国的工业、能源、医疗、基础建设与城市领域的创新实践。同时，它还举办了西门子"创新日"活动，活动当天超过六成员工的创新应用得到肯定，其中有 25 个项目获得总数高达 1 800 万欧元的资金支持。

**小链接：解读谷歌文化的三个密码**

谷歌日本前总裁辻野晃一郎在他的新书《谷歌的断舍离》中分享了谷歌企业文化，在此引述三点：

（1）创新源于交流

谷歌前董事长埃里克·施密特说过这么一句话："创新并非源于早晨醒来之时的灵光一现，而是产生在平时跟别人的交流过程之中。"而产品总负责人乔纳森·罗森伯格亦曾在产品经理的全体会议上强调："总之要交流，交流，再交流，世上没有交流过度这一说。"实际上，谷歌公司之所以能不断创造新的价值，最重要的原因是非常尊重交流。

（2）互助发挥特长

在谷歌公司有一种互帮互助的文化，即大家通过发挥自己的长处互相帮助，以此来提高各项产品的质量。这应该也算一种"汇集群众智慧"的互联网模式的工作方式。云端服务的环境特别适合这种即时互助的工作模式。谷歌公司通过使用自己创建的谷歌日历、Gmail 邮箱、谷歌驱动等，形成了全体员工互助的非常高效的工作模式。

（3）平面共享模式

"只有一部分人掌握信息，不让其他人知道"，这种以垄断信息来确保自己的优越性的陈旧思维方式及行为模式已经不适用于当今这个网络社会了。

实时而广泛地共享信息能够提升工作速度。在谷歌，每个员工通过把握项目整体的方向和部分的动向，明确自己在整体中所起的作用，能更好地完成工作；同

时，成员之间也能相互了解彼此正在进行的工作，以方便大家从不同的立场和角度出发，及时给出恰当的建议或帮助。这种完全的信息共享机制实现了平面式（无上下级差异）的组织模式。

## 六、 模式体系赋新： 激活企业内生增长力

对于企业来说，拥有一个好产品固然重要，但若想基业长青，建立一套行之有效的企业模式更重要。从企业对外经营的角度来讲，模式体系是一个企业满足消费者需求的系统，这个系统组织管理企业的各种资源，如企业的商业模式。模式体系的赋新就是从企业经营的角度出发，实现企业内核的一种增长力重塑，主要从用户价值、边界突破、技术创新三个维度进行赋新引领。

### 1. 用户价值引领： 需求洞察实现模式再造

商业模式赋新首先要从用户的角度去思考，如何从根本上为用户创造新的价值。因此，它逻辑思考的起点是客户的需求，根据客户需求考虑如何有效满足它。企业要找到市场上现有产品或服务未曾满足消费者的地方，通过模式赋新满足消费者的需求，接下来我们主要讲两种。

一种是对用户价值进行重新定义。企业从更宏观层面，去透视消费者购买或使用服务到底是要实现什么样的目标。以此为基础，企业为消费者提出一种新的针对性的解决方案。国际知名电钻企业喜利得公司，通过深度洞察用户需求，发现真正被需要的不是电钻，而是在正确的时间和地点获得处于最佳状态的电钻。为此他们不再出售电钻而是出租电钻及提供综合管理服务，从硬件制造商变为服务提供商，确定了新的用户价值定义，实现了模式的赋新。与此相似，苹果也是通过 App Store 应用商城开辟出第二业务服务业，在满足消费者对不同 App 应用需求的前提下，从硬件生产模式赋新为多边平台模式。另外，戴尔、Zara、奈飞等都是如此进行商业模式赋新的。

另一种是"重新定位"，即改变企业在产业链上的位置或角色，为用户创造新

价值，以此来进行模式赋新。有些行业的渠道、链条很多，以信息系统驱动去掉某些环节，效率就能得到提高，就能创造一种新的商业模式。电商行业发展到今天，网络购物、支付、物流几个部分均已有较大的企业平台，在商业模式不断完善和迭代下，上游供应链的商业模式有很大的发展空间。网易严选通过创新性的 ODM 模式，和大牌制造商合作，剔除品牌溢价和层层中间商环节，更重要的是通过网易自营，严格把控从原料采购到生产质检的各个环节，为用户甄选高品质好物，在传统电商模式之外，创造出了独特的"严选模式"。再如，诞生了优步、爱彼迎等独角兽企业的共享模式也是如此。

### 2. 边界突破引领： 打破壁垒促进模式颠覆

马云说过，"如果银行不改变，那我们就改变银行"。接下来的事情我们都知道，支付宝改变了大众的付款方式，余额宝似乎也"兑现"了马云的"豪言壮语"，而这背后就是打破边界的模式赋新，IBM、富士、印度最大电信运营商巴帝电信（Bharti Airtel）等都曾采取这种思路进行商业模式赋新。

突破传统模式边界是一种具有较高创新性的商业模式赋新，主要有两种路径：一种是企业突破自身原有边界进行模式赋新，一种是企业突破本行业的边界进行模式赋新。亚朵酒店能用短短 7 年时间，就在全国 157 座城市布局 350 家酒店，凭借的正是不断打破自身模式进行赋新。亚朵在酒店筹备上抛弃了传统的"自建＋物业"模式，它将筹备中的酒店作为一个融资项目，在众筹平台上发起众筹，任何人都可以出资 1 万元到 10 万元参与新亚朵酒店的股权融资，并获得经营分红。天津小白楼亚朵发起众筹，只用了 2 个小时，预约金额就已经达到了募资需求，5 小时预约总金额超过 5 000 万。通过这种模式赋新，亚朵酒店将传统的消费者变为投资和消费者的结合体，这些投资者也成为亚朵品牌扩张中的重要盟友。

在我们每天接触的品牌中，有许多正在突破本行业边界，开辟出进入新行业的跨界模式。麦当劳虽然是一家大型跨国连锁餐厅，但透过它的商业模式我们可以看到，它其实已经跨界进入房地产行业，通过长期租赁店铺或直接购买土地然后转租

给加盟商是麦当劳的重要利润来源之一。唱吧作为一个互联网企业通过线上 App 打破边界进入 KTV 行业，如今它又凭借 App 的定位功能锁定唱歌人群聚集地，在线下开设门店并进行引流，相较于传统 KTV 进行了模式赋新。曾经的电商平台模式颠覆了传统销售业，如今阿里和腾讯系纷纷入局的新零售模式又正在颠覆传统电商模式。

### 3. 技术创新引领：技术爆炸带来模式变革

产品创新往往是商业模式创新的最主要驱动力，技术变革也是如此。企业可以通过引进创新性技术来主导自身的商业模式创新。当年互联网的横空出世使大量新的商业实践成为可能，一批新型企业应运而生。亚马逊（Amazon）仅用短短几年就发展为世界上最大的图书零售商，给传统书店带来严峻挑战，新型商业模式显示出强大的生命力与竞争力。这种商业模式就是利用了互联网精神（平等、开放、协作、分享）来颠覆和重构整个商业价值链。在全球化浪潮的冲击下，技术变革正加快商业环境的变化及商业模式的赋新。除了互联网外，当今热门的技术还有云计算和大数据、3D 打印、5G 网络、物联网等。云计算能提供诸多崭新的用户价值，从而产生企业商业模式创新的契机。基于大数据的模式赋新，产生了今日头条这个估值高达 750 亿美元的独角兽公司。3D 打印技术成熟并商业化后，因制造技术门槛降低且多样化生产不会增加成本等诸多优点，可以帮助很多企业进行商业模式深度创新。再如，已经到来的 5G 网络也会催生出更多新的模式。5G 运营商已经开始探索多种商业模式。美国电话电报公司 AT&T 以高达 850 亿美元收购时代华纳，AT&T 希望通过发展自己的内容平台成为视频业务服务商，从而再次颠覆已被奈飞和谷歌等公司颠覆的媒体产业。中国信息通信研究院总工程师胡坚波曾说过，5G 将带我们进入万物互联时代，移动互联网和物联网也将成为 5G 发展的主要驱动力。物联网产品具有收集数据的能力，也在创造前所未有的商业模式。例如物联网设备制造商，随着销售的设备收集到更多的用户数据，将能够更加了解客户，并可以根据客户的具体需求提供更多的有价值的服务，以此进行商业路径和体系的赋新。

　　消费升级、技术变革等变量决定了每一个商业模式都有一定的生命周期，它需要不断地进行迭代。同时，每一种商业模式都有自己的特点，难以简单粗暴地套用在自己的企业上。但是，我们可以透过模式背后的创新和驱动逻辑，在综合考虑外部环境、内部技术资源等的情况下，探索出真正能帮助企业实现飞跃式增长的模式。

**小链接：曾鸣商业生态建设的 4 个诀窍**

（1）生态最本质的特征就是演化，不是计划。

怎么去影响生态的演化呢？靠视野。视野是对未来前瞻性的判断，相信的人越多，加入一个生态的人就越多，生态的势能就越大。

（2）生态的演化不仅仅是物理反应，更是化学反应。

生态不能够像搭积木一样拼出来。阿里的生态就是在多年的成长中逐步演化出来的。淘宝、支付宝发展到足够成熟后，才有了余额宝和蚂蚁金服，以及阿里云和菜鸟。简单的加法是无法孵化出生态的。

（3）复杂生态往往是按简单规则，而不是复杂规律演化的。

最初的几个简单规则对生态的演化是否有促进作用就非常重要。曾经在规则制定上，易趣向左，淘宝向右。易趣为收取平台费，以规则阻止买卖双方交流。淘宝则反其道而行之，它的规则是鼓励沟通。为此，淘宝推出了旺旺，而这不仅使卖家多元发展，还催生了网店装修、淘宝模特等增值服务，使整个生态欣欣向荣。

（4）一个面是否渡过了 0 到 0.1 的生死关，最重要的一个要求，就是这个面上有没有涌出新的线，可以给客户提供以前无法提供的价值。

下 篇

跨界战略的成功运行法则

# 第十二章 防止战略迷航，
## 避开跨界雷区

《星际迷航》是由美国派拉蒙公司制作的系列科幻影视作品。实际上，《星际迷航》是一个跨界作品。50多年来，它不仅衍生出了系列电视剧，也派生出了系列电影，吉尼斯世界纪录大全更将它列入最多衍生作品的项目。它讲述的是探索宇宙的精彩故事，主人公们身处人类的终极边疆，却充满激情地寻找着新生命和新文明。正是这种对未知宇宙的探索使其屡次跨界成功。看似"迷航"，却都跨出了"迷航"。实际上，企业在创新探索上，特别是基于跨界战略的探索—如"星际迷航"——必将历经重重困难，也必将收获诸多惊喜。

当然，这只是一种心态，核心还是要把跨界提升到一定战略高度来思考、布局、调整。换句话说，只有从战略角度运行跨界，才会在这个跨界创新的时代掌握更多的胜算。

法国著名战略家安德烈·博福尔在谈到战略重要性时认为，战略无知即为送命错误。实际上，在近代大国竞争的过程中，一些国家之所以落伍、衰败，其核心原因就是在战略上出了问题，犯了一些"送命的错误"。两次世界大战中的德国、二战中的日本，实际上都是由于犯了"送命的错误"——战略错误，导致溃败。当然，时至今日，德国、日本都开始了再次崛起，这是另外一回事。因此，大国之间的竞争，首先是不犯战略错误的竞争，是少犯战略错误的比赛。从战略角度看，国家和企业都具有一样的原则。市场短兵相接中，谁的战略失误更少，谁就能引领市场，成为领航者。在跨界战略的制订中同样如此，虽然好的战略具有破冰神力，但如果跨界不当，也会导致企业偏离正确轨道，影响企业的正常发展。因此，在推进跨界战略前，规避跨界雷区与禁区，避免触碰无知错误，也是赢得胜利的关键因素。

那么，企业都容易出现哪些跨界错误思维呢？在此，我们列举十大跨界战略的思维陷阱，以避免企业"误入歧途"。

## 跨界雷区一： 现有的品牌可以无限延伸

在跨界过程中，很多企业掌门人都会认为，自己企业原有的品牌已经具有了强大的市场影响力，深得消费者认同、青睐，因此在跨界的时候直接使用既有的品牌资源可以加速品牌认同感，具有加分效应。但有些时候会事与愿违，消费者并不认同你推出的老品牌新产品，这是为什么？

事实上，无论品牌多么强大，并不是向任何领域跨界都可以成功。是否可以沿用旧品牌，需要考虑老品牌与新产品之间相关性的强弱，两者之间的关联性强，跨界的成功率则高，反之则低。

关于这一点，我们可以看到很多的正面案例。比如被戏称为"最不务正业"的农夫山泉，从饮用水市场，跨界到果汁、茶饮料、功能饮料，甚至到橙子、面膜等产品都有，而且都获得了前所未有的关注和追捧，也因此赢得了不俗的业绩。实际上，虽然农夫山泉四面跨界，但都很有章法，每一个产品都有独立的年轻化品牌，比如东方树叶、尖叫等，而其跨界产品的成功都是因为守住了农夫山泉的品牌文化核心——产品健康化、产品个性化，这种基于年轻群体而创建的品牌标签，再配合基于年轻化的推广策略，使其跨界屡屡成功。换句话说，这就是基于品牌基因的强关联。再比如，作为中国家电行业领先品牌之一的美的也是跨界成功的标杆，它的产品几乎囊括了所有的家电类别，且多用美的品牌，其中包括：家用空调、商用空调、冰箱、洗衣机、饮水机、电饭煲、电磁炉、电压力锅、微波炉、烤箱、风扇、

取暖器、空气清新机、洗碗机、消毒柜、抽油烟机、热水器、吸尘器、豆浆机、电水壶等。面对琳琅满目的产品，一句"原来生活可以更美的"广告语做了全面概括，而消费者也买账了。美的家电之所以可以不断延伸，简单而言就是品牌相关性非常强。此时，品牌力量彰显，相关性强则硕果累累，反之则陷阱重重。我们可以设想一下，如果农夫山泉或美的去做手机、笔记本电脑等，你会为这样的品牌产品买单吗？答案显而易见。

## 跨界雷区二： 跨界就是做颠覆创新

互联网高速发展的今天，很多企业已经被互联网化了，一些传统行业已经被互联网的新模式颠覆了，单一的传统业务模式已经支撑不起风云变化的市场，于是诸多企业被迫转型。此时，跨界就成为企业发展壮大和占据潮头的新方向。在这样的趋势下，很多企业都在试图以互联网思维跨界颠覆传统行业。

以二手房行业颠覆者与革命者自居的爱屋吉屋在2014年成立于上海，其商业模式是，打破传统中介被线下门店"绑定"的重资产模式，用互联网模式搭建中介平台，降低成本，以1%的低佣金和更高效的服务流程，快速促成交易。2014年底，依靠"上海租客佣金全免"的补贴策略，快速拿下上海整租市场28%的份额，跃居第一。结果，该公司苦撑五年之后却宣布倒闭。实际上，企业能否持续赢利是我们判断其商业模式能否成功的核心标准。因此，在设计商业模式时，能否持续赢利和如何持续赢利就是必须考虑的因素，而不是以盲目颠覆为核心。我们深入探究一下爱屋吉屋的商业模式，它虽然喊出了"干掉中介，让门店滚粗"的口号，实际上却增加了1.6万名房产经纪人。这不过是玩了一套"把线下养活中介，转为线上养活中介"的障眼法，而且还增加了更多的人力成本和传播成本，月亏损8 000多万，烧掉3.5亿美元融资后，最终依然输给了以线下门店和高佣金低工资支出为核心的传统房屋租赁模式。

事实上，在诸多颠覆性跨界陷入僵局、死局的背景下，非颠覆性跨界则具有更多的成功机会。实际上，跨界不是"玩心跳"。跨界创新不一定都要颠覆传统，当

你没有真正搞清楚市场需求时，就依托资本烧钱盲目颠覆，结果迎来的或许不是风口，而是坑口。企业是颠覆创新还是局部优化创新，要根据企业、市场、用户等实际情况综合而定。换句话说，跨界战略不一定就是颠覆战略，在跨界创新上，做到颠覆式创新的成功者还是少数，大多数还是非颠覆式创新的成功。

## 跨界雷区三： 跨界有风险，守护老本行更安全

跨界有风险，进入需谨慎。为此，很多企业选择了"不选择"，希望通过"冬眠"形式熬过趋势竞争。

在这个时代，没有一家公司能够保证永远坐在老大的位置上，从区域做到全国，再到全球竞争，你的竞争对手越来越强大，其中最可怕就是气势凶猛的跨界打劫。马云在一次演讲中提到："永远相信你的对手不在你边上，在你边上的人，都是你的榜样，哪怕这个人你特讨厌！你的对手可能在以色列，可能在你不知道的什么地方，他比你更用功！"实际上，跨界是趋势，企业根本无法躲避。就像前面谈到的柯达一样，它一度是巨无霸企业，也一样被跨界趋势打成侏儒。

今天，我们去看那些行业领跑企业，还有哪一个是单一产品、单一业务？阿里巴巴、腾讯、小米、华为……当企业发展到一定阶段，无论是直接跨界，还是资本收购，跨界都是企业的一种必然性战略选择。

央视前著名主持人，现紫牛基金合伙人张泉灵说过一句这样的话："时代抛弃你的时候，都不会说一声再见。"面对未来，甚至有人说，所有传统行业都在等待一个"跨界打劫者"。这绝对不是危言耸听，在本书前面已经讲述了诸多趋势、案例，读者们应该可以由此感受到这股无可阻挡的跨界之风，企业必须迎风而上，没有第二选择。跨界时代，企业发展一如"逆水行舟，不进则退"。一味守护老本行，结果往往就是等来跨界打劫者，最终故步自封，逐渐衰落。

## 跨界雷区四： 把战术当成战略

毛泽东在《中国革命战争的战略问题》中明确指出："说战略胜利取决于战术

胜利的这种意见是错误的，因为这种意见没有看见战争的胜败的主要和首先的问题，是对于全局和各阶段的关照得好或关照得不好。如果全局和各阶段的关照有了重要的缺点或错误，那个战争是一定要失败的。"也就是说，战争的胜利，首要取决于战略的胜利。战略是筹划和指导战争全局的方针和策略，而绝不仅仅是对军事斗争全局的筹划和指导。对于跨界战略也是如此，战略方向是第一位的，而后才是战术推进。但是，在跨界创新中，很多企业却错把战术当作战略，从而造成企业一番"劳心费神"后，热闹只是昙花一现。

比如很多企业认为跨界就是一个联合促销、跨界联盟而已，这确实也是跨界，但是只是战术行为，不会对企业长远发展起到关键作用，企业图一时的热闹可以，想由此实现长足发展就很难了。事实上，跨界也需要战略行为做指导，由此才能决定战术行动。余世维博士提到：战略是目标、方向，战术是方法、手段；只有目标，没有方法，那叫虚，只有方法，想不到目标，那就是瞎。因此，跨界战略必须有准确的目标，同时要有长远考虑，而不是简单的一个或者几个营销战术。

这正如周鸿祎曾说过的，只有战术没有战略，往往成不了大气候。同样，在跨界创新上错把战术当作战略的企业，也会走向发展的死胡同。

## 跨界雷区五： 企业产业跨界，要广撒网才能多捕鱼

时至今日，很多人会坚持"鸡蛋绝对不能放在一个篮子里"的投资原则，由此推论，跨界一定要多多益善，因此在产业跨界上信奉"广撒网才能多捕鱼"的思想。但结果很可能会大相径庭，大多数的网只换得两手空空。原因很简单，跨界并非简单的业务延伸、扩展，而是企业核心竞争力依托下的创新扩散。

事实上，跨界不是简单的撒网，而是要基于长远的战略布局。公开数据显示，洽洽食品自 2010 年以来通过并购等形式相继推出啵乐冻、牛肉酱、薯片、豆类、花生等多元化产品种类，但并未达到预期效果。据该公司 2013 年财报，啵乐冻果冻运营两年亏损 2 000 万元，不久就从产品序列中被剥离，负责拓展牛肉酱业务的子公司江苏洽康更是接连出现亏损并最后被出售。财报显示，维维股份 2019 年实

现营收 50.39 亿元，同比微增 0.12%。而其持有的贵州醇酒业有限公司股份已转让，昔日黔酒"老大"贵州醇在经历了维维股份入主七年亏损 3.6 亿元后，终于被剥离了。在维维股份白酒板块中，还有曾经产销规模连续 7 年位居湖北第一的湖北枝江酒业股份有限公司。自上市以来，维维股份先后涉足了乳业、房地产、白酒、生物制药、茶叶、煤矿、粮油等多个领域。结果是，维维股份跨界战略行为并没有达到预期目标。业内人士表示，维维股份多年来整体表现不尽如人意，最大的问题就是产业多元化的失败——主业豆奶营收增长放缓，跨界产业没有形成新的增长极。这些企业皆是本着"广撒网才能多捕鱼"的思想一路狂奔，最终导致赢少亏多。

俗话说，"你只有一双手，提不起十个篮子"。企业在跨界的时候，一定要做到资源聚焦，选定最有竞争力的产业，然后调用所有的资源聚集发力，就会形成锋利的尖刀，这样的跨界成功率才会更高。

## 跨界雷区六： 过于强调跨界而忽略主业发展

在跨界创新上，还有这样一些企业家，全心倾注跨界创新，反而忽略了企业原本的主营业务。实际上，在跨界过程中，主业依旧是企业根据地，是企业生存的基础。这就如同战争，一旦攻城进程缓慢，主城丢失，其结局只有失败了。因此，跨界的前提是守住主业。

作为民族品牌，两面针曾是国产牙膏品牌第一股。"一口好牙，两面针。"这句曾经耳熟能详的广告语如今只剩追忆。1986 年到 2001 年，两面针牙膏连续 15 年产销量排在国产牙膏品牌第一名。然而从 2006 年开始，两面针就已经开始亏损，罪魁祸首是什么呢？2004 年，两面针开始尝试跨界——横跨纸业、旅游用品、生活纸品、医药、精细化工和房地产等多个板块，而牙膏产品却受到战略冷落。结果，两面针旗下八九家跨界子公司中，只有三家左右能够实现盈利，而以牙膏为首的两面针产品营业利润却逐年减少。这期间，不光"老本"几乎耗尽，新主业也从未挺立。遭遇同样问题的还有中国服装行业龙头企业之一的雅戈尔。公开资料显示，雅

戈尔主营业务包括品牌服装、房地产开发和投资三方面。最终，雅戈尔的产业跨界并没有赚到盆满钵满。巨大的发展压力之下，雅戈尔董事长李如成在一些场合曾多次表达过将更加注重服装主业发展的思路："在中国，金融投资是一个新兴产业，雅戈尔可以参与，但是不能作为主业来做，加之房地产连年调控，在这种情况下我们必须'归核'，原来是三条腿同时走路，现在是服装一业为主，另两业为副。"

因此，在推进跨界战略时，企业还要考虑主业的突破与成长，在主业稳定的基础上去跨界构建新增长极。对于盲目追求跨界的这些企业家，马云有一个良心建议：先把自己的行业做精。转型升级并不意味着必须进入别的产业，不然别的产业没搞起来，自己的主业也凉了。

## 跨界雷区七： 能抓住眼球的跨界炒作都是好跨界

"术业有专攻"是亘古不变的道理，但是在互联网时代更多的是"异业来助攻"。因为跨界思维带来的跨界"打劫"能够激起丰富多彩的创新浪花，但同时也带来了一些问题。比如作为跨界的品牌推广，往往都需要概念炒作。但跨界也是有底线的，而不是想做什么就做什么，否则就会给品牌和企业带来负面影响。

2019年，在某餐饮品牌与某成人品牌的跨界活动中，宣传海报文案是"今夜一滴都不许剩"，引来了广大用户的争议和反感，最终以致歉、物料修改告终。低俗营销一直以来都被视为商家大忌。积极的跨界传播能带来足够的品牌曝光和讨论，但失去底线就容易引来用户评论的反噬。椰树牌椰汁也曾经因为包装和广告中的热辣美女，以及"曲线动人，白嫩丰满""我从小喝到大"等大尺度文案被网友批评为"低俗、令人作呕"。诸多企业为了取得市场的通行证，或者为了扩大市场份额，经常会通过创造产品概念引导消费。在进行跨界时，对产品概念采取密集化、轰炸式推广也是常运用的策略之一，但如果被创造出来的产品概念与所处的市场宏观语境不相符甚至相冲，往往就会被人们贴上"概念伪标签"。

能抓住眼球固然好，但是需要做好"过滤"，只有将不良的信息过滤掉，才能避免对企业的品牌造成不必要的损失，避免引发消费者的群体性抵触。

## 跨界雷区八：把跨界当作短跑，没有长跑准备

很多企业在进行跨界的时候，并没有做好长跑准备。其实跨界都需要一个战略坚持的过程。如果企业过于乐观地看待跨界，一旦遭遇市场阻力就会造成负面的效应。

近年来共享经济比较火，从共享充电宝、共享单车，再到共享马扎、共享雨伞，各种披着共享经济"外衣"的项目在资本的东风下此起彼伏、前赴后继。虽然有一大波共享经济产品为资本而生，蜂拥而至，但大多昙花一现。2016年4月，摩拜单车刮起"橙色风暴"，同年10月，小黄车也迫不及待地冲出校园。随后，小蓝单车、小鸣单车、哈罗单车等第二梯队的选手蜂拥而至。2017年7月，小鸣单车在广东通报破产，成为共享单车首个破产案例。同年2月，卡拉单车上线20天因"丢车"而死；6月，悟空单车因"单车被偷光"而死；半个月后，3Vbike因"资金花光"而死；7月，酷骑单车因出现"资金压力"而死……到今天，曾经估值百亿的ofo已经"消失"，摩拜卖身美团后虽然活了下来，但是在最新的财报中，美团并没有披露摩拜单车的运营情况，只是用一句盈亏明显收窄来概括。

如果用资本的观点来衡量，这种新经济现象就不难理解了，资本重点是看其业务运营数据、市场份额，以及一个比较虚幻的概念、故事。资本追求的是未来十倍、百倍甚至千倍的估值。这样的估值，一旦成功兑现，就盆满钵满。而企业不一样，其跨界如果只是借助资本玩游戏，一旦失去了资本支持，也就失去了长跑的竞争力，倒闭也成为必然。

## 跨界雷区九：先试试看，不行就放弃

"大道至简，贵在坚持"是我们熟知的理念。做任何事情，坚持才能成功。目前，跨界已渗透各个行业。大到全球性大企业，小到个人，都在通过不同的方式演绎各自的跨界创新。在本书的开篇，我们已经讲到了诸多成功的跨界案例。实际上，有时候往往是"愿望很美好，现实很无奈"，并不是每一个跨界传奇都有圆满的结局，悲壮故事依然存在。其实，很多失败都是"人祸"造成的，完全可以避免，比如有些企业家试试看的心理比较重。

越是世界变化快，公司就越需要不陷于眼前的一时一事，而需要思考长期的战略方向，提前做好布局和准备。战略是一种非常奇妙的东西，它既需要坚守也需要变化，往往不是立竿见影的。但从长期看，公司有长远、清晰的战略，效果非常显著。在跨界上，也是如此。对于跨界战略的推进，很多企业都是战略口号的"雷鸣"掩盖了战略行动的"懒惰"，从而也使跨界变得"雷声大，雨点小"，或者干脆猝死在跨界起跑线上。

实际上，抱着试试看心理，企业的资源就难以实现全力支持和赋能，往往就会造成跨界的后劲不足。在前期，口号震天响，而实际战略推进却非常的缓慢，很多资源会无法及时到位。结果，企业或许是市场先机的发现者，却往往不是最终的成功者。当其他跨界者成功了，你才会拍着脑袋说："如果当初我坚持下来，就不会有这厮出现了。"

可见，在跨界战略上，企业不仅要能洞察先机，还要有投入资源把战略梦想变成现实的果敢行动，否则就是"镜中花，水中月"。

## 跨界雷区十： 跨界战略方向对了，就一定能成功

任何一个企业都必须拥有自己的战略、战术组合。没有战略指导的战术，往往缺乏方向性和传承性，市场操作就会变为机会主义运动；没有战术支撑的战略，则会变成空中楼阁，难以落地。在跨界创新上也是如此，跨界的成功因素不仅包括战略的方向引导，还有战术的精准到位。

在高端水的跨界探索中，就有两家明星企业陷入了战术上的迷茫。2013 年，地产界大佬恒大借助万众瞩目的亚冠决赛之夜，让恒大冰泉横空出世，一夜成名。上市初期，恒大冰泉把自己定位为中高档矿泉水，将昆仑山作为对标品牌。500 ml 装单品，昆仑山卖 6 元，恒大冰泉就定价为 4 元。仅仅 20 天时间里，恒大冰泉就砸了 13 亿元广告费。2016 年 9 月，恒大冰泉被出售。

2015 年，在"女神"林志玲的卖力造势下，太极集团旗下高端水——太极水正

式亮相。这个容量仅有 310 ml 的小蓝罐，被称为"唯一铝罐装高端水"，单价高达 11.99 元，堪比老牌高端水依云。太极集团官方数据显示，凭借会员直销、药店销售、代理销售三管齐下，2014 年太极水销售突破 1 000 万罐。但到了 2016 年，太极水在各个药店逐渐淡出视野，逐步退守到太极养生馆的网上直销渠道和部分电商渠道。

两个跨界产品都是以热闹开幕，以冷清收场。实际上，它们失败的核心原因并不是源自战略，而主要是来自战术。无论是恒大，还是太极集团，跨界做水，并不是没有成功的机会，但就是因为在产品定位、定价乃至渠道选择、传播运作等战术节点存在很多需求错位问题，最终导致了跨界战略的失败。

还有一个经典的案例就是顺丰嘿客。2014 年，快递行业"一哥"顺丰正式推出顺丰嘿客，短时间内就开了 2 000 多家。在这个便利店里，根本没有满货柜的食品、成箱的饮料，除了几台下单用的触屏机，到处都是供手机扫码下单的"纸牌"，类别大而全，包括食品、服装、数码等，提供的服务包括商品购买、话费充值、飞机订票、水电缴费、寄取快件、冷链物流、家电维修等，显然这是一个综合的社区服务平台。随后，有关顺丰嘿客的争议一直未断。2016 年 11 月，顺丰嘿客改成顺丰优选。事实上，从战略上看，顺丰嘿客恰恰迎合了社区便利店趋势，也符合顺丰的战略布局。但是，战术上却没有做到位，甚至有人将顺丰嘿客总结为三不像：一不像——图片展示不如线上展示那么全面、详细，也没有线上电商巨头的价格优势；二不像——没有线下大店的体验感；三不像——没有便利店的即时性。

战略是方向，战术是手段。因此，一个好的战略如果没有与之匹配的战术，最终必然是镜中花水中月。

综合而言，虽然跨界战略会遇到各种思维层面的雷区问题，但是这并不能阻挡企业的创新和探索者的脚步。俗话说，我们不能控制风向，但我们可以调整自己的帆。实际上，跨界战略的成功与否关键还是看企业自己，只要尽量避开跨界的思维雷区，就能铺设出一条通向未来的辉煌大道。

# 第十三章　跨界战略的落地和执行

曾出版过《基业长青》《从优秀到卓越》等多部商业经典专著的吉姆·柯伦斯表示："有无战略已经不是衡量一家公司能否成功的依据。无论是优秀的公司还是平庸的公司都有战略，但战略的执行力如何却是区分它们的标志。"

有研究显示，虽然参与调研的企业将95％以上的精力用于实施既定战略，但是70％的企业失败还是源于战略执行不力，仅有10％的成功战略被有效执行。而另一项涉及50多个国家的1 000多家公司、政府机构和非盈利性组织的研究结果则显示，60％公司的员工认为自己组织的执行力薄弱，大多数人在被问及是否同意"公司能将重要的战略和运营决策迅速转化为行动"时，回答都是否定的。

战略落地是一种把企业的内部能力与资源转化为现实行动力的战略竞争力，它能避免战略与企业运营系统脱节。跨界战略的落地更需注重帮助企业完成产业、模式、产品等的跨界创新和市场对接。这就需要企业进行必要的战略解码、拥有必要的落地保障能力，并实现闭环性的战略落地纠偏和执行优化。

## 一、跨界战略的落地解码

战略解码，是将公司的战略目标转化为具体行动并融入组织日常行动中的过程。它是基于公司愿景与实际情况，对公司的战略重点达成共识并进行清晰的战略

执行描述，然后制定出具体行动计划并将责任落实到人的过程。有数据表明，大约65％的战略必须要员工在行为层面产生变化才能实施。若想达到这种效果，企业需要进行跨界战略的落地解码，将战略理念传播至企业最底层，聚焦最重要的战略目标，同时制订和开展相应的跨界业务行动。

### 1. 跨界战略落地之目标解码： 战略大目标和个人小目标的结合

澳大利亚某一大型零售企业曾设置诸多远大的目标，如公司收入翻倍，成为澳大利亚最受欢迎的品牌等。但调查发现，员工虽然认可这些愿景，但是他们对公司的很多情况不是很确信。他们不确信自己所在部门的指导策略是否清晰，不确信公司是否真的知道什么事情对顾客最重要，也不确信员工是否应该对自己的工作负责。而这些反馈并非来自企业基层，它们是企业中高层的心声。他们中有人表示："对于该怎样做才能实现远大目标，缺少一个清晰简单，大家都理解的说明。"有的则直接承认："没有人真正理解这个战略愿景。"如果连公司中高层都不清楚如何将战略目标转化为部门组织甚至是自身的目标，那组织内的普通员工又怎么知道呢？

战略目标是跨界战略管理的核心，它既是跨界战略中的一个重要的、首先进行决策的部分，又是跨界战略管理其他环节的依据。战略目标决定着战略重点的选择、战略阶段的划分和战略对策的制订。战略目标是企业使命和功能的具体化，有关企业生存的各个部门都需要有目标。

管理心理学认为，人类的行为在具有目的时，才能激发人的工作积极性。百度CEO李彦宏曾说过："管理一个公司，到底需要在哪些方面做好，过去十一年我也不断总结，基本上是一个方面，是目标，大家有一个共同的目标。"目标本身是一种激励力量，特别是当企业目标充分地体现了企业成员的共同利益，使战略大目标和个人小目标很好地结合在一起时，就会极大地激发组织潜能。企业要达到这种目的，需要进行战略目标管理，从高层领导开始，根据企业战略、企业资源及内外环境等，制订出一定时期内组织经营活动所要达到的总目标，并层层分解落实。这需要进行目标设置和分解、目标的实施及完成情况的检查，以绩效奖惩为手段，最终通过员工的自我管理来实现。战略目标管理也实现了权力的下放与管理重心的下移，使企业从集权制逐步走向以分权为特征的扁平组织结构，使企业可以更好地适应快速变化的内外环境，提高管理效率，降低管理成本。

### 2. 跨界战略落地之业务解码：如何提高企业业务行动力？

亨利·明茨伯格提出："战略是一系列或整套的决策或行动方式。"强大的战略行动力表明企业能以规范、标准的流程控制业务，以高于对手的效率运行，是企业获得竞争优势的基础，也是企业生存的基石。业务行动力是指组织能够高效地实现战略业务目标的能力，包含了制订可执行的业务战略、建立有效的工作计划系统、构建合理的业务组织结构、建立人才保障系统、对执行过程进行有效控制等。同时，业务行动力也强调了各部门之间如何通过整合资源、创造价值，以更好地满足顾客需求。业务行动力的强弱直接决定了企业战略的实现程度、实现速度和调整速度。业务行动力就像 WINDOWS 操作系统的性能，是决定组织行动力能否更好地发挥的基础平台。

想要推进核心业务、提高企业业务行动力，需注意以下三个前提：**一是业务行动力要建立在真正的业务需求之上。** 不同于用户需求，业务需求是偏向宏观的、偏向经营者的，它描述了组织业务的预期目标。腾讯微信团队开发微信这款产品的目标：做一个流量大，覆盖范围广的即时通信软件→做多平台入口，包括购物、金融等→未来如何引导用户使用、如何盈利、如何推广运营。这些都属于微信的业务需求。正是在精准的业务需求加持下，张小龙才能带领团队将微信发展成为全球活跃账户数达 11.12 亿的超级社交软件。**二是业务行动力要建立在组织全员转型之上。** 跨界企业总会面临业务转型的问题。有调查显示，高级领导层是业务转型成功的一大因素。就像是一副多米诺骨牌，只有让组织从上到下都清楚与核心业务执行相关的期望、责任和后果，明白如何做，企业管理者才能带领整个组织实现业务转型。这种改变不仅能减少转型中的各种摩擦，还能加快对市场要求的响应速度。**三是业务行动力要建立在技术之上。** 业务和技术的关系是相辅相成的，业务驱动技术、技术带动业务。尤其是在当今社会，从产品设计到将产品交付给用户的整个过程，更是离不开技术。刘强东在介绍 2020 年的京东总体战略时提到，在技术服务领域的全面投入是支持京东高质量增长的重要一环。"无论在零售、物流还是数科，京东业务都必须建立在技术上。只有技术才能给业务带来持续的竞争力。技术会不断带动业务成本降低、用户体验提升和效率提升，技术投入的收入会给股东带来更好的回报和利益……"

### 小链接：华为战略解码的一个原则、两大核心输入

● 一个原则：

华为战略解码的原则就是"价值创造决定价值分配"，这是整个战略解码的核心逻辑。

价值创造的逻辑很明显，帮助创造更多收入的行为一定是价值创造行为，分解下去就是影响驱动因素的战略和行动计划，再细分下去就是 KPI（关键绩效指标）的集合并以此进行整个组织 KPI 的核心输入。KPI 的集合设计是华为整个战略解码团队最核心的工作，被华为称作 KPI 的 Pool，即 KPI 池，是针对华为整个组织的考核指标集。

当然，KPI 不是一成不变的，因为战略调整、客户需求变化等因素，考核指标会每年进行刷新。针对不同的部门、不同的组织，KPI 池构建是战略解码团队每一年的重要工作。

● 两大核心输入：

（1）对公司战略和业务目标的支撑。

华为的公司战略会分解到各个部门，变成部门业务目标。从公司→体系→部门→岗位，自上而下地进行垂直分解，以保证 KPI 和 PBC（个人业绩承诺）从上到下的一致性。

（2）对业务流程的支撑。

本质上所有的业务流程只有一个核心目的，就是赚钱，而打造一个持续不断

的、简单高效的业务流程是管理工作的核心。业务流一定会穿过很多的职能部门，要让这些职能部门在支撑这个业务流的时候高效协同，在这个过程中一定要有很多KPI互锁，这个过程也是KPI核心的输入过程。

华为整个战略解码的过程是极为复杂的，始于战略洞察，经过战略分解到指标体系，再确定各个组织的KPI，最终分解到个人PBC。

## 二、 跨界战略的落地支撑

在分析QQ为什么没能够率先移动化时，马化腾曾反思，因为当时受制于腾讯的内部组织架构：手机、PC是在不同的业务群，由不同的人分管，很难捏合起来做一件事情。他强调："（这）也是一个教训，内部组织架构不及时改变的话，你是心有余而力不足，没法驱动，明知看到往这边（指移动互联网）转你也没办法。"

可见，组织是企业战略落地的基础和重要内容，是战略目标成功实现的重要条件之一。战略之所以无法简单复制，正是因为企业的战略与组织自身息息相关，而通过长期坚守形成的竞争力，不可复制才更突显其价值。企业组织和战略管理之间相互影响，以组织为原点，从组织领导力开始对高层进行变革，在核心价值观引领下形成共同的战略理念，用执行文化来武装组织的战略执行力，从而为战略落地提供强支撑。

### 1. 战略落地支撑一： 从"个体领导力"到"组织领导力"的升维变革

假如你离开企业一天，请问企业是否会如常运转？如果将时间拉长到半个月、三个月甚至是半年呢？请问，你制订的公司战略还能否像你在公司时一样，沿着既定的方向前进？抛出这个问题，就是想要探讨跨界战略中的组织领导力。

虽然领导力的概念从引入到如今已经逐渐引起专家及经营者的重视，但是国内对领导力的培育仍然普遍存在误读，如许多人用"个体领导力"的培育来取代"组织领导力"。事实上一个企业要持续发展，获取核心竞争力，就必须培育和提升"组织领导力"，这才是领导力培育的关键。个体领导力的培育最终都要转向组织的

领导力。这是一个升维的在过程，其中经营者首先应从下命令直接进行管控的决策者向注重民主决策与集体智慧的教练员的身份转变。以领导团队的组织影响力，保证整个企业的经营、管理，才能具有最强的作战能力。

想要跨过战略规划与执行之间的巨大鸿沟，要把战略计划变成团队的行动和结果，经营者必须要懂得领导的艺术。任正非、马云、柳传志不仅拥有个人领导力，他们还将其转化为了组织领导力，使企业中涌现出余承东、张勇、杨元庆等一批领军人物，从而形成了基于核心团队的顶级决策层，在进行重大战略决策与战略执行推进时，起到了关键性的组织领导作用。这三家企业都是由强大的个人领导力带动形成组织领导力，再由组织领导力带动形成系统性的组织战略能力。上述企业家还通过组织领导力构建了组织的核心竞争力，如非常重要的集团价值观、组织机制、人才机制等，为组织的高速运行打造了坚实的基础。华为在任正非的领导下，凭借强大的组织能力成为当今全球通信和手机行业中的佼佼者。阿里巴巴在马云的领导下，建立了合伙人机制，通过制度、文化建立人才梯队和接班人体系，确保了在马云退休后集团仍能向着做百年企业的目标不断发展壮大。

### 2. 战略落地支撑二： 将执行深化为一种企业文化

美国《财富》杂志关于"全球最受赞赏公司"的多年研究发现：执行必须和公司的战略高度一致，而大多数公司在执行和战略之间都存在断层，执行的目的是实现战略，所以战略执行力才是真正的执行力。有人说企业最大的黑洞就是没有执行力。哈佛大学商学院通过对世界各国组织的长期分析研究得出结论：一个组织本身特定的组织文化，是影响组织本身业绩的一个深层原因，判断组织文化能否促进组织的发展和提高组织的竞争力的唯一准则就是该组织文化是否提高了组织的执行力。

通过塑造执行力文化来影响组织内部的行动，把执行力作为所有行为的最高准则和核心价值观，是组织文化建设的核心任务。作为根据行业发展阶段、企业自身状况而做出的一种策略选择，战略就好比河堤，有了它的引导企业才能凝聚强大力量；而企业文化则好比河水，柔软且呈现流动性，它能推动企业不断地向着战略目

标前进，在这一过程中执行文化又尤为关键。

执行文化是一种把企业战略目标变成现实结果的文化，是企业文化的一个核心部分。对于组织而言，执行文化强调的是实践，它注重的不是员工现有水平而是潜力的发挥，它注重推动个体在战略执行中的行动速度。执行文化的核心是战略运营机制，文化通过对运营机制的持续强化，可以改变员工的信念和行为，进而直接影响企业绩效。因此，这种以文化为根基的运营体系的建立，必须是公司级的，必须打破部门、流程、等级界限。只有加强部门间信息的共享，才能使每个员工对公司都有正确的、全局的认识，使部门之间得以实现真正的顺畅协作，使企业价值观、战略目标与愿景等在整个组织内被持之以恒地贯彻。

西点军校 21 条军规的第一条就是无条件执行。众所周知，军队最大的特点就是拥有强大的执行力，被外界盛传是军事化管理的万达同样以超强的执行力闻名，这也是使它成为世界一流企业的重要原因之一。万达不仅拥有强大的执行力，而且形成了执行文化，即以身作则、没有不可能、奖惩严格。为了保障执行文化的长久性，万达还对之施加了管理模式和高科技的双重保障。首先是通过总部集权、垂直扁平管理、强化监督的方式打造执行管理模式；其次以高度信息化、计划模块化、慧云集成化等高科技手段来保证执行力。由此我们也可以看出，企业执行文化的构建，绝非朝夕之功，它是一个潜移默化的过程，在这其中需要注意两个方面。

（1）持续强化。企业执行文化需要不断强化才能从意识层深入到行为层，也只有深入到行为层的文化才能转化为执行力，才能促进组织绩效。

（2）氛围营建。有统计显示，组织氛围对组织绩效会有百分之三十左右的影响。企业要在内部形成一种执行文化氛围，并逐渐感染整个组织内的所有成员，提高组织战略执行力。

### 3. 战略落地支撑三： 让企业价值观成为战略落地第一驱动力

詹姆斯·科林斯和杰瑞·波拉斯在其广受好评的《基业长青》一书中写道：

"能长久享受成功的公司一定拥有能够不断地适应世界变化的核心价值观和经营实务。"这一点是微软、强生、宝洁、亚马逊和索尼等公司成功的关键因素。对核心价值观，科林斯和波拉斯还进行了更深入的研究，并将其分解为阴、阳两部分，即核心意识形态和预想的未来。核心意识形态被看作是"阴"，代表企业立足的根本和存在的原因；预想的未来是"阳"，可以与"阴"互补，它是企业愿望中对未来发展方向的设想及基于这一设想而需实现的巨大转变。

核心价值观作为企业的终极信念，是企业领导者和全体员工对企业的运作、组织及其员工行为是否有价值以及价值大小的总的看法和根本观点。英籍美国学者查尔斯·汉普顿和阿尔方斯·特龙佩纳通过对美、英、德、意、瑞典、日本等 12 个国家的 15 000 名企业经理的调查指出：不同的企业在创造财富的过程中都受到各自独特的价值体系的影响。在这个价值体系中，最核心的就是企业的价值观。在强调组织有效性的 7-S 框架中，硬件要素（包括战略、结构、制度等）和软件要素（包括管理风格、人员、技能等）围绕核心价值观形成了一个六芒星图形。可见核心价值观是一切理念、制度、技术的基础，是**企业战略落地推进的第一驱动力。** 可口可乐的价值观是领导力、同心协作、诚信、承担责任、激情、多样性、品质，这些观念为企业提供了行动指南，同时也规范了集团的行为方式。

从心理学和行为学角度看，企业价值观是企业经营管理者和员工共享的群体价值观念。在企业中，领导是点，组织是线，员工是面，而价值观是纽带，它能将领导、组织、员工连接起来，组成价值共同体。在这一过程中，价值观不但会影响员工的个人行为，还会逐渐影响群体行为和整个组织行为。社会心理学家沙赫特通过实验研究了组织凝聚力，结果表明提高凝聚力可以提高组织的生产效率，积极的引导可以强化凝聚力，管理者应该积极引导，使组织的凝聚力真正成为促进生产力发展的因素。以价值观为引是核心，通过引导员工提高对企业价值观体系的认同度，并转化为个人的人生价值观取向，能使企业获得巨大的向心力、凝聚力和社会价值认同，使企业对外经营及对内管理的战略适应力和竞争力增强。

### 三、 跨界战略的落地纠偏

有研究者在对全球战略执行力明星企业进行长期跟踪、调研与分析后发现，它们除了在战略、组织、人员和资源等领域特别出色之外，战略执行的核心要素——管控也做得非常出色。管控能帮助企业回顾战略执行中所发生的偏差，挖掘根本原因，实现有效的战略执行纠偏。

#### 1. 战略评估： 跨界战略推进的优劣判别

自 2017 年雷诺提出为期 6 年的"推动未来——Drive the Future"发展战略以来，市场已经发生了变化。中国汽车市场的销量下滑、欧洲排放新规的不确定性以及英国退欧等都给雷诺带来了一定的压力。雷诺临时首席执行官科罗蒂尔德·德尔博斯表示："我们必须问自己一个问题……我们还能保持同样的战略吗？我认为不行，因为市场在变化，我们必须适应。"为此，2019 年 11 月雷诺集团开始为期数月的战略评估。经过一系列的战略洞察，2020 年 4 月，雷诺集团针对中国市场发布了以两大支柱业务——电动汽车和轻型商用车为主的全新战略。

从整体上看，跨界战略评估是一个持续的过程，贯穿于整个跨界战略执行的过程中。作为战略管理中非常重要的一环，建立战略评价标准是经营者首先要考虑的。这是制订、实施战略管理目标的依据，没有战略评价标准的约束，战略管理就没有了根基。战略评估以跨界战略实施过程及其结果为核心，通过对影响跨界战略管理的各要素进行总结和分析，判断跨界战略能否实现预期目标。理查德·鲁梅尔特曾入选《经济学人》"当今 25 位对管理理念和公司行为最具世界影响力的思想家"榜单，作为《好战略，坏战略》的作者，他提出了可用于企业战略评价的标准：一致性、协调性、卓越性和可行性。根据跨界战略属性与需求，结合鲁梅尔特的标准，我们建议可从以下三方面来对跨界战略进行评估：

（1）**关于跨界战略实用性的评判，** 主要围绕跨界战略是否发挥了企业的优势、克服了劣势，是否利用了机会、削弱了威胁，是否有助于企业实现目标来展开；

（2）**关于跨界战略可接受性的评判，** 看企业的跨界战略是否被利益相关者所接受，利益相关者包括企业的合作伙伴、供应商、经销商、消费者等；

（3）**关于跨界战略卓越性的评判，** 看跨界战略是否帮助企业在跨界的新领域内创造了竞争优势。这种优势的塑造通常来自三个方面：企业在行业中的领导性地位、独特或稀有的生产资源、独特或领先的研发生产技术。

### 小链接：从三个战略问题看战略评估

哈佛大学商学院教授罗伯特·西蒙斯曾在《七个战略问题》中，详评了7个战略的关键问题，我们节选3个与战略评估息息相关的问题，来与诸位一起分享。

（1）谁是企业的主要客户？

主要客户的选择关乎公司成败。道理很简单：确定主要客户后，企业要调动一切可利用的资源来满足和超越客户需求。要把尽可能多的资源用于主要客户，这意味着企业必须尽可能减少其他方面的资源，其中包括所有外部利益相关者和公司内部不为主要客户创造价值的部门。

（2）企业应该追踪哪些关键业绩指标？

一些企业错误地认为指标越多，考评体系就越完善，于是确定了三四十个甚至更多的指标。在信息技术高速发展的今天，企业能收集到的数据越来越多，但高效的管理者只会选择监控少数几个指标，就是那些关乎战略成败的关键指标。

同时，管理人员的注意力是企业最稀缺的资源。指标的增加会导致机会成本上升，使花在真正重要的事情上的时间减少。

（3）如何划定战略边界？

每个战略都面临着一种风险：个人行为可能导致整个企业的路线发生偏离。想要控制这种风险，就要告诉员工不能做什么。当今企业越来越需要创新，对富有创造力的员工，企业应给予其发挥的自由，不过要在既定的范围内。史蒂夫·乔布斯曾表示："人们认为聚焦的意思就是对自己要全力去做的东西说'是'。其实根本不是那么回事。它的意思是要对成百上千个好主意说'不'。"

明确划定边界还能避免组织走上漫无章法的增长之路，从而降低浪费和风险。

### 2. 战略差距分析：跨界战略推进的完成度考量

经过战略评估，企业还需就评估结果综合地进行差距分析。若发现战略差距，需进一步分析造成差距的原因并制订措施以减少或消除差距。战略差距分析可以从外部环境入手，选择宏观环境、行业环境、行业竞争对手等，分析与企业既定跨界战略的差距，也需要从内部环境出发，分析企业能力、业绩等和企业战略的差距。

跨界战略差距分析方向比较多元化，我们可以选取非常重要的"绩效差距"和"机会差距"作为分析重点。这两个"差距分析"，一个重点解决企业当下问题，一个旨在解决企业未来发展的问题。在跨界战略中，企业可以通过战略远景、战略目标、业务绩效等来确定和衡量"绩效差距"，这一差距的出现意味着企业当前在产品布局、资源分配、经营机制等方面出现问题，需要通过调整以适应市场的竞争。而"机会差距"是指在既定跨界战略上错过的、可以完成更大战略目标的市场增长机会。造成机会差距的原因主要有两方面，一是公司高层领导缺乏市场敏感度，没能洞察市场前景；二是公司自身实力的问题，如在研发、人才、资金等方面存在短板，致使企业错过市场机会。

企业进行战略差距分析，不仅可以发现在战略落地执行方面的不足和缺陷，也能促使企业为了完成更高的目标而去开发新市场、发现新机会。跨界战略差距分析的过程可以激发企业内部对实现目标的渴望，促使组织建立起使命感和紧迫感。这是一个组织进行变革、引领变革的最基础条件。因此，华为、IBM等领先企业常将战略和变革并在一起讨论。用战略差距分析引领变革，需要在界定差距、分析差距的过程中深挖差距背后的根源，以便制定详细的解决方案。


### 3. 战略微调与持续优化：跨界战略推进的动态闭环

松下（中国）前总裁木元哲认为，企业不要因为花费了大工夫去制订战略，就坚定不移地执行既定的战略。战略是基于对现状的判断，对未来作出的假设。所以，战略并不是一定要等到万事俱备了才可以去做，它是可以在执行的过程中进行动态调整的。

　　传统的战略规划是以假定企业可以通过科学的工具和方法来预测任何业务为前提。在当今社会，企业需面对的是复杂且不确定的环境，不同维度的不确定性对企业战略的影响各不相同，这会使战略规划的可预见性大打折扣。《闭环式管理：从战略到运营》一文首次提出了"闭环式管理"的概念，提倡公司建立一个闭环式的管理体系，将战略和运营更紧密地结合起来，以此来不断适应环境变化，减少不确定性风险。这个循环往复的闭环系统由五个阶段组成，分别是制订战略、将战略转化为员工目标、规划运营公司战略、监督战略运行并进行评估、检验和调整战略，随后经过调整的战略又将进入新一轮的系统循环之中。

　　同样地，跨界战略也是一个动态的闭环。因此，企业在进行战略微调与优化时，也应遵守动态性的原则。战略的动态性优化调整主要有两个关键词。经济学家熊彼特认为，创新是企业的生命之源。没有"创新"就没有战略，动态优化的第一个关键词就是"创新"。动态优化涵盖了产品结构创新优化、业务创新优化、管理制度创新优化等，在这一过程中，企业还可以根据战略需要引进新资金、新技术等。动态优化的第二个关键词就是"取舍"，舍弃不能满足企业发展需求的资源、管理制度、不再受欢迎的旧产品等。同时，还要对既定战略中新提出的如经营理念或产品等进行取舍，看其是否达到企业的利润标准、是否对企业的长远发展有益等，对于不符合要求的须进行微调或舍弃。


**小链接：企业战略推进需要追踪决策**

　　战略微调与优化是一种特殊的决策，是对企业过去决策的追踪。这种追踪决策是与"初始决策"相对的，它是在客观情况下，对原有战略的"扬弃"。企业追踪决策的正确性受企业核心能力、企业家的行为以及企业文化等因素的影响。

　　不同于决策在执行过程中的补充及修正，追踪决策实质上是对原有问题进行一次重新决策，即根据对原决策过程的再次分析，促使原决策中不符合当前环境需求的方面转向正确的一种决策。追踪决策有两个特征，一是非"零"起点。企业所面临的对象与条件，已经不是初始状态（零起点），而是既定战略已经实施了一段时

间的状态。在这种状态下，企业不仅要慎之又慎，还必须抓紧时间进行决策，任何拖延都会加大风险。因此追踪决策必须集中优势兵力打歼灭战，经营者应在集思广益后果断作出决策。追踪决策的第二个特征是**双重优化**。追踪决策只有比原决策更加完善和圆满，同时选择的调整方案也必须是所有新提出方案中最优秀的，才能体现战略优化的意义。

# 第十四章　跨界战略领导力的修炼

全球战略大师、斯坦福大学商学院教授罗伯特 A. 伯格曼，对于商业世界中的不同角色，有一个非常有趣的"刺猬"与"狐狸"的比喻。他认为，"刺猬"会把复杂的世界简化成单个有组织性的观点，并专注于一个领域或市场。因此当"刺猬"在工作时，只需要给他划定一个有效的空间和工作范围，他就可以认真地工作。而"狐狸"则同时追求很多目标，把世界当成复杂的整体来看待。一家公司不仅需要多位"刺猬"来推动各项战略进程，更需要一位深知整个公司战略发展方向的"狐狸"来管理"刺猬"们，这要求"狐狸"必须是一位战略领导者。

真正基业长青的公司与普通公司的区别主要在哪里？在战略领导力。能经得住时间与市场考验，在发展中不断壮大的公司大多是拥有战略领导力的公司。惠普公司经历过七次转型，而每一次转型的成功率并不是递增的，基本都是 50%，每一次转型的成功都取决于高层决策者的战略领导力。

普华永道曾对 6 000 名高级管理人员做了一项调查，结果发现，只有 8% 的调查对象是战略领导人，也就是能有效领导变革的领导人。作为企业经营的决策者、战略的制订者，经营者在战略规划和战略创新等方面的决策，很大程度上直接决定了企业竞争的成败。

跨界战略作为一个可以在未来很长一段时间内支撑企业持续发展的战略，同样

需要它的总设计师——企业经营者拥有战略领导力。想要拥有这种能力，经营者需要进行战略领导力的终生修炼。

# 一、跨界战略修炼之"跨界三观"

现代研究证明，基因不仅能决定一个人的相貌、健康，它还能影响一个人的成功与否。许多人的成功除了自身的努力以外，"成功基因"也起到了非常重要的作用。与此相似，每个经营者拥有的战略基因是不同的，这在很大程度上决定了企业战略规划和实施的成败。

在跨界时代，跨界创新需要企业家拥有更宽阔的创新视野，这就对企业家的跨界战略修养有了新的要求，需要企业家在战略基因里强化跨界创新和突破的卓越能力，要实现这种强化，可以从全局观、全球观、未来观的"三观修炼"做起。

## 1. 跨界战略之全局观——大视野成就大格局

有道是，不谋全局者，不足以谋一域。世间万物自有其规律，需要用宏观战略眼光分析问题，抓住其中的关键要素，同时还要找到要素之间的关系，进而看到这些关系背后的规律，这种能力就是全局观。

修炼全局观，就是修炼用关联的、动态的、整体的方法看问题的能力。事物不是孤立存在的，而是相互关联、相互作用的。动态性是指用联系和发展的眼光来看待问题，不能局限于眼前的事物，不能固守旧时的规则。只有从整体出发，推导关联要素之间动态发展的趋势，才能做到运筹于帷幄之中，决胜于千里之外。

经营者修炼跨界战略的全局观，首先要修炼一种对时代技术发展的全局性大视野，要让企业发展与时代技术潮流战略性跨界融合。如今的世界已经从 IT 时代发展为 DT（数据处理技术）时代，正在持续推进的 5G 为更多颠覆性技术奠定了基础，物联网、云计算、人工智能、区块链等新技术正在不断推动现代企业的变革。身处信息科技产业的第三次革命浪潮中，许多企业已在物联网这条道路上发力。亚马逊推出物联网应用平台 AWS IoT，通过 Echo 智能音箱和可帮助上万种智能设备进行交互的 Amazon Alexa 的综合布局，成功占据了美国家庭入口。在中国，百度、阿里、京东、华为、小米等企业，也都在开展物联网业务。近年备受关注的区块链技术，不仅能应用在金融领域，也由此催生了比特币等虚拟货币，同时它具有防伪造、防篡改、可追溯的技术特性，有利于解决制造业中的设备管理、数据共享、多方信任协作、安全保障等问题，对于提升工业生产效率、降低成本，提升供应链协同水平和效率，以及促进管理创新和业务创新等具有重要作用。

全局观符合当下商业发展的平台思维，它能让经营者在大格局下考虑企业战略，而非只顾局部利益，忽略全局的参与者。对于经营者来说，全局观的一个重要作用就是让企业生态链上的利益攸关方都满意。它强调的是，经营者要能够跳出本企业和本行业的视角，不是仅从自身角度出发，争取自己企业利益的最大化，而是和客户、员工、合作伙伴等一起，让企业生态链上的利益攸关方共赢，这才是真正的企业成功之道。

### 2. 跨界战略之全球观——全球资源，跨界整合

在信息技术发达和运输高效的当今商业环境中，资本、物资、人才和知识正加速在全球流动，"全球化公司"和"本地化公司"这两个过去常被分离的概念正变得越来越统一。放眼全球，中国本土企业在向"世界级超一流企业"迈进的过程中，自身产品和品牌走出了国门，也更重视对全球人才、市场、资源的充分整合利用。在这种潮流引导下，世界正变得越来越平，越来越小。

对中国企业来说，全球化的竞争与机遇并存。我们可以看到，在全球化和网络化的双重加持下，企业的发展速度和规模都在发生巨大变化。首先从时间维度来看，企业的发展正在加速，以科技创新为主导的企业快速崛起，如亚马逊、Facebook、阿里巴巴等企业仅经过十几到二十年的高速发展，市值就已经超过埃克森美孚、摩根大通等百年跨国企业。同时，随着全球一体化的推进以及各国企业的海外扩张，过去传统的全球价值链正在被打破，一些发展中国家的企业正在向价值链的上游移动，在制造、销售、品牌、研发等多个维度拥有了与发达国家的企业展

开竞争的能力。

这一切都对中国经营者提出了新的要求，中国企业应加强全球资源的有效跨界整合，不断提升企业的全球化综合竞争能力，保持企业在各个维度的战略领先性，追求经济效率的最大化和成本的最小化。整合全球资源的过程，是企业对不同来源、不同层次、不同结构、不同内容的资源进行识别与选择、汲取与配置、激活和有机融合的过程。企业要以系统性和高价值性的跨界整合，创造出真正为企业所用的新资源驱动力。比如伊利乳业在整合全球资源的基础上开展全链创新，在大洋洲、欧洲、美洲等乳业发达地区搭建了全球的资源体系，全球供应商遍布 34 个国家和地区，同时还积极整合技术、人才等智力科研资源，建立了"全球智慧链"。

### 3. 跨界战略之未来观——站在三十年后看今天

未来观要求经营者要有长远眼光，要能够摆脱短期利益和短期目标的束缚，站在未来的角度看问题，站在 30 年后看今天，如此才更能看清未来发展趋势，把握未来发展机会。例如，吴晓波曾提到，早在 1986 年，他就读到了托夫勒的《第三次浪潮》，由此了解到大数据、信息革命等超前沿信息，看到了更广阔的未来世界的面貌。而当年许多阅读托夫勒著作的年轻人已成为中国经济建设的中流砥柱，托夫勒的思想或多或少仍在指引着他们"创造未来"。

战略代表的是组织未来的行动方向、总目标，是对组织未来发展所进行的长远规划与设计。为此，经营者必须具有较强的预测能力，能够比较准确、科学地预测到未来发展的大趋势。同时，在制订和执行跨界战略时，管理者要像下棋的高手一样做到"走一步看三步"，能想到两年以后、三年以后企业要做什么，前瞻性地预测到三年以后所跨产业或领域的格局会是什么样的，并以此倒推今年企业要怎么布局才能发展得更好，从而为企业进行提前 3—5 年的发展布局。以壳牌石油公司为例，该公司就建有专门的远景观测部门，他们考虑的问题包括：石油用完后公司怎么办？经济危机会不会再次来临？……由于壳牌时刻关注着未来，他们成功地预见了 1973 年和 1979 年的能源危机，公司由此提前做好了调整，适应了环境的变化，这是壳牌公司的一大竞争优势。

未来观是一种终局思维，在预见终局的过程中，"相信"非常重要。马云经常强调"因为相信，所以看见"，只有相信自己的战略判断，才能看到终局，也才能有方向。微软的成功，就是因为比尔·盖茨看到了未来，并提出了一个伟大愿景："计算机进入家庭，放在每一张桌子上，使用微软的软件"。他没有局限在当时的市场环境，相信可以制造并满足用户未来的需求，这种愿景让微软走向了强大。比尔·盖茨是一个对前沿技术非常敏感的人，他在著作《未来之路》中成功预言了很多技术趋势，正是因为拥有并相信自身的未来观，他才能引领微软获得今天的成就。

## 二、 跨界战略修炼之领导力法则

美国的领导学权威约翰·麦斯威尔认为："一个领导者知道方向，并身体力行地指引大家奔向那个目标。"

哈佛大学商学院终身教授、领导力大师约翰·科特则提出："领导者确立愿景，设定实现愿景的战略，引领变革。他们激励他人，并克服困难亲自与他们沿着正确的方向前行。"

领导者是一个企业的核心，是企业的灵魂人物。跨界时代的领导者，在跨界战略修炼时，需注意以下三个非常重要的领导力法则。

### 1. 战略势能法则： 顺势而为，做风口上的战略家

阿里巴巴前总参谋长曾鸣在他"最重要的第五堂课"上说：我们要培养看十年的决心，也要有看十年的能力。"看十年"的核心就是把握"势"，需要经营者尊重商业规律，顺势而为。战略势能法则需要经营者掌握全球经济之势、国家政策之势、行业技术之势、消费需求之势……一切围绕在企业周围，增强对与企业发展和战略息息相关的各种趋势的把握能力。

从全球经济走势来看，全球一体化的进程正在加速，这方便更多中国企业走出

去；从国家政策来看，随着"健康中国"国策的确立，前端健康产业和后端养老产业正出现更多机会。众多医药企业纷纷跨界大健康，成功的代表有云南白药、片仔癀等，而恒大、万达、绿地等地产企业也纷纷战略性地打造康养产业。从行业技术趋势来看，随着5G和人工智能等技术的发展，越来越多的行业开始智能化和数字化转型。为顺应家电智能化的趋势，海尔提出了IoT（智能物联网）＋AI的战略，为实现智能家居提供主动服务；而美的集团为了完成三到五年内家电智能化的战略，组建了200人的IOT团队，一年的投入超过十亿元。

搜狗CEO王小川曾表示："跨界就是要进入不同的领域，必然有失败的风险，要成功，就得顺势而为。"在跨界战略中，无论是产业跨界、产品跨界，还是营销传播跨界等，都需要顺势、借势，以此来获取资源、拓展渠道，扩大自身影响力。将互联网模式跨界引入传统餐饮行业的西少爷，借着互联网的东风快速崛起；在消费升级和全民注重健康时代，云南白药集团将经典白药与牙膏相结合生产出高端功能护口牙膏，成就了今天民族牙膏的美誉；如今，以搜索起家的搜狗在AI兴起之时，跨界联合索尼、爱国者等录音笔硬件厂商成立了AI创新联盟，用软件变革硬件，通过搜狗输入法帮助市场上90%的录音笔接入搜狗听写服务，从而进化为AI录音笔。作为搜狗重要股东的腾讯在AI新技术的大势之下，开启面向产业互联网的转型之路，在医疗、零售等领域重拳出击。

对战略势能的把握能力是衡量经营者战略领导力的重要标尺。它能帮助企业领导者紧扣时代脉搏，在未知中寻找契机，作出合乎时势的战略判断和决策，从而带领企业借势而行、顺风远航。

## 2. 战略授权法则：激活组织效能，赋能战略驱动

自组织的科学理论表明，要形成有效而敏捷的战略，需要更多地赋权给各个自组织单元，让他们对于相应的任务有更高的决策权。

战略组织授权的理想状况是集权与分权达到平衡。这需要经营者以绝对原则引导组织，建立更清晰的权责边界，指引分权节点和集权节点的权力和责任的归属。

想要达到这种平衡态，经营者要为组织提供制度化和规范化的可执行标准，使各职能部门和岗位的责、权、利分明。如此，战略授权才能做到有章可循、有规可依，才可能减少授权中的盲目性和随意性。

京东能够成为中国电商的龙头，除了正确的价值观、战略选择外，还有很重要的一个原因就是，通过授权为组织赋能、实现组织激活。北京大学国家发展研究院 BiMBA 商学院院长陈春花也提出："在未来的组织管理当中，管理者最核心的价值就是赋能和激活人。"这一切都表明，随着时代变化，经营者不能再运用工业化时代的管控思维来开展业务、带领团队了，必须发展出与组织的赋能职能相匹配、与互联网时代的精神相适应的战略领导授权方式。以赋能激发和整合团队的行动效能，在组织变革中，赋予组织成员一套不变的应对变化、推进变革、解决问题的能力。华为 2020 年上半年经营业绩显示，当期华为实现销售收入 4 540 亿元，同比增长 13.1%，净利润率仍然高达 9.2%。这一成绩是华为持续优化区域组织，加大、加快向一线组织授权，指挥权、现场决策权逐渐前移至代表处的结果。华为目前已在部分国家试行"合同在代表处审结"的制度，以进一步提高效率、更快地响应客户需求。

### 3. 战略底线法则：在远见中"有守"，在机遇中"有为"

《大学》说："知止而后有定，定而后能静，静而后能安，安而后能虑，虑而后能得。"其中提到的"止"，就是一种底线思维，企业家在规划和执行跨界战略时坚持底线思维，是应对错综复杂的市场形势的"有守"之法，更是推动新一轮企业战略变革的"有为"智慧。唯有如此才能做到，明者远见于未萌，智者避危于无形。

战略底线法则基于后顾性思维——底线思维，它与注重前瞻性思维的战略计划、绩效管理、效益最大化的不同之处在于，底线思维更注重对危机、风险、底线的洞察和防范。当然，底线法则并不单单是战略危机管理，它比危机管理更加积极，更具有全局观念，更加具有可操作性，更加注重从减少企业发展负面影响来促进战略的持续推进。

底线法则主要有三大特点，首先具有系统性，它的着眼点是整体战略目标及全局利益；其次具有价值性，以实现和维护战略利益和价值为准则；第三具有预见性，旨在防患于未然，化解战略危机。底线法则好比战略的"定海神针"，经营者面对诱惑时，以其为标准，才能坚守正确的战略路线不动摇。京东商城 CEO 徐雷曾强调，京东商城的经营理念是"以信赖为基础、以客户为中心的价值创造"。在未来很长的一段时间里，它既是京东顶层设计的战略指引，也是企业行为规范的底线和红线。

当然，底线法则是"有守"和"有为"的有机统一。它并不是简单地为了守住底线而不作为，而是要从战略底线出发，在控制风险的基础上谋求创新与突破。战略底线法则真正的内涵是，在守住底线的同时，创造出可持续的企业利润和价值。

## 三、 让战略修炼成为一种终身修炼

2016 年，李开复陪着自己投资的一些项目的负责人去硅谷优步、爱彼迎、谷歌总部考察，回国后表示："中国创业者和美国创业者最大的区别在于两点：大格局、大战略的能力。"

从 20 世纪 80 年代开始到现在，我国的企业经历了从最初的粗放式管理到如今精细化、战略化管理的过程，这一转变体现了中国企业家们战略意识与能力的提升，而战略能力的修炼也正在成为一种潮流。被权威杂志《企业战略》誉为"20 世纪战略家"的麻省理工学院教授彼得·圣吉通过多年研究，在其经典著作《第五项修炼——学习型组织的艺术与实际》中率先提出了"终身学习"这一概念。而要构建彼得·圣吉所倡导的终身学习型组织，作为组织领头人的经营者须先树立终身修炼的观念，这其中战略能力的终身修炼最为重要。

### 1. 时代进步和企业发展需要经营者进行战略终身修炼

时代在不断前进，尤其是当今社会发展越来越快，对经营者的战略能力不断提出新的要求。首先相比 20 世纪，当今的商业环境具有易变（Volatile）、不确定

（Uncertain）、复杂（Complex）、模糊不清（Ambiguous）等特征，是一种 VUCA 式的环境。从 O2O 到共享经济，从数字化到 5G 时代，世界飞速变化，大众的消费观和需求也在发生着翻天覆地的巨变。与此同时，更适应新时代、新环境的战略也不断涌现。从前有效的旧战略面对新环境很可能会失效，而不适应时代与社会发展的战略往往会拖了企业发展的后腿。

时代在进步，每一家企业也都有自己的生命周期，都会经过发展、成长、成熟、衰退这几个阶段。在这个过程中，企业家的战略能力要求会有不同的侧重点。研究发现，在企业成长的道路上，经营者须不断提升自身战略领导能力，从创业初期的机会发现者逐步成长为战略构筑者，从而带领企业不断取得更大成就。在创业初期，经营者需要有敏锐的战略洞察；在企业高速成长阶段，经营者则需要拥有极高的战略组织构建能力，保证战略能被贯彻执行，毕竟随着企业壮大，经营者的精力会逐渐被分散，没有太多时间进行内部管理；等到企业成熟、市场份额增长遇到瓶颈时，经营者就要以更强的战略革新能力带领企业找到二次飞跃的战略路径。

伴随互联网时代的来临，如今商业世界正发生翻天覆地的变化。互联网公司颠覆式创新对传统企业冲击巨大，不断涌现的互联网技术被快速应用，用户消费行为也正在互联网化。驱动当今社会变革的不仅仅是无所不在的网络，更是一种互联网思维。作为一种发散的非线性思维，它是在互联网科技不断发展的背景下，对市场、用户、产品、企业价值链乃至整个商业生态进行重新审视的思考方式。经营者在运用互联网思维时，不能仅仅把它当成一种对技术和销售渠道的改变，而要将其上升到企业战略的高度，进行一种互联网战略思维能力的修炼。

经营者在运用互联网思维时，可以考虑从这两方面进行战略变革。一是互联网化的组织变革。为了确保战略的顺利推进，企业通常会根据需要进行组织的调整。在互联网思维引领下的新型组织中，去中心化一直备受欢迎。在传统集权层级组织中，战略执行的信息在层层传递中容易失真。而作为一种分布式结构，去中心化的组织决策快、迭代快。在战略执行中，组织成员甚至是组织外部成员的互联互通便利，更有利于战略的协调推进。二是互联网化的用户变革和产品变革。互联网思维

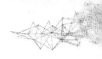

是一种用户思维，企业需以用户为中心，全方位快速响应用户的需求。这其中具有代表性的企业就是小米，它以用户思维打造了新型的以终为始的商业模式：米聊（即时通信工具）→粉丝→社区→参与设计→创作体验→饥饿营销→预定生产。改变了传统的产品研发和生产路径，将铁杆米粉变成了小米的设计师和销售员，这也让小米成了一家创立仅三年销售额就超过 300 亿的独角兽企业。

**2. 21 世纪战略家必备的跨界战略力修炼**

对一名想要带领企业在当前甚至是未来很长一段时间内都保持良好发展势头的战略型企业经营者来说，可以从以下几个方面进行核心战略领导力的修炼。

**必备跨界战略力修炼之一：　把握战略转型关键要旨**

管理咨询大师拉姆·查兰说过："到了彻底改变企业思维的时候了，要么转型，要么破产。"战略转型是企业的长期经营方向、运营模式及其相应的组织方式、资源配置方式的整体性转变，是企业重塑竞争优势、达到新的状态的过程。在高速发展的社会中，企业可以通过战略转型获得更大的发展，而企业战略转型的成功，需要企业经营者拥有把握战略转型关键要旨的战略领导力，这种战略转型关键要旨主要有以下四个方面：

一是战略变革方向的一致性。经营者要能够在选定战略后，将内部的组织体系、运营活动、人才选择、考核制度等所有的一切与战略相匹配。布格尔曼（Burgelman）和葛洛夫（Grove）也在"战略转折点"管理理论中，提出了企业要在战略认知的基础上，构建一个新的战略意图和产业新图，进一步明确企业战略转型方向，然后进行资源再分，实施战略行动。二是战略资源整合的全面性。经营者不仅要对内部资源进行协调、控制，还要具备充分利用外部资源，使社会资源更多更好地为企业战略服务的能力。乔杜里（Chowdhury）和兰格（Lang）认为，对企业资源进行合理选择、配置和整合，发挥企业资源的最佳使用效益，是企业成功战略转型的重要因素。三是战略管控的优化性。在战略执行中，通过与既定战略目标和绩效标准相比较等形式，发现战略差距，并运用科学、有效的管控体系，分析产生偏差的原因，及早纠正偏差，使企业战略适应当前所处的内外环境，与企业目标协调一致，使战略真正得以实现。最后一个关键要旨是战略持续创新的突破性。企业进行战略转型，除了追求量的增长外，还应注重质的成长，质的成长主要表现为企业核心竞争力的提高，包括生产技术创新、产品创新、组织结构创新、经营制度创新等。2019 年"双十一"期间，京东首个 5G 信号全覆盖的科技体验门店在重庆开业，通过真实的全场景智能体验，以深度沉浸来唤醒和激发消费者潜在需求，帮助他们找到更适合自己的产品，实现电器产品与消费者之间的顺畅沟通，而这仅是京东创新的一角。以京东家电为例，在技术创新方面，通过线上大数据、WiFi 探针、人脸识别等智能科技，京东能够掌握门店客流、柜台热度、顾客信息等，通过分析这些数据可以为其在门店选址、商品陈列、货品采购等多个方面提供更精准的智能决策。报道显示，未来京东计划覆盖 20 000 家线下门店，三年内实现成交总额超千亿的目标。未来，以超体店、五星店、专卖店为主体的线下创新零售模式，有望再造一个京东家电。

**必备跨界战略力修炼之二： 战略的拆解和转化**

一个能支撑企业发展的跨界战略规划，往往是宏大而长远的。它是企业的整体发展总纲，是企业一切行为的最高纲领。企业想要将纸上的战略落到实处，还要拥有拆分和转化战略的能力，使组织内的成员明确自身在战略中的地位与职责，知道自己为了战略目标的实现应该做什么，从而有的放矢。作为战略的总规划师，企业经营者需要进行战略拆解与转化能力的修炼，使战略目标与实际业务紧密联系在一起，实现各部门协同合作。公司战略主要解决两个问题：一是"企业应该做什么业务"，即企业的使命与任务、产品及市场领域。《2019 胡润全球独角兽榜》上排名前十的企业中，爱彼迎的愿景是做一个好主人，在任何地方的房主都可为旅客提供栖身之所，它专注的市场一直是短租领域。马斯克的 Space X 主营业务是航天制造和太空运输服务，产品主要有航天器及可部分重复使用的运载火箭等。二是"企业怎么样去管理这些业务"，即如何分配资源以及采取何种成长方式等。经营者需要从这两个大方面着手，设计出清晰的战略实现路径，将战略逐层细化，并最终演绎成

经营单位和职能部门的行动目标。

如为了贯彻、实施和支持公司的跨界战略，经营者应系统分析战略实施的关键要素和关键障碍是什么，掌握战略实施的关键控制点，为战略成功实施创造条件。在战略拆解转化过程中，应该带着问题去思考：

• 如何有效把企业的跨界战略转化成战术行动？战略落地的举措是什么？如何保障战术行动有效？

• 战略执行中潜在的问题是什么？战略执行中的问题的根源是什么？如何做好风险识别和风险应对？

• 如何达成团队共识，保持跨界战略推进方向目标一致、行动一致？

• 如何解决绩效差距？如何避免机会差距？

**必备跨界战略力修炼之三：企业战略文化的塑造**

战略史学家钱德勒在《战略与结构》中提出了经典的"钱德勒命题"，即组织应该跟随战略，组织也能影响战略。毕竟组织是一个活的有机体，与战略相协调的组织文化能促进战略的持续推进。但遗憾的是，我们经常会在企业中看到文化与战略就像是油水分离般互不相容，也就更不要谈相互促进了。

有研究发现，人类可能有95％的行为都是被潜意识（习惯）接管的。企业文化也经常是一个企业的潜意识行为模式，往往看不见摸不着。在企业执行战略时，组织文化对企业产生的许多影响因处在行为动机的潜意识层面，它的作用往往被忽视。但不可否认，组织文化始终以一种不可抗拒的方式影响着企业的战略。而这种潜意识行为是由经营者的核心战略认知模式决定的，当企业在进行战略变革与组织升级时，这种影响就尤其明显。

经营者需要进行战略文化的修炼，在正确理解和把握企业现有文化的基础上，结合企业任务和总体跨界战略，调整或升级企业文化。

微软虽是PC时代快速崛起的科技巨头，但在进入移动互联网时代后，封闭的微软帝国也曾差点被时代淘汰。

2014年临危受命的CEO萨提亚·纳德拉，上任伊始就对微软进行变革。在

《刷新》一书中，他提到：担任 CEO 以来，最重要的就是让微软重拾新的"灵魂精神"——技术的全民化。在这种认知引领下，萨提亚·纳德拉将企业战略方向由个人计算机向"移动为先，云为先"进行转型，并同时对企业文化进行重塑，将企业愿景适时调整为"予力全球每一个组织、每一个人成就不凡"。在这一改革之下，微软十几万员工在短短 3 年内，就自上而下地实现了创新心态转变，成为企业战略最有力的推动者和执行者。据 2019 年微软公布的第四季度财报，微软云业务也再次显示出强劲的增长态势，智能云业务的收入为 133.7 亿美元，同比增长了 17%。

**必备跨界战略力修炼之四： 从战略设计师到战略教练**

美国管理学界有一个管理技术分支——企业教练，风靡欧美管理界和企业界。美孚石油公司、IBM 公司、宝洁公司、爱立信公司、英国航空公司等多家国际著名企业，都在内部推行教练文化。调查表明，培训能增加 22.4% 的生产力，而培训加教练可以提高 88% 的生产力。

关于教练式管理，杰克·韦尔奇先生如是说："我只想做一名企业教练。""我想提醒你们我观念中的领导艺术是什么，它只跟人有关。没有最好的运动员你就不会有最好的球队，企业队伍也是如此——最好的领导人实际上是教练！""一个经理人要有一颗更开放的心，过去人们总是认为经理人理当比属下知道得多一些，这种老观念已经不合时宜了。未来的领导者提出问题，加以讨论，然后解决它们。他们依赖的是互信而非控制，因此管理人要做的是真诚坦率的沟通，领导人要成为部属的教练而非牵绊者。"

教练式战略领导力是指通过改变自己，来影响他人，培养人才。经营者不但要提高自己的战略设计和规划能力，还要为企业培养战略人才。特别是在这个多变的社会里，不只要做个人冠军，更要做冠军团队。教练式战略领导力修炼需要让被教者看到自身现状和心智模式，明白在跨界战略能力方面的不足以及在跨界战略执行中的错误，并积极调整心态、修正行动、达成目标。战略教练的核心目的是"授之以鱼，不如授之以渔"。当然，教授他人的过程也是一个反思的过程，经营者要不断刷新自身对跨界战略的认知。

总之，战略的修炼是一个循序渐进的过程，不可能一蹴而就。面对不断变化的商业环境，企业家要勇于进行思维突破，不断强化跨界战略意识、提升战略能力，以终身的战略修炼，推动企业的持续发展。

## 四、 战略修炼中存在的误区

在我国，战略研究还处于发展阶段，经营者对战略的认知还多处于模糊状态，在战略修炼中难免会出现偏差。此处列举经营者易陷入的四个误区。

**误区一： 专注经营思维修炼，忽视战略思维修炼**

不论企业处于何种阶段，所有的经营者时刻思考的一定是以下四个问题：

（1）钱从哪里来？这个问题关注的是资本的流向。

（2）货到哪里去？即考虑市场的走势。

（3）人才怎么用？企业应该如何合理地进行人力资源的配置。

（4）利益怎么分？思考商业成果的分配。

经营思维从本质上来讲，是以履行资本的增值为主要职责的。思维决定行为，行为决定结果。若过分专注于经营思维则往往只能带领企业在业务层面奋战，当面临产业变革和企业创新时，会因缺乏战略思维而使企业处处被动，甚至是面对变化产生迷茫而不知要将企业带向何方。在当今环境下，仅仅拥有经营思维，认为做好企业日常经营就能成功，是一个非常大的误区。

战略思维意识和能力是经营者职业生涯中重要的一个核心质素。作为一种从全局、整体、长远的角度思考问题的思维方式，战略思维具有互动性、整体性、动态性、创新性等特点。它使经营者在看待问题时，从管理层面上升到战略层面，对企业的愿景规划及身处的动态的环境进行深度观察，并进行创新性判断。战略思维是战略能力的根基，可以帮助企业明确战略定位，把握在战略发展方向上的竞争力与适应力的变化，统筹企业在各种关系中的发展条件、稳定条件和保障条件，帮助企业稳定、健康、持续发展。

战略思维又分为战略洞察思维、战略规划思维、战略定位思维、战略学习思维等多种思维能力。战略洞察思维是一种对事态先机的把握，是对事态发展趋势的判断。经营者若对外界环境变化的洞察能力不足，则易错过战略变革的最佳时机，进而贻误战机。在华为，任正非曾要求，华为考核核心干部的指标，第一个就是战略洞察力。战略规划思维强调的是对战略总体进程把握的思维。战略规划主要分为长期战略规划和中长期战略规划。长期战略规划要求经营者在掌握所跨界产业或行业当前发展规律的前提下，对该产业又要有前瞻性的预测。中长期战略规划注重的是可操作性与可执行性，它需要经营者拥有战略执行力，可以带领企业团队高效地执行既定跨界战略。

严格来说，战略思维的修炼不是一个阶段性的工作，而是在整个战略过程中，需要时刻保持的一种思维常态，它需要经营者持续地进行战略思维力修炼。

### 误区二：专注战略变革修炼，忽视战略定力修炼

许多经营者为了使企业能适应快速变化的不确定的商业环境，推崇战略变革。但任何战略变革都需要从企业实际发展情况出发，不能为变革而变革，不能一味地跟风求变，而忽视了战略定力的重要性，最终使企业成为一棵"小老树"。"小老树"在树还没长大的时候就开始分权，边长边分，但舍不得剪掉枝丫，貌似长得很茂盛，最后长不大。

战略定力是经营者在错综复杂形势下为实现战略意图和战略目标所具备的战略自信、意志和毅力。经营者的战略定力主要表现在内、外两个层面，内在层面表现为追求战略目标的意志力；外在层面表现为实现战略目标的执行力，以及拒绝其他利益诱惑的自制力。基于全局性、根本性和长久性的稳定优势和实力，战略定力能为战略执行明方向、辨正误、防偏差。进行战略定力的修炼首先要明确战略使命，它定义了企业的业务、目标和机遇。唯有战略使命明确，才会促使经营者坚定地组织各种资源，汇聚各种力量去执行战略。

马云认为，"所有的人最缺少的能力是战略的定力"。2008 年，阿里巴巴集团虽然决定做云计算，但因国内没人做过，无论是外界还是集团内部都对云计算持怀疑态度，最艰难时 80％的工程师因各种原因离开了阿里云。面对内忧外患，马云力排

众议，坚定地表示："我每年给阿里云投 10 个亿，投个 10 年，做不出来再说。"正是马云的这份战略定力支撑阿里云走到今天。如今，阿里云在亚太市场占有率第一，份额是亚马逊和微软的总和，上一财年营收同比增长 62%，达 400 亿元。而高盛在最新评估中更是上调阿里云估值至 930 亿美元。由此我们也可以看出，当短期利益和长期利益发生冲突的关键时刻，战略定力可以帮助经营者抓住战略机会。也唯有保持战略自信，才能做到知行合一，将战略规划变为真正的企业宏图。

**误区三：专注战略执行能力修炼，忽视战略决策能力的提升**

从全球范围内的统计数据来看，倒闭的企业 85% 以上是由决策失误引起的。决策对企业家来说，是最重要、最困难、最投入精力和最冒风险的事情，企业家的战略决策能力是决定战略成败的关键。一旦在战略决策上出现失误，不仅可能会错失良机，甚至会让企业之前所有的努力都化成泡影。

战略决策能力的修炼，目的是让经营者掌握决策的技能和修炼方法，使企业家在纷乱复杂的环境中能够规避决策风险，帮助企业取得战略上的胜利。战略决策会涉及企业发展方向、经营方针、经营目标、产品发展、技术改造、市场开发、企业转向、人力资源开发等事关企业生存的重大问题。它是企业管理的基础，是战略执行的行动指南，但是有的经营者却易将决策与执行的重要性本末倒置。没有正确的决策，执行的合理性就会存疑，在战略推进中进行组织、人员配置、战略控制等工作时就会大打折扣。

2019 年在华 SUV 销量排行榜单上，哈弗 H6 排在首位，其已经累计 79 个月夺得 SUV 销量冠军，这一数据也证明长城汽车十年来坚持"聚焦战略"的正确性。在 2009 年时，"经济型 SUV"虽然是最有前景的品类，但当时的长城汽车刚刚上线了轿车生产线，如何进行战略决策成为当时摆在长城最高层决策者面前的至关重要的难题。最终，长城汽车将战略定在了 SUV 这个品类上，提出了一条与全球其他主流汽车企业完全相反的战略道路——"聚焦战略"，而这一决策也引领哈弗系列 SUV 快速崛起。2019 年，长城汽车再次细化升级"聚焦战略"，推出了针对更年轻的一二线城市 90 后年轻消费群体的哈弗 F 系 SUV，上市一年余，累计销量突破

208 235 辆。哈弗 F 系 SUV 在 2019 年表现突出，成为助力哈弗再夺中国 SUV 市场年度销冠的关键车系之一，并成为哈弗 SUV 全新增长极。

战略决策要综合各项信息确定企业战略及相关方案，在进行战略决策时有两点要注意。首先要充分考虑外部环境，即经济环境、政治因素、科技发展和社会因素等；同时，也要充分考虑企业自身的内部资源，包括人力、物力、财力、生产能力、技术能力等综合经营条件。

**误区四：** 专注修炼有形、短期的战略要素，忽视无形、长期的战略要素

为了保证战略思维更加严密，我们必须找出与特定事物之间存在相互联系、相互影响的所有其他事物，这些相关事物被概念化以后就被称作相关战略要素。一个成功的企业离不开战略的支持，一个成功的战略中既要有清晰的战略目标和独特的战略手段，又要有正确的成长方式和循序渐进的战略步骤，缺少其中任何一个要素，都可能会使企业因缺乏方向感而出现各种问题。

正是因为深知战略要素的重要性，从 20 世纪 60 年代开始，战略学家们就一直没有停止过研究的步伐。其中的代表人物柯林斯和蒙哥马利就曾提出：战略要素是资源、业务、结构及体制和过程、公司远景、目标与目的。经营者对战略要素的分析与选择，直接影响到企业的发展前途。但是，在我国，许多经营者更偏重有形或短期的战略要素，如企业的资源、企业在当年的规划等，却易忽视无形的战略要素如愿景、价值观等对企业可持续成长的驱动价值。做正确的事远比正确地做事来得重要，这些无形要素往往就是能指引我们做正确事情的。例如，在百度创立初期，李彦宏设定的目标是在中文搜索领域里像 google 那样有一番作为，正是这个远大的目标吸引了一批拥有共同志向的企业创业者。在成为中文搜索领域里的 No. 1，让所有使用中文的网民都能解决搜索问题的企业使命驱动下，全体百度人不仅能朝着既定的方向前进，同时也避免了企业在经营过程中为其他路径干扰，而作出与战略愿景不相符的战略决策的可能性。

# 第十五章 跨步企业新航道：捕捉跨界战略的"机会窗"

在投资界，有一个很出名的"股神"大战"钢铁侠"的故事。

沃伦·巴菲特是美国伯克夏·哈萨维公司总裁。在《财富杂志》评出的"世纪八大投资高手"中位列第一，他是资产超过 10 亿美元的富翁中唯一从股票市场发家致富的投资家，被人们誉为"股神"。1993 年，巴菲特在致股东的信中首次提出了"护城河"概念。他在信中写道：最近几年，可口可乐和吉列剃须刀在全球的市场份额实际上还在增加。他们的品牌威力、他们的产品特性以及销售实力，赋予他们一种巨大的竞争优势，在他们的经济堡垒周围形成了一条护城河。后来，巴菲特也曾多次提到这个"护城河"。由此可见，"护城河"概念在巴菲特心中的地位。

提到埃隆·马斯克，相信很多人会想到 Space X、特斯拉、SolarCity 这些公司，他不仅被誉为"钢铁侠"，还被誉为继乔布斯后唯一能改变世界的人。2018 年，在特斯拉一季报电话会上，马斯克却说，"护城河"的概念很逊（lame），也很古旧（quaint）。如果你对抗入侵敌人的唯一壁垒就是护城河，你坚持不了多久，真正重要的是创新节奏，这才是保持住竞争力的核心要素。

口水战由此爆发，至今绵延不绝。

实际上，在哈佛教授迈克尔·波特看来，"护城河"就是"企业可持续的竞争优势"。而"护城河"与"创新节奏"并不矛盾，创新的目的在很多时候就是巩固

"护城河"。事实上，跨界战略就是这样，既是巩固既有的"护城河"，进行挖宽、挖深，同时还可以构建新的"护城河"，形成多道竞争壁垒，最终形成产业链、生态链等新发展态势。

防守和进攻，是不同阶段的战略选择，两者并不冲突，而且目标往往是一致的。

## 一、 跨界是穿越企业周期的新航道

如上所言，"股神"与"钢铁侠"之争没有对错之分，两者的观点更多来自不同的企业战略视角，但这场争论却引发了我们对战略的深入思考。我们每一位企业家都应该反问一下自己，我的"护城河"在哪里？实际上，没有"护城河"的企业注定难以走远，具有"护城河"的企业则可以将企业的生命周期延长。

放眼世界，企业家们都梦想做百年老店。实际上，世界上任何事物的发展都无法脱离生命周期。企业自然也无法脱离这样一个自然规律。根据国外一份《世界最古老的公司名单》，经营超过200年的公司有5 586家。其中，日本有3 146家，德国有837家，荷兰有222家，法国有196家。实际上，中国也有百岁企业，比如一直在经营、中途没有歇业的六必居酱园，该老字号企业成立于明朝嘉靖九年（1530），至2020年已有490年的历史。这些现实告诉我们，企业发展史其实就是一部新企业出现、老企业消亡的历史。换句话说，任何一个企业都无法逃脱其生命周期，只是不同企业其生命周期长短不一而已。

在《企业生命周期》一书中，"现代人力资源管理之父"爱迪思以系统的思维巧妙地把企业视作一个生命体，认为它拥有一个完整的企业生命周期。在这个理论中，企业发展基本分为十个阶段，即孕育期、婴儿期、学步期、青春期、壮年期、稳定期、贵族期、官僚早期、官僚期、死亡。这些说法生动地概括了企业不同生命阶段的特征和问题，有助于企业家对号入座，防患于未然。实际上，关于企业生命周期中的不同阶段如何采取不同应对战略的研究，已经有很多理论与实践，本书就不再展开去讲。本书的关注点是，如何把企业的壮年期延长，从而让企业相对活得

更久远。

目前，还在存活的百年企业基本上都有一道独特的"护城河"，它护佑这个企业穿越岁月的风吹雨打。为什么这些企业能够在风雨中茁壮成长？实际上，这些企业都有一个核心力量——随着时代和市场趋势的变化而不断创新。创新之后的企业不仅巩固了旧"护城河"，甚至开拓了全新的"护城河"。如果我们回望那些企业的历史，很多企业的创新其实就是一种战略跨界。截至 2020 年，云南白药已存活了118 年，依靠的就是绝密级中药制剂云南白药配方等有形"护城河"，从而顺利穿行百年，当然还有其因势而变的创新。随着时代变化，云南白药更通过牙膏等创新产品，将绝密级中药配方进行现代健康生活方式的创新应用，不仅巩固了品牌的老粉丝，还吸引了庞大的新粉丝，从而焕发出全新的生命力。IBM 120 多年的企业发展史就是一部产业跨界史。第一台自动制表机是美国统计学家霍列瑞斯（H. Hollerith）发明的，该机器在 1890 年美国人口普查中获得巨大成功，霍列瑞斯由此被誉为"数据处理之父"。1896 年，他"下海"创办了制表机公司。1924 年，公司更名为"国际商用机器公司"，英文缩写 IBM。此后，二战爆发不仅让 IBM 度过了美国"大萧条"时代的不景气，而且跨界战略让 IBM 得以高速扩张。战争期间，公司与美国国防部签署合同，大量制造机枪、瞄准器、发动机等军用产品，公司新属工厂的 2/3 全部投入军需品生产，生产量扩大了 3 倍。同时，战争也使 IBM 第一次进入到计算机领域，直到不断发展成为计算机领域的巨人。2015 年，IBM 看到了计算机领域竞争的红海汹涌，就将 PC 业务出售给联想，同时在软件业务上投资了 100多亿美元，重点关注信息管理、商业智能和数据分析领域，其间还收购了 FileNet、Cognos、SPSS、iLog 和 Netezza 等多家公司，所有这些资产都推动着 IBM 建立新战略高地——"智慧地球"。道家有个观点，叫顺势而为。"顺势"二字，说起来容易，做起来却太难，而企业一旦学会"顺势"，通过创新做到、做好"跨界"，巩固或者开掘出具有竞争力的、独特的"护城河"，就自然能够延长企业发展的生命周期。

除了企业的长寿，不断做大、做强也是企业家们追逐的梦想。人们常说，大公

司大到死不了。企业做大了，往往就有更多能力抓住新机会、创造新机会，从而让企业可以稳健、安全地行驶在高速路上，最终就有更多能力、机会来延缓衰老和死亡。比如美国通用电气公司就是典型。1886年设立的道琼斯工业指数所选择的十二家优秀的上市公司中，今天也只剩下美国通用电气公司一家还在榜上。现在，美国通用电气公司已经是世界领先的超大型多元化服务性公司，从飞机发动机、发电设备到金融服务，从医疗造影、电视节目到塑料，全面致力于通过多项技术和服务创造更美好的生活。当这种航母型企业投入资源去跨界任何一个行业，都会让对手感受到威胁，这就是做大、做强的优势能量场。这也是企业的一种护城河。

事实上，企业要想持续增长，以延长企业的生命周期，跨界战略已经成为这个时代的最佳选择。如果我们从业务单元角度看，企业的发展模式基本分为产业专注模式和多元化模式。从目前看，这两种模式运行得比较好的企业，大多进行了跨界创新，跨界正在成为这些企业的一种战略新常态。

**首先看产业专注模式的企业。** 简单而言，这种模式的佼佼者专注一个产业，从而不断提升企业的核心竞争力，最终成为行业独一无二的领导者。但这里也有一个前提，那就是现有业务不落后于趋势，且市场份额不会出现不断减少的状况，否则就没必要坚守原有产业。此外，更重要的是，一定要有某些方面是与时俱进的，甚至就是通过跨界战略焕发了青春。可口可乐就是典型。如今，可口可乐早已不再是简单的碳酸饮料代名词，它还可以加一个"时尚潮流品牌"的称号。从衣服、鞋子到箱包，甚至酒精系列等，许多品牌开始将可口可乐的时尚元素印制在各类快时尚产品上。通过不断地在各个领域进行跨界和创新，可口可乐塑造出可乐新的时代文化生命力。再比如，在新零售风起云涌的时代，除了进行新零售探索外，沃尔玛还不断地扩张自有品牌"惠宜"的品类范围，多面跨界出击。实际上，跨界生存、跨界发展已经成为每一个企业的战略新命题，无论你采用何种方式，都无法绕开这个时代趋势。

**其次看多元化模式的企业。** 这个模式群中的企业大多是通过不断跨界创新，打破边界进到新领域，再通过跨界实现产业链上下游延伸、丰富产品线等，实现企业的做大、做强、做久，最终通过这种方法把企业成长期或者成熟期尽可能地延长。苹果、谷歌、华为、小米等就是这类代表。苹果起家的笔记本业务至今市场表现都非常不错，但是苹果却跨界到智能手机。从 iPad 到智能手表，再到智能电视等，几乎每一个新产品都让人们眼前一亮，现在苹果甚至还跨界汽车领域，进行新的产品创新和市场探索。在《财富》发布的 2019 年世界 500 强名单中，科技巨头苹果以 2 655 亿美元的营收位列第 11 位。

谷歌是搜索的鼻祖，但它还开发了 Android 手机操作系统。同时，谷歌还在不断地颠覆先进科技：无人驾驶车、智能眼镜、自动化住宅、太空电梯等，谷歌跨界的脚步从未停歇，谷歌已经成为创新的代名词。2004 年，成立 6 年的谷歌公司正式启动首次公开招股（IPO），登陆纳斯达克交易所。上市 16 年后，谷歌市值已经从 IPO 时的 230 亿美元飙升到了现在的逾 10 000 亿美元，增长了 43 倍。现实中，这些成功企业都在进行战略跨界，这是为什么？实际上，跨界才是穿越企业周期的新航道！简单而言，企业在进入衰退期以前或者刚进入衰退期时，可以通过跨界进入第二波、第三波的增长式发展，然后形成持续性的成长。

事实就是最好的例证。据统计，在世界 500 强企业里高达 94％的都是跨界经营的企业，没有跨界战略思维的企业必将被时代发展的浪潮所遗弃。

## 二、 跨界战略"机会窗"的开启

跨界战略，对于企业来说，往往是巨大的发展机遇，那么，我们要如何开启跨界"机会窗"呢？关键是以下三点。

### 1. 敢"变"： 要敢于跨界、擅于跨界

高晓松曾经说："你最大的敌人，往往不是别人，而是你自己。"这句话也适用于跨界浪潮中的企业家。今天，企业家们必须改变思维，要敢于跨界、擅于跨界。

很多企业家不敢跨界，结果是一个"篮子"也保不住，困守绝对不是出路。其实，新时代的消费者往往是希望企业敢于跨界的。比如对于老字号品牌，人们都有

很强的感情，甚至消费者更希望这些企业通过跨界形成新的品牌生命力。中国青年报社的一项调查显示，对于老字号跨界发展的好处，58.5%的受访者觉得老字号跨界发展可以扩展产品的类型，55.6%的受访者觉得可以提升品牌价值，53.3%的受访者觉得可以增强对年轻人的吸引力。

企业家不仅要敢于跨界，还要擅于跨界。联想和华为是中国两个具有代表性的企业，也都是千亿巨头。28年前，当时联想实力远超华为，业绩相当于华为的17倍，让华为难望其项背；28年后，在2019年的财报中，两者业绩出现了大反转，华为营收达到了联想的2.2倍，净利润17倍于联想。华为凭什么超越联想？从目前看，联想死守于PC行业，并通过大量并购旧时代的品牌和公司不断让体量增肥，从而增强市场竞争的抵抗力。华为却在不断跨界，不仅在电信设备上成为全球老大，而且在智能手机业务上也是一路高歌猛进。2019年，华为还高调进入了PC领域。通过持续的跨界，华为蒸蒸日上。也曾经跨界手机、农业等领域的联想，却没有将跨界产业做起来，同时由于不做高科技研发，一心专注"买"，致使其本来可以成为伟大企业的梦想渐行渐远。

### 2. 能"见"：做到能听见、看见

首先要听见，我们不能把自己封闭起来。企业家要听得多，这样才能充分了解趋势、风向。同时，还不能听风就是雨，我们还要做到看见，眼见为实，要透过现象看到本质。有两句古语说得好，一句是"大风起于青蘋之末"，这就要求企业家必须体察到"青蘋之末"；另一句是"春江水暖鸭先知"，春天将到，为什么鸭先知？因为鸭子天天在江里面游。因此，企业家必须走进市场、发现现象、了解本质。光发现还远远不够，还要洞察这种现象、问题到底意味着什么。如果做不到这些，企业战略也就失去了决断的真实来源，由此也会使企业错失跨界机会窗，或者错把陷阱当馅饼。

实际上，有两大产业是我们可见的趋势方向。一是互联网产业。在2019年的两会上，马化腾的提案中频繁出现"产业互联网"，他认为，产业互联网是未来全

新的大领域。产业互联网是基于互联网技术和生态，对各个垂直产业的产业链和内部的价值链进行重塑和改造，从而形成的互联网生态和形态。同时，生物科技、人工智能等技术也将随着互联网大势得以渗透市场。基于互联网技术的企业跨界落地是非常好的一个选择。二是大健康产业。随着社会的发展，生活方式改变，传统的医疗模式也逐渐向"防、治、养"模式转变。随着公众的自我保健意识、健康意识的不断提高，大健康产业被视为世纪性机遇。据专业机构预测，到 2020 年底，全国大健康产业市场规模将达 8.7 万亿元。马云也曾放言，下一个能超过他的人，一定出现在健康产业里。2014 年，马云就花 10 亿元投资中信 21 世纪有限公司，并将之改名为"阿里健康"。在大健康产业，企业既可以做基于健康的产品，打造出"防未病""治已病"的核心产品，也可以根据互联网技术的革命性更迭，将大健康产业融合应用于医疗健康电子、物联网、云计算、大数据、移动互联网等信息技术和产品，实现大健康产业的数字化、网络化、智能化。

### 3. 达"略"：达到战略高度

很多企业似乎也在做跨界，不同的品牌做一下组合，提升粉丝的数量。其实，在市场上通过一两次跨界合作可能会取得一定的效果，但这只是解决问题的一个战术而已。企业家们必须从战略层面进行思考、布局、落地，才能发挥跨界的真正力量。

为什么阿里巴巴可以通过跨界成为伟大的企业，形成独特的战略生态链，而我们不能做到？其中一个核心原因就是，阿里巴巴的每一步都是在按照战略进行远近布局，而不是东一榔头西一棒的拍脑袋行为。企业只有通过长期性、体系化的发展与调整，才能让品牌及产品焕发生命力，获取更大的市场价值。归根结底，企业家们只有将跨界提升到战略高度上，才能找到真正的延长企业生命周期的方法，推动企业向"长寿"方向，向做大做强方向不断迈进。

在跨界实践中，企业家们必须清晰地认识到，对于某些公司而言，跨界可能面临旧"防火墙"倒塌，原有优势不复存在的局面。同时，跨界也会重塑企业新优

势，甚至重塑一个行业的机遇。大数据时代的来临、云计算的发展，一切都在经历一个推倒重来的过程。我们从很多大佬们的市场争夺战中可以看到，大佬们也是在不断地探路、在不断地变化。因此，现在跨界正当时，并且正是最佳时机。如果你率先找到方向，或许你就是下一个行业霸主，你就有机会抓住机遇，实现企业发展的跨界飞升。

# 跨界战争时代，全球开启！

马云强调，只有敢跨界才能更成功。乔布斯认为，跨界的幅度越大，跨界的维度越多，创造力就必然会越强。雷军则是身体力行地带领小米，一直走在跨界的大路上。这些新时代商业领袖的话语和行动都表明他们早已预见到跨界的前景，如今，随着时代与商业环境的变化，跨界正在进一步升级为一场全球性的商业战争。

**从产业发展来看跨界战争时代的到来。**工信部于 2018 年发布《车联网（智能网联汽车）产业发展行动计划》，指出车联网（智能网联汽车）产业是汽车、电子、信息通信、道路交通运输等行业深度融合的新型产业形态；明确提出了到 2020 年，车联网产业跨行业融合取得突破，并具备高级别自动驾驶功能的智能网联汽车实现特定场景规模应用的行动目标。跨界融合正在成为我国智能网联汽车"突围"的重要路径。而这仅仅是全国乃至全球跨界创新的冰山一角，不同产业间的频繁跨界延伸与融合，正在将我们引入一场跨界竞争之中。随着越来越多产业的加入，未来这个竞技场会不断扩大，波及范围将越来越广，企业将受到前所未有的冲击，谁也不能独善其身。要么踏着时代的节奏，与竞争者跨界共舞；要么面对跨界打劫者疲于应付，被其逐渐鲸吞蚕食。

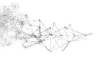

**从技术进步来看跨界战争时代的到来。** 诺贝尔经济学奖获得者保罗·克鲁格曼曾表示，在美国长期经济增长中，技术进步起了 80% 的作用，投资增长只解决了余下的 20%。可见，技术对商业发展影响深远。随着互联网和移动终端的快速普及，以及大数据、云计算、物联网、5G、人工智能等新技术带来的产业化提速，行业之间、企业之间、产品之间、服务之间的跨界颠覆成为常态。消费级物联网已经被应用到智能家居方面，苹果、谷歌、LG 等巨头都进入竞速阶段。再如，技术推动下的工业 4.0，对工业企业的跨界打击将比这些互联网企业猛烈百倍。高新技术的运用，吸引了更多企业以技术变革为基础，进行跨界竞赛，抢先在接下来的竞争中占据有利位置。

**从资本逐利来看跨界战争时代的到来。** 亚马逊通过资本跨界布局了线下超市、健康医疗、AI 等多个行业，推出 74 个自有品牌；阿里巴巴在资本跨界中，从一个平台电商不断壮大，进入了金融业务、云计算、文化产业、电商物流等多个行业。无论是亚马逊还是阿里巴巴，都运用了跨界思维把各行各业优质的企业重新进行资本聚合性配置，才形成了今天航空母舰级的体量。当今商业世界中的种种迹象表明，资本的跨界逐利是未来企业多元化发展的战略趋势。跨界竞争已经不再是简单的线性竞争，而是全方位、全时空、多维度展开。在这个过程中，原来的商业规则将被推倒重构，不懂得整合、创新的可能就会死掉，依托强大资本力量跨界整合无疑是一条破局之道。

为了帮助更多企业经营者在未来全球性的跨界战争中赢得战略性的竞争优势，我们提出了"跨界战略"，并进行了系统性的理论总结。在本书的规划和出版筹备中，要特别感谢李大千、王志兵、沈文双，他们提出了积极的观点和建议，并努力整理了相关案例。

未来已来，全球性的跨界战争已经开启。在 21 世纪的第三个十年来临之际，我们更要积极地进行跨界战略布局。长路虽远，却可期待。愿你能下定决心，跨界出征，迎战新未来。